顺时生活

natural living

陈允斌 著

吉林科学技术出版社

24节气 顺时生活

THE 24 SOLAR TERMS

顺时生活
得天之助

作者序

顺天、地、人之“时”，过好我们的小日子

《顺时生活》养生日历是我多年来推广顺时养生、顺时生活理念的实践版。这本日历，以 24 节气 72 候的顺时养生原则为基础，按照每一年的天时气候变化来提示本年内每一天的养生重点。每候有一次反思、自测，通过全年 72 次的自查，帮助您了解自己身体的顺时变化，以便更有针对性地进行个人体质调理，并把养生融入到生活中的每一天。

今年日历新增的内容：

1. 新增六气保健食方

《黄帝内经》将一年按天气变化分为六个阶段，称为“六气”（初之气、二之气、三之气、四之气、五之气、终之气），每一个阶段为期两个月，由风、寒、

暑、湿、燥、火中的两种气候因素主导（每年不同），它们相互作用，对人体健康产生影响。今年，我们在每一气期间用膏方、汤方、粥方、茶方，针对当季人体容易产生的问题进行加强保健。

2. 新增孕妇、耳鸣等特殊人群食方

3. 新增节气食方的做法及制作视频

4. 新增《顺时生活》健康食方速查速用小册子，方便读者查找

5. 新增 375 种养生材料功效介绍

日历每一天配一幅古代手绘的中药图，按节令顺序编排，并注明功效，我也精选了部分相关的古诗与之相配。

现代人眼中各种陌生的中草药，却是古人庭院中的四季风景，饭桌上的三餐饮食，生活里的情感寄托，写作时的灵感来源……希望通过诵读这些经典，对您认识、使用中草药有所启发。

为什么有的节气食方有“己亥岁配方”

四季并不是简单地循环重复，每一年都有它独特的天时、地利和气候，对人体的健康也有不同的影响。节气食方的原料和比例每年相应地做一些微调，可以更加精准地顺时养生。

为什么有“今年本节气需特别注意的健康问题”

每个节气容易出现的身体问题，分为两类，一类是所有年份的普遍规律，一类是今年独有的。每个节气，我们对于这两类问题都要注意预防。今年独有的问题，在日历开篇页中增加了特别提醒。

如何查找节气“健康提示”

节气养生材料准备：节气前二日

节气食方的做法：交节气当天

节气养生防病要点：节气第二日

本月 / 本季健康提示：节气第三日

节日养生材料准备：节日前一周

《顺时生活》养生日历为何从冬至开始

气自冬至始。冬至日虽然是在每年阳历的 12 月 21 到 23 日之间，却是一年养生的元点。

关于日历的插画

日历中每日的插画来源于珍贵的明代本草手绘图。24 节气开篇页及封面的配图为知名水墨画家潘川创作。充满童趣的画面展示了人与自然纯净、美好的相处模式。

为什么“每日古诗”今年选七言绝句

传统养生文化的体系里，每个数字都有它的特定含义。七代表火，适合己亥年（2019）这个年份。例如清代第一诗文大家龚自珍的著名组诗《己亥杂诗》，共 315 首七言绝句，正是写于 180 年前的己亥年。这是中国诗歌史上绝无仅有的一件盛事。

七言绝句精炼含蓄，多言外之音，而且抑扬顿挫，宜低吟高诵。每日吟诵一首以节令、饮食养生为主题的经典七绝，可以品味古人顺时生活的丰富与精彩。

关于《顺时生活》的“时”

从提倡顺时养生到提倡顺时生活，我用一个“时”字来代表三重含义：

天时

不同的年份气候、环境的变化；

一年之中四季的更替、节气的轮转；

一日之中昼夜的转换、24 个时辰。

地时

大地上天然食材在不同的季节应时而生；

在不同的季节吃当季收获的食物；

不同地域的人按照当地的气候来应时养生。

人时

在我们生命的不同阶段养生和饮食的重点有所不同；

根据人的生理节律在一个生理周期的不同阶段养生和饮食的重点不同；

在人体健康和疾病的不同时段养生和饮食的重点不同。

顺时生活，就是顺应天、地、人三个层面的“时”，顺其自然地过好我们的小日子，不负光阴。

陈允斌

2018年8月立秋日于北京

作者小传

陈允斌，饮食养生作家，因长期致力推广健康饮食生活方式，无私分享家中世代祖传食方，受益者众多，被媒体誉为“中国简易食疗推广者”。

其外曾祖父是 20 世纪前期的地方名医，乐善好施。因有感于当时的穷人看不起病，更无钱抓药，以致小病延误成大病，遂潜心研究简便低廉的食疗方，数十年救人无数。

已出版备受读者欢迎的《时光知味》《吃法决定活法》《回家吃饭的智慧》（全新修订典藏版）《茶包小偏方，喝出大健康》等健康科普著作。

新浪微博：@ 陈允斌

微信公众号：允斌顺时生活

喜马拉雅 FM：@ 陈允斌

内容简介

《顺时生活》24 节气健康日历，是作者多年来致力于推广的顺时养生、顺时生活理念的实践版。

与当下所有养生台历相比，本台历按照 2019 年的天气变化逐天提示养生重点，不仅每候有一次反思、自测，并通过全年 72 次的自查，帮助您了解自己身体的顺时变化，更有针对性地进行个人体质调理；还有让大家最为关切，能够迅速学会，用上的：

1. 六气保健食方；

2. 节气食方的做法及制作视频；

3. 孕妇、耳鸣等特殊人群食方；

4.《顺时生活》健康食方速查速用小册子；

5. 375 种养生食材功效介绍；

……

顺时生活，就是顺应天时、地时、人时，这才能顺其自然地过好我们的小日子，不负光阴。

【插画】

375 幅明代经典本草手绘图，每天认识一味中药，张张皆可收藏。

【农历】

我国传统历法，是一种阴阳合历。岁时取太阳历，月取太阴历，只有中国人使用。每 19 年设置 7 个闰月，根据 24 节气，以不含中气的月份定为闰月。

【公历】

国际通用历法，是一种太阳历。以地球绕行太阳一周为一年，每 400 年设置 97 个闰年。

【二十四节气】

是中国人通过观察太阳周年运动，认知一年中时令、气候、物候等变化规律所形成的时间知识体系。古老的二十四节气不仅是中国人贡献给全世界的“第五大发明”，也蕴藏了养生的奥秘。

【七十二物候】

是中国古老的结合天文、气象、物候知识的历法。以五日为一候，三候为一气，一年二十四节气共七十二候。每一候以一个物候现象相应。

【节日与纪念日】

传统与现代节日、纪念日、健康日、特殊日期。

二〇一九年六月
June

十六

星期日

农历 五月十四

芒种 第三候 反舌无声

父亲节

枸杞子

功效：滋肾，润肺，补肝，明目。用于调理肝肾阴亏、腰膝酸软、头晕、目眩、目昏多泪、虚劳咳嗽、消渴、遗精。

健康提示

父亲节，给父亲奉上一杯二子延寿茶。

功效：益肾，滋肝，养心，补五脏之气，改善视力和听力，延年益寿。

这道茶不仅老年人夏秋季可以常喝，也适合爱出虚汗的人以及普通人群在泡温泉和泡桑拿前饮用。

【健康提示】

提示当年当天需要注意的身体状况、饮食及生活起居。由于天象、气候等变化，不同的年份在相同的节气或日期适宜的饮食和养生的重点略有差异。

【功效】

375 种养生材料功效介绍。

【古诗】

精选历代经典的以及与节气、时令、养生食材相关的七言短诗。

【干支】

用天干地支标记年月日时的历法。以立春为岁首，交节（月初的节气）当天为月首，每两个节气为一个月。

【五运六气】

中国传统医学结合天文、历法、气象、物候等科学而总结出的宇宙运行的变化规律。根据生物体对运气的变化产生的反应，来指导不同的年份人体疾病的预防、治疗及用药的方法。

【岁运】

主管一年的中运。

【五运】

分司一年之中五个运季的主运和客运。

【六气】

分司一年之中六个时段的主气和客气。

【月相】

月球的各种圆缺形态，实际上是地球上看到的月球被太阳照明部分。月相变化会影响人体的生理节律。

【每日宜】

提示当日顺时生活的重点。

己亥岁 · 庚午月

土运不及，风火同德

甲申日

三 气

主 暑 气

客 风 气

盈凸月

宜 献茶

和黄山谷琼芝诗韵

〔宋〕易祓

千岁蟾蜍犹得仙，百年枸杞足延命。

也须点铁自成金，未信磨砖能作镜。

睡眠	运动	天气 / 物候
昨日________入睡 今日________起床 ☐ 失眠 ☐ 多梦		
顺时饮食	**今日待办**	**身体 / 健康**
☐ 姜枣茶 ☐ 益肾安心粥 ☐ 樱桃食方 ☐ 午月食方	☐ ______ ☐ ______ ☐ ______ ☐ ______	

【顺时打卡】

每天记录睡眠、运动、天气、饮食、今日待办、身体状况等内容，对身体进行长期观察，从而发现身体的改变。

推荐食方

冬至补心养阳汤

（戊戌岁配方）

原料：羊肉、黄芪、当归（全归）、甘蔗、带皮生姜、大枣、陈皮。

调料（后放）：黄酒、香菜、胡椒粉、盐。

冬至

今年冬至需特别注意的健康问题：

夜咳、胰腺炎

冬至日是一年养生的起点，我们的养生日历从冬至开始。

二〇一八年十二月
December

廿二

星期六

〔农历〕冬月十六

〔冬至〕第一候　蚯蚓结

06:22 交冬至节气

龙葵
功效：利尿消炎，有小毒。

健康提示

三九灸（做法见《时光知味》2018 年 12 月 25 日）

材料：艾炷，艾条，或艾灸贴。

做法：从冬至开始，一九到三九做 3—12 次艾灸（气虚、怕烟者贴艾灸贴）。

关于戊戌冬至节气之前的准备，回顾《时光知味》中 2018 年大雪节气部分。

戊戌岁·甲子月

火运平气，水土合德

戊子日

一九第一天

终气

主 寒气

客 湿气

盈凸月

宜 赏月

观赏今夜百年难遇的冬至满月

冬至日抵西安遥祝皇太后万寿

〔清〕爱新觉罗·玄烨

葭管初回日景长，西秦行幸抵披香。
愿将唐句南山寿，遥捧蓬莱万里觞。

【诗注】这首诗是康熙皇帝于315年前的冬至日巡幸西安时所作。

睡眠	运动	天气 / 物候
昨日________入睡 今日________起床 ☐ 失眠　☐ 多梦		
顺时饮食	**今日待办**	**身体 / 健康**
☐ 冬至补心养阳汤 ☐ 散石助育膏 ☐ 孕妇：养血补肾茶	☐ 三九灸 ☐ 早睡 ☐ 睡前自我体检	

1. 冬至补心养阳汤（做法见下页）
2. 散石助育膏（做法见 2018 年 12 月 29 日）
3. 孕妇：养血补肾茶（详见 2019 年 1 月 25 日）

二〇一八年十二月
December

廿二

星期日

〔农历〕冬月十七

〔冬至〕第一候　第二天

地笋
功效：消水。用于调理白带。

节气食方

冬至补心养阳汤（戊戌岁配方，4—6 人量）

原料：羊肉 500—1 000 克、黄芪 100 克、当归（全归）20 克、甘蔗 3 节、带皮生姜 2 块、大枣 7 个、陈皮 1—2 个。

调料（后放）：黄酒、香菜、胡椒粉、盐。

做法：参考 2019 年 12 月 23 日。

新读者注意

1. 喝冬至补心养阳汤前需提前三天自查是否需要喝“开路汤”（见本书 2019 年 12 月 16 日）。
2. 如果雾霾连续两天不散，冬至汤里暂时不要放黄芪。如果因为雾霾出现了皮肤过敏，减掉当归。

戊戌岁 · 甲子月

火运平气，水土合德

己丑日

一九第三天

终		运
主	少	水
客	太	木

满月

01:49 望

宜 灸艾

冬至二首·其二

〔宋〕袁燮

阳刚初复一何微，万汇亨嘉肇此时。
只此胚胎须护惜，要教宇宙总熙熙。

【诗注】冬至时一阳初复，古人将这新生的阳气比作“胚胎”，提示人们要珍惜养护。

睡眠	运动	天气 / 物候
昨日________入睡 今日________起床 ☐ 失眠 ☐ 多梦		

顺时饮食	今日待办	身体 / 健康
☐ 冬至汤 ☐ 鱼腥草茶（雾霾地区） ☐ 散石助育膏	☐ 一九灸 ☐ 圣诞礼物 ☐ ____________	

二〇一八年十二月
December

廿四

星期一

〔农历〕冬月十八

〔冬至〕第一候　第三天

平安夜

地柏

功效：用于调理肺热咳嗽、急性肝炎。

健康提示

冬至节气的养生功课：养心阳，防范心脏问题。

戊戌岁冬至特殊的养生重点——

防病重点：夜咳、胰腺炎。

戊戌岁冬至节气前后，雾霾预计会比正常年份更加阴浊，伤人更重。

防霾对策

1. 平时喝鱼腥草茶。
2. 雾霾严重时喝清肺洗霾汤。
3. 出门几分钟，也要戴上防霾口罩。

扫描二维码，看清肺洗尘汤的制作视频

戊戌岁 · 甲子月

火运平气，水土合德

庚寅日

一九第三天

终气

主 寒气

客 湿气

亏凸月

宜 听曲

冬至赠潘郎

〔宋〕张耒

五更人语起江城，歌笑喧喧天欲明。

酌酒寿君但一醉，百年珍重是人情。

睡眠	运动	天气 / 物候
昨日________入睡 今日________起床 □ 失眠 □ 多梦		

顺时饮食	今日待办	身体 / 健康
□ 冬至汤 □ 鱼腥草茶（雾霾地区） □ 散石助育膏	□ ________ □ ________ □ ________	

二〇一八年十二月
December

廿五

星期二

〔冬至〕第一候 第四天

〔农历〕冬月十九

圣诞节

鳗鱼

功效：用于调理病后体虚。

健康提示

你需要做几次三九灸 / 贴?

老读者：按照《时光知味》一书 2018 年 12 月 25 日统计的灸贴次数来做。

新读者：翻到下一页自测。

戊戌岁·甲子月

火运平气，水土合德

辛卯日

一九第四天

终 运

主 水 少

客 太 木

亏凸月

山居·其五

〔宋〕蔡格

大禹圣人惜寸阴，嗟我悠悠老已侵。

七年病蓄三年艾，犹胜龙钟转阽沉。

【诗注】“七年病蓄三年艾”，这个典故来自孟子：“七年之病，当求三年之艾也。”

睡眠	运动	天气 / 物候
昨日________入睡 今日________起床 ☐ 失眠 ☐ 多梦		

顺时饮食	今日待办	身体 / 健康
☐ 冬至汤 ☐ 鱼腥草茶（雾霾地区） ☐ 散石助育膏	☐ 一九加强灸 ☐ ________ ☐ ________	

宜 灸艾

二〇一八年十二月
December

廿六

星期三

〔冬至〕第一候 第五天

〔农历〕冬月二十

鳝鱼

功效：益气血，补肝肾，强筋骨，祛风湿。

一候反思

你需要做几次三九灸 / 贴？回顾 2018 年下半年身体实况

中伏到末伏期间

☐ 因受凉而腹泻（一次也算）

处暑节气期间出现

☐ 便秘腹泻交替 ☐ 胸闷恶心 ☐ 过敏

入冬以来发生过

☐ 重感冒 ☐ 咳嗽 ☐ 哮喘

☐ 慢性支气管炎 ☐ 湿疹 ☐ 关节炎

共计_____项

☐ 0—2 项三九期间灸 3 次

☐ 3—6 项三九期间灸 9 次

☐ 6 项以上三九期间隔天灸 1 次

戊戌岁·甲子月
火运平气，水土合德

壬辰日

一九第五天

终气
主 寒气
客 湿气

亏凸月

宜 早睡

蕲州（蕲州出艾花蛇竹簟）

〔明〕王缜

冰纹冰簟传韩子，螫手花蛇说柳州。
欲问七年蕲水艾，不知民病几时瘳。

【诗注】蕲州是李时珍的故乡，以蕲艾闻名。

睡眠	运动	天气/物候
昨日________入睡 今日________起床 □ 失眠 □ 多梦		

顺时饮食	今日待办	身体/健康
□ 冬至汤 □ 鱼腥草茶（雾霾地区） □ 散石助育膏	□ ________ □ ________ □ ________	

二〇一八年十二月
December

廿七

星期四

农历 冬月廿一

冬至 第二候 麋角解

女贞
功效：补肝肾，强腰膝。

健康提示

戊戌冬至前后，以下人群要特别注意，防范因治疗不当引起心脏问题：

☐ 经常过敏性哮喘

☐ 慢性支气管炎

☐ 高龄老人感冒

日常保健：

每日煮粥或煮汤时加入党参 30 克、薤白 15 克。

（关于薤白的功效，参阅《回家吃饭的智慧》“薤家姐妹花”一篇）

戊戌岁·甲子月

火运平气，水土合德

癸巳日

一九第六天

终		运
主	少	水
客	太	木

亏凸月

宜 察病

和文与可洋川园池三十首·金橙径

〔宋〕苏轼

金橙纵复里人知，不见鲈鱼价自低。

须是松江烟雨里，小船烧薤捣香齑。

【诗注】薤既是中药，也是古代的『五蔬』之一。

睡眠	运动	天气 / 物候
昨日________入睡 今日________起床 ☐ 失眠 ☐ 多梦		

顺时饮食	今日待办	身体 / 健康
☐ 冬至汤 ☐ 鱼腥草茶（雾霾地区） ☐ 散石助育膏	☐ ____________ ☐ ____________ ☐ ____________	

二〇一八年十二月
December

廿八

星期五

〔农历〕冬月廿二

〔冬至〕第二候　第二天

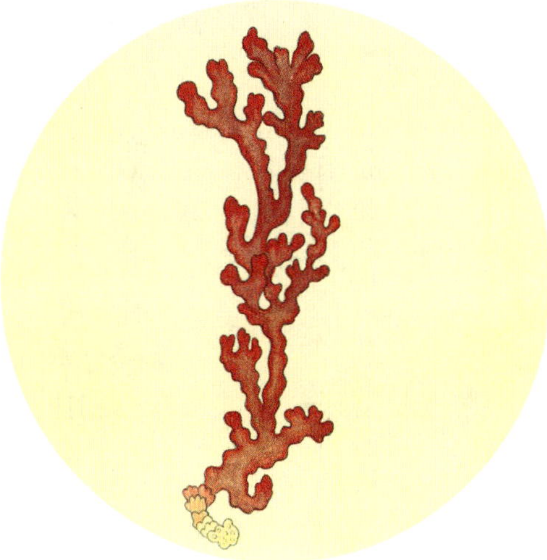

赤芝

功效：补虚强身、益肾健脑。

健康提示

老读者：直接查看《时光知味》2018 年 12 月 28 日的选择结果。

我需要再喝一周冬至汤　□ 是　□ 否

从明天起喝银耳桂圆羹　□ 是　□ 否

新读者：回忆一下戊戌岁夏季中伏到末伏是否出现过（一次也算）。

半夜冷醒　□ 是　□ 否

受凉引起腹泻　□ 是　□ 否

有一个答是，再喝一周补心养阳汤；

两个都为否，从明天起喝银耳桂圆羹。

戊戌岁·甲子月

火运平气，水土合德

甲午日

一九第七天

终气

主 寒气

客 湿气

亏凸月

宜 灸艾

至日

〔宋〕郑刚中

寒风已是识新阳，昨夜千林不禁霜。

七日欲知天道复，丈三先看土圭长。

睡眠	运动	天气 / 物候
昨日________入睡 今日________起床 □ 失眠　□ 多梦		
顺时饮食	**今日待办**	**身体 / 健康**
□ 冬至汤 □ 鱼腥草茶（雾霾地区） □ 散石助育膏	□ 一九加强灸 □ ____________ □ ____________	

二〇一八年十二月
December

廿九

星期六

【农历】冬月廿三

【冬至】第二候　第三天

甘蔗

功效：利咽喉，强筋骨，息风养血，大补脾阴。

健康提示

散石助育膏（戊戌六气保健膏，2018 年小雪、大雪、冬至、2019 年小寒）

原料：茯苓粉 300 克、鸡内金粉 100 克、山楂 1 000 克、鲜柠檬 5 000 克（榨汁）、甘蔗红糖适量。

做法：先将山楂加水煮两次，去掉渣，留下药汁，加其他材料一起熬成膏。

吃法：放冰箱保存，每天取出适量，直接食用，或加水冲调饮用。

注意：孕妇忌服、经期慎服。

功效：健脾、开胃、化瘀、消积食、化结石，缓解消化不良引起的腹胀、胃痛，调理闭经、月经迟来。

戊戌岁 · 甲子月

火运平气，水土合德

乙未日

一九第八天

终		运
主	少	水
客	太	木

亏凸月

宜 进补

甘蔗

〔宋〕苏轼

老境于吾渐不佳，一生拗性旧秋崖。

笑人煮积何时熟，生啖青青竹一排。

睡眠	运动	天气 / 物候
昨日________入睡 今日________起床 □ 失眠 □ 多梦		

顺时饮食	今日待办	身体 / 健康
□ 冬至汤或银耳羹 □ 鱼腥草茶（雾霾地区） □ 散石助育膏	□ 准备小寒饭和腊八粥食材 □ ____________	

二〇一八年十二月
December

三十

星期日

〔农历〕冬月廿四

〔冬至〕第二候　第四天

蛞蝓

功效：消肿止痛。用于调理痔疮肿毒。

健康提示

冬至节气是一年一度的察病时机。

睡前静卧，体会全身各处的感觉。今年重点观察：

睡觉容易咳，有泡沫痰	□ 是	□ 否
感觉气短	□ 是	□ 否
有上腹痛	□ 是	□ 否

前两项有一个回答是，喝党参薤白粥（《时光知味》2018 年 12 月 27 日）。

第 3 项回答是，查看《时光知味》2018 年 12 月 4 日。

戊戌岁 · 甲子月

火运平气，水土合德

丙申日

一九第九天

终　气

主　寒　气

客　湿　气

下　弦　月

宜　反思

冬至日独游吉祥寺

〔宋〕苏轼

井底微阳回未回，萧萧寒雨湿枯荄。
何人更似苏夫子，不是花时肯独来。

睡眠	运动	天气 / 物候
昨日________入睡 今日________起床 ☐ 失眠　☐ 多梦		
顺时饮食	**今日待办**	**身体 / 健康**
☐ 冬至汤或银耳羹 ☐ 鱼腥草茶（雾霾地区） ☐ 散石助育膏	☐ 九九图一九写成 ☐ ________ ☐ ________	

二〇一八年十二月
December

卅一

星期一

〔农历〕冬月廿五

〔冬至〕第二候　第五天

仙人杖

功效：用于调理呕逆反胃、小儿吐乳。

二候反思

前十天身体是否出现不适现象？在哪些部位？

对比上一次冬至有什么不同？

冬至出现的亚健康现象：

今年新发生 ______________________________

今年再次出现 ____________________________

今年有好转的 ____________________________

1. 翻到 2019 年 7 月 11 日，把以上记录的问题进行归类。

2. 在新的一年里，针对这些问题进行调理。

戊戌岁 · 甲子月

火运平气，水土合德

丁酉日

二九第一天

终	运
主 少	水
客 太	木

残月

除夜侍酒呈诸兄示舍弟

〔唐〕欧阳詹

莫叹明朝又一春，相看堪共贵兹身。
悠悠寰宇同今夜，膝下传杯有几人。

睡眠

昨日________入睡
今日________起床
☐ 失眠　☐ 多梦

运动

天气 / 物候

顺时饮食

☐ 冬至汤或银耳羹
☐ 鱼腥草茶（雾霾地区）
☐ 散石助育膏

今日待办

☐ 二九灸
☐ ____________
☐ ____________

身体 / 健康

宜 总结

二〇一九年一月
January

元旦

星期二

农历
冬月廿六

冬至
第三候
水泉动

鲫鱼
功效：健脾和胃，通乳汁。

年终总结
回顾 2018 年养生计划

过去一年，在健康方面有哪些得到了改善
1. ____________________
2. ____________________
3. ____________________
4. ____________________
5. ____________________

2018 年养生的首要目标是否达成

____

戊戌岁 · 甲子月

火运平气，水土合德

戊戌日

二九第二天

终运		
主	少	水
客	太	木

残月

宜 早起

元日（乙巳）

〔明〕吴与弼

回首流年一梦间，静思身世立应难。
工夫百倍须深勉，莫把光阴当等闲。

睡眠

昨日________入睡
今日________起床
□ 失眠　□ 多梦

运动

天气 / 物候

顺时饮食

□ 冬至汤或银耳羹
□ 鱼腥草茶（雾霾地区）
□ 散石助育膏

今日待办

□ ____________
□ ____________
□ ____________

身体 / 健康

二〇一九年一月
January

二日

星期三

农历 冬月廿七

冬至 第三候 第二天

东流水

顺流而取的洁净河水，用于煮药。

开年计划

请写下 2018 年困扰您的健康方面的问题

1. ____________________

2. ____________________

3. ____________________

4. ____________________

5. ____________________

从上面选出最需要改善的一个，列为 2019 年养生的首要目标。

____

戊戌岁·甲子月

火运平气，水土合德

己亥日

二九第三天

终气

主 寒气

客 湿气

残月

宜 省身

西归绝句十二首·其八

〔唐〕元稹

一世营营死是休，生前无事定无由。
不知山下东流水，何事长须日夜流。

睡眠	运动	天气 / 物候
昨日________入睡 今日________起床 ☐ 失眠　☐ 多梦		

顺时饮食	今日待办	身体 / 健康
☐ 冬至汤或银耳羹 ☐ 鱼腥草茶（雾霾地区） ☐ 散石助育膏	☐ ____________ ☐ ____________ ☐ ____________	

二〇一九年一月
January

三日

星期四

农历 冬月廿八

冬至 第三候 第三天

白菜
功效：通利肠胃，养胃和中。

食材准备

后天进入小寒节气。

小寒红豆糯米饭（戊戌岁配方，2—3 人量）

原料：赤小豆 100 克、糯米 50 克、黍米 50 克、油、盐、紫苏子各少许。

银耳桂圆羹

散石助育膏（戊戌六气保健膏，从 2018 年小雪吃到 2019 年大寒前日，做法见 2018 年 12 月 29 日）

原料：茯苓粉 300 克、鸡内金粉 100 克、山楂 1 000 克、鲜柠檬 5 000 克（榨汁）、甘蔗红糖适量。

养血补肾茶

原料：黑桑葚干 15 克、红枣 6 个。

戊戌岁 · 甲子月

火运平气，水土合德

庚子日

二九第四天

终 运

主 少 水

客 太 木

残月

宜 灸艾

邯郸冬至夜思家

〔唐〕白居易

邯郸驿里逢冬至，抱膝灯前影伴身。

想得家中夜深坐，还应说着远行人。

睡眠	运动	天气 / 物候
昨日________入睡 今日________起床 □ 失眠 □ 多梦		

顺时饮食	今日待办	身体 / 健康
□ 冬至汤或银耳羹 □ 鱼腥草茶（雾霾地区） □ 散石助育膏	□ 二九加强灸 □ ________ □ ________	

二〇一九年一月
January

四日

星期五

农历 冬月廿九

冬至 第三候 第四天

乳柑子
功效：清肠热，解酒毒。

节气总结

喝冬至汤的次数 ______

吃银耳桂圆羹的次数 ______

吃散石助育膏的次数 ______

做三九灸的次数 ______

身体哪些方面有改善 ________________________________

如果喝冬至汤少于 3 次（排除身体原因），请翻到 2019 年 7 月 7 日，在“三伏黄芪粥”食方后标注“今年坚持喝”。

戊戌岁 · 甲子月

火运平气，水土合德

辛丑日

二九第五天

终气

主 寒气

客 湿气

残月

宜 反思

赠别（节选）

〔唐〕杜牧

多情却似总无情，唯觉尊前笑不成。

蜡烛有心还惜别，替人垂泪到天明。

【诗评】《唐诗笺注》：宋人评牧之诗：豪而艳，宕而丽，其绝句于晚唐中尤为出色。

睡眠	运动	天气 / 物候
昨日________入睡 今日________起床 ☐ 失眠 ☐ 多梦		
顺时饮食	**今日待办**	**身体 / 健康**
☐ 冬至汤或银耳羹 ☐ 鱼腥草茶（雾霾地区） ☐ 散石助育膏	☐ ________ ☐ ________ ☐ ________	

推荐食方

小寒红豆糯米饭

（戊戌岁配方）

原料：赤小豆、糯米、黍米、油（今年不用猪油）、盐、紫苏子（今年不用芝麻）各少许。

小寒

小寒

残冬

节气 小寒、大寒

时间 一月五日至二月三日

今年小寒需特别注意的健康问题：

妊娠病、消化道出血、肾病、前列腺炎、心理疾病

二〇一九年一月
January

五日

星期六

小寒 第一候 雁北乡

农历 冬月三十

17:48 交小寒节气

阿胶

功效：补血，止血，滋阴，润燥。

节气食方

小寒红豆糯米饭（戊戌岁配方）

原料：赤小豆 100 克、糯米 50 克、黍米 50 克、油（今年不用猪油）、盐、紫苏子（今年不用芝麻）各少许。

做法：

1. 赤小豆加清水入锅，煮开后 10 分钟关火。
2. 在炒锅内多放油，烧热后放少许盐，放生糯米、黍米用小火不停翻炒。
3. 炒到糯米微微发黄，把赤小豆连汤一起倒入，小火焖熟后起锅。
4. 将紫苏子放炒锅内，不要加油，开小火炒香，撒在焖好的红豆糯米饭上。

戊戌岁 · 乙丑月

火运平气，水土合德

壬寅日

二九第六天

终运

主 少 水

客 太 木

残月

宜 浴足

归雁

〔唐〕钱起

潇湘何事等闲回，水碧沙明两岸苔。
二十五弦弹夜月，不胜清怨却飞来。

【诗评】《批点唐诗正声》：极佳，后人更无此作者，用意精深，乃知良工心独苦。

睡眠	运动	天气 / 物候
昨日________入睡 今日________起床 □ 失眠 □ 多梦		

顺时饮食	今日待办	身体 / 健康
□ 小寒饭 □ 银耳桂圆羹 □ 散石助育膏 □ 腊八粥	□ 足浴 □ ________ □ ________ □ ________	

二〇一九年一月
January

六日

星期日

〔农历〕腊月初一

〔小寒〕第一候　第二天

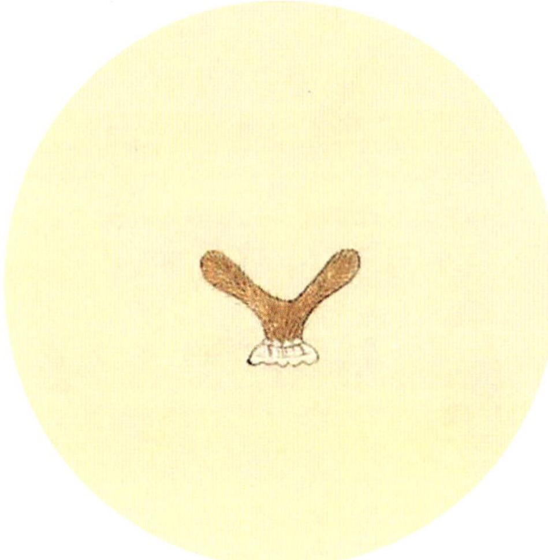

鹿茸

功效：补肾壮阳，生精益血，补髓健骨。

健康提示

小寒节气的养生功课：固肾、暖心、排下身寒湿。

今年小寒特殊的养生重点——

今年小寒，人体容易心脾两虚，内湿对人影响较大。

保养重点：脾、血糖。

防病重点：妊娠病、消化道出血、肾病、前列腺炎、心理疾病。

戊戌岁·乙丑月

火运平气，水土合德

癸卯日

二九第七天

终　气

主 寒　气

客 湿　气

朔　月

09:28 朔

宜 灸艾

近试上张籍水部

〔唐〕朱庆馀

洞房昨夜停红烛，待晓堂前拜舅姑。
妆罢低声问夫婿，画眉深浅入时无。

【诗注】这首诗是朱庆馀在应考前写给水部郎中张籍的。用新嫁娘拜见公婆，来比喻举子见考官前忐忑不安的心情。张籍的答诗在下页。

睡眠

昨日________入睡

今日________起床

□ 失眠　□ 多梦

运动

天气 / 物候

顺时饮食

- □ 小寒饭
- □ 银耳桂圆羹
- □ 散石助育膏
- □ 腊八粥

今日待办

- □ 足浴
- □ 二九加强灸
- □ ________
- □ ________

身体 / 健康

二〇一九年一月
January

七日

星期一

〔小寒〕第一候 第三天

〔农历〕腊月初二

糯米
功效：补中益气，健脾暖肺。

食材准备

进入农历十二月（腊月），这个月可以常喝腊八粥。

腊八粥（今年基础配方，家庭量）
米类——糯米、粳米、糙米、黍米
豆类——赤小豆、豌豆、白扁豆
杂粮——麦仁、荞麦、芡实
粥果——莲子、桂圆肉

戊戌岁 · 乙丑月

火运平气，水土合德

二九第八天

甲辰日

终		运
主	少	水
客	太	木

娥眉月

宜 居家

酬朱庆馀

〔唐〕张籍

越女新妆出镜心，自知明艳更沉吟。

齐纨未是人间贵，一曲菱歌敌万金。

【诗注】这是张籍写给朱庆馀的回答（朱诗在上页）。朱问得巧，张答得妙，成就了诗坛一段佳话。

睡眠

昨日________入睡

今日________起床

☐ 失眠 ☐ 多梦

运动

天气 / 物候

顺时饮食

☐ 小寒饭

☐ 银耳桂圆羹

☐ 散石助育膏

☐ 腊八粥

今日待办

☐ 足浴

☐ 准备泡腊八蒜材料

☐ ____________

☐ ____________

身体 / 健康

二〇一九年一月
January

八日

星期二

〔农历〕腊月初三

〔小寒〕第一候　第四天

鳕鱼

功效：活血止痛。用于调理跌打骨折、外伤出血。

健康提示

从小寒开始，进入冬天的第三个月，本月养生关键词：补肾气、排湿毒。

上半月重点：暖心、排寒湿。

下半月重点：暖脾、增强肝脏排毒功能。

今年深冬这一个月，除了身体疾病，还要注意防范心理疾病，有抑郁、焦虑症倾向的人，更年期女性情绪波动较大者，加强饮食调理（甘麦大枣汤，见 2019 年 1 月 10 日）。

戊戌岁 · 乙丑月

火运平气，水土合德

乙巳日

二一九第九天

终　气

主　寒　气

客　湿　气

娥眉月

宜 思亲

瑶池

〔唐〕李商隐

瑶池阿母绮窗开，黄竹歌声动地哀。

八骏日行三万里，穆王何事不重来。

【诗评】方南堂先生辍锻录：『诗有别材，非关书也；诗有别趣，非关理也。』

睡眠	运动	天气 / 物候
昨日________入睡 今日________起床 ☐ 失眠　☐ 多梦		

顺时饮食	今日待办	身体 / 健康
☐ 小寒饭 ☐ 银耳桂圆羹 ☐ 散石助育膏 ☐ 腊八粥	☐ 足浴 ☐ ________ ☐ ________ ☐ ________	

二〇一九年一月
January

九日

星期三

【农历】腊月初四

【小寒】第一候 第五天

甘草

功效：益气补中，缓急止痛，润肺止咳。用于调理心悸气短、咳嗽气喘、小儿胎毒及药物、食物中毒。

一候反思

过去是否出现过以下问题：

神经衰弱	□ 是	□ 否
长期严重失眠	□ 是	□ 否
莫名的紧张焦虑	□ 是	□ 否
抑郁	□ 是	□ 否
干燥综合征	□ 是	□ 否
女性：经前紧张征	□ 是	□ 否
女性：更年期综合征	□ 是	□ 否
产妇：虚汗不止	□ 是	□ 否
儿童：多动症	□ 是	□ 否

有任何一个答是，今年冬春可以喝甘麦大枣汤来给身体补虚。

戊戌岁 · 乙丑月

火运平气，水土合德

丙午日

三九第一天

终		运
主	少	水
客	太	木

娥眉月

宜 灸艾

交溪庵中因检药囊偶成

〔宋〕陈渊

道人头上经春雪，不羡少年何首乌。
已觉老来甘草莽，便当归去访田庐。

【诗注】这是一首巧妙地嵌入中药名的诗。

睡眠

昨日________入睡
今日________起床
☐ 失眠 ☐ 多梦

运动

天气 / 物候

顺时饮食

☐ 腊八粥

今日待办

☐ 足浴
☐ 三九灸
☐ ________________

身体 / 健康

二〇一九年一月
January

十日

星期四

〔农历〕腊月初五

〔小寒〕第二候 鹊始巢

喜鹊

功效：滋补，通淋，散热。用于调理虚痨发热。

健康提示

千古名方——甘麦大枣汤

原料：甘草 9 克、小麦 15 克、大枣 9 个。

功效：养心，安神，镇静，助眠，止虚汗，缓解精神紧张、焦虑和心理压力。

叮嘱：用带麸皮的小麦，效果更好。

戊戌岁 · 乙丑月

火运平气，水土合德

丁未日

三九第二天

终之气

主 寒气

客 湿气

娥眉月

宜 观鸟

庭树

〔宋〕许棐

今年庭树著花稀，因是耽书失事治。

何处结巢双喜鹊，却来删得几枯枝。

睡眠	运动	天气 / 物候
昨日________入睡 今日________起床 □ 失眠 □ 多梦		

顺时饮食	今日待办	身体 / 健康
□ 腊八粥	□ 足浴 □ ________ □ ________	

二〇一九年一月
January

十一

星期五

农历 腊月初六

小寒 第二候 第二天

赤小豆

功效：祛湿瘦身，和血排脓，消肿解毒。

食材准备

后天腊八节，准备泡腊八蒜的材料。

腊八蒜

材料：大蒜、米醋、红糖、广口玻璃瓶。

做法：

1. 将大蒜瓣剥去皮，用软布擦干净，不能沾水，放进干净的广口瓶中，装到大约 2/3 的高度，倒入米醋、红糖，盖好盖子。
2. 泡上二十天，等蒜瓣都变成碧绿的颜色，就可以随取随吃了。
3. 泡过蒜的醋，用来做拌菜的调味汁，或是蘸饺子吃，味道都很不错。

戊戌岁·乙丑月

火运平气，水土合德

戊申日

三九第三天

终		运
主	少	水
客	太	木

娥眉月

宜 浴足

答李任道谢分豆粥

〔宋〕黄庭坚

豆粥能驱晚瘴寒，与公同味更同餐。

安知天上养贤鼎，且作山中煮菜看。

睡眠	运动	天气 / 物候
昨日________入睡 今日________起床 ☐ 失眠 ☐ 多梦		
顺时饮食	**今日待办**	**身体 / 健康**
☐ 腊八粥	☐ 足浴 ☐ ________ ☐ ________	

二〇一九年一月
January

十二

星期六

〔农历〕腊月初七

〔小寒〕第二候 第三天

沙糖

功效：润肺生津，解酒和中。

健康提示

今晚提前泡好腊八粥主料和配料，准备熬粥。

腊八粥的推荐配方，平时也可以经常吃，能健脾、益气、祛湿，也是很好的均衡营养餐。

戊戌岁 · 乙丑月

火运平气，水土合德

己酉日

三九第四天

终气

主 寒气

客 湿气

娥眉月

宜 灸艾

杂题四首·其一

〔宋〕陆游

贫中得味如餐蔗，语下明心似到乡。

对客欲谈浑忘却，笑呼童子替烧香。

睡眠	运动	天气/物候
昨日________入睡 今日________起床 □ 失眠 □ 多梦		

顺时饮食	今日待办	身体/健康
□ 腊八粥	□ 足浴 □ 三九灸 □ ____________	

二〇一九年一月
January

十三

星期日

农历 腊月初八

小寒 第二候 第四天

腊八节

蒜

功效：解毒抗菌。用于调理咳嗽、腹泻。

读书

“腊八节，我把它比作是中国古老的‘感恩节’，因为它寄托了我们的先人对自然万物的感恩之心。”

——《吃法决定活法》

腊八节是感恩天地和父母的节日。

戊戌岁 · 乙丑月

火运平气，水土合德

庚戌日

三九第五天

终 运

主 少 水

客 太 木

娥眉月

宜 感恩

节物

〔宋〕陆游

节物犹关老病身，乡傩佛粥一年新。

檐间百舌还多事，探借园林十日春。

【诗注】佛粥：腊八粥。

睡眠	运动	天气 / 物候
昨日________入睡 今日________起床 ☐ 失眠 ☐ 多梦		

顺时饮食	今日待办	身体 / 健康
☐ 腊八粥	☐ 足浴 ☐ 泡腊八蒜 ☐ 准备大寒饭食材	

二〇一九年一月
January

十四

星期一

【农历】腊月初九

【小寒】第二候 第五天

茯苓

功效：健脾除湿，宁心安神。

二候反思

这个冬天是否有以下现象

肚子变胖 □ 是 □ 否

血脂增高 □ 是 □ 否

痰多夜咳 □ 是 □ 否

胰腺炎 □ 是 □ 否

月经推迟 □ 是 □ 否

任何一个答“是”，大寒节气不吃大寒饭，改喝腊八粥。同时坚持吃一年茯苓和鸡内金。

戊戌岁 · 乙丑月

火运平气，水土合德

辛亥日

三九第六天

终气

主 寒气

客 湿气

上弦月

宜 反思

索茯苓戏赠

〔明〕胡奎

诗骨从来似鹤形，空廊无迹雨苔青。
人间别有长生术，不是黄精与茯苓。

【诗注】古人认为黄精和茯苓是仙药，能使人长生。诗人以此比喻吟诗的功效堪比这两味仙药。

睡眠	运动	天气 / 物候
昨日________入睡 今日________起床 □ 失眠 □ 多梦		

顺时饮食	今日待办	身体 / 健康
□ 腊八粥	□ 足浴 □ ____________ □ ____________	

二〇一九年一月
January

十五

星期二

〔农历〕腊月初十

〔小寒〕第三候　雉始鸲

雉
功效：补中益气，生津止渴。

健康提示

去年养生日历曾提醒，戊戌岁冬季容易生病不宜备孕。这段时间会持续到己亥岁惊蛰，即 2018 年 11 月到 2019 年 3 月这三个月，孕妇需特别注意养胎。尤其是要避开雾霾天气。

防霾对策：见 2019 年 12 月 24 日。
养血补肾茶：见 2019 年 1 月 25 日。

戊戌岁・乙丑月

火运平气，水土合德

壬子日

三九第七天

终		运
主	少	水
客	太	木

盈凸月

宜 灸艾

采桑曲

〔元〕赵孟頫

野雉朝雊雊且飞，谁家女儿采桑归。
欲折花枝插丫髻，还愁草露湿裳衣。

【诗注】野雉朝雊：出自《诗经》『雉之朝雊（音同够），尚求其雌。』意思是野鸡早上鸣叫，追求雌鸟。

睡眠

昨日________入睡

今日________起床

□ 失眠　□ 多梦

运动

天气 / 物候

顺时饮食

□ 腊八粥

今日待办

□ 足浴

□ 三九加强灸

□ ____________

身体 / 健康

二〇一九年一月
January

十六

星期三

〔农历〕腊月十一

〔小寒〕第三候 第二天

卷柏

功效：活血通经。用于调理闭经、肌瘤囊肿。

健康提示

《黄帝内经》将一年按天气变化分为六个阶段，我们可以针对每个阶段的特点来顺时防病和养生。今年，我们用以下食方来加强保健，每个食方吃两个月。

己亥初气保健饮：补血四宝汤（2019 年 1 月 21 日）、养血补肾茶（2019 年 1 月 25 日）

己亥二气保健膏：养血安神膏（2019 年 3 月 23 日）

己亥三气保健粥：益肾安心粥（2019 年 5 月 22 日）

己亥四气保健饮：甘草陈皮梅子汤（2019 年 7 月 24 日）

己亥五气保健饮：茱萸梅子汤（2019 年 9 月 24 日）

己亥六气保健饮：果菊清饮（2019 年 11 月 23 日）

戊戌岁 · 乙丑月

火运平气，水土合德

癸丑日

三九第八天

终　　气

主　寒　气

客　湿　气

盈　凸　月

贾生

〔唐〕李商隐

宣室求贤访逐臣，贾生才调更无伦。

可怜夜半虚前席，不问苍生问鬼神。

【诗注】这首诗写的是汉孝文帝召见贾谊的典故。《史记·屈贾列传》：贾生征见。孝文帝方受厘，坐宣室。上因感鬼神事，而问鬼神之本。

【诗评】《选玉溪生诗补说》：绝大议论、得未曾有。

睡眠	运动	天气 / 物候
昨日________入睡 今日________起床 □ 失眠　□ 多梦		

顺时饮食	今日待办	身体 / 健康
□ 腊八粥	□ 足浴 □ ________ □ ________	

宜 问雪

二〇一九年一月
January

十七

星期四

农历　腊月十二

小寒　第三候　第三天

腊雪

功效：收藏腊月雪融化的雪水，用于煎茶煮粥。（污染严重不建议使用）

采购年货

过年期间本地市场买不到的材料，可在快递服务放假前提前网购。

小年：糖瓜（麦芽糖）。

立春：芹菜、韭菜、香菜、萝卜缨、荠菜（可网购）（或蒜苗、油菜苔等）。

防感护生汤：荠菜、萝卜缨、干香菇、牛蒡。

初七：人日七菜羹（整个春天都适合经常吃）。

原料：芹菜、荠菜、芥菜、韭菜、香菜、大蒜、蒜苗、葱叶、蔓菁、油菜苔、萝卜缨、繁缕等任选七种。

雨水：紫苏子、绿豆（用于自制绿豆芽）。

戊戌岁 · 乙丑月

火运平气，水土合德

甲寅日

三九第九天

终		运
主	少	水
客	太	木

盈凸月

宜 围炉

对雪

〔唐〕高骈

六出飞花入户时，坐看青竹变琼枝。

如今好上高楼望，盖尽人间恶路岐。

睡眠	运动	天气 / 物候
昨日________入睡 今日________起床 □ 失眠　□ 多梦		
顺时饮食	**今日待办**	**身体 / 健康**
□ 腊八粥	□ 足浴 □ 写福字，准备写春联的红宣纸	

二〇一九年一月
January

十八

星期五

〔小寒〕第三候 第四天

〔农历〕腊月十三

决明子

功效：明目，降压。用于调理头晕。

食材准备

后天进入大寒节气

大寒消寒糯米饭（己亥岁配方，2—3 人量）

原料：糯米 50 克、黍米 50 克、红枣 12 个、油、陈皮少许。

银耳百合羹

补血四宝汤（己亥初气保健饮，从大寒吃到春分前日，做法见 2019 年 1 月 21 日）

原料：党参 30 克、当归 10 克、枸杞子 20 克、玫瑰 12 朵、甘蔗红糖。

养血补肾茶（做法见 2019 年 1 月 25 日）

原料：黑桑葚干 15 克、红枣 6 个。

戊戌岁·乙丑月

火运平气，水土合德

乙卯日

四九第一天

终 气

主 寒 气

客 湿 气

盈凸月

宜 浴足

陇西行

〔唐〕陈陶

誓扫匈奴不顾身，五千貂锦丧胡尘。

可怜无定河边骨，犹是春闺梦里人。

【诗评】唐贤小三昧集续集：刻骨伤心，感动顽艳。

睡眠	运动	天气 / 物候
昨日________入睡 今日________起床 ☐ 失眠 ☐ 多梦		

顺时饮食	今日待办	身体 / 健康
☐ 腊八粥	☐ 足浴 ☐ ________ ☐ ________	

二〇一九年一月
January

十九

星期六

〔农历〕腊月十四

〔小寒〕第三候 第五天

雀

功效：壮阳益精，暖腰膝。

节气总结

喝腊八粥的次数 ______

吃小寒饭的次数 ______

喝银耳桂圆羹的次数 ______

吃散石助育膏的次数 ______

泡脚的次数 ______

身体哪些方面有改善 ______________________________

戊戌岁 · 乙丑月

火运平气，水土合德

丙辰日

四九第二天

终 运

主 少 水

客 太 木

盈凸月

宜 静养

禽虫十二章·其十

〔唐〕白居易

豆苗鹿嚼解乌毒，艾叶雀衔夺燕巢。
乌兽不曾看本草，谙知药性是谁教。

【诗注】鹿中箭会嚼豆叶疗伤，雀用艾叶驱燕，鸟兽也懂得善用草药。

睡眠	运动	天气 / 物候
昨日________入睡 今日________起床 □ 失眠 □ 多梦		

顺时饮食	今日待办	身体 / 健康
□ 小寒饭 □ 银耳羹 □ 腊八粥	□ 足浴 □ 泡大寒饭原料 □ ____________	

推荐食方

消寒糯米饭

（己亥岁配方）

原料：糯米、黍米、红枣、油（今年不用猪油）、陈皮少许。

大寒

大寒

今年大寒需特别注意的健康问题：

妊娠病、胆结石、咽喉问题、颈椎病、腰椎病、骨关节病、心绞痛

二〇一九年一月
January

二十

星期日

〔农历〕腊月十五

〔大寒〕第一候 鸡使乳

11:08 交大寒节气

黑雌鸡
功效：补肝肾，益气血。

节气食方

大寒消寒糯米饭（己亥岁配方，2—3 人量）

原料：糯米 50 克、黍米 50 克、红枣 12 个、腊肉适量、油（今年不用猪油）、陈皮少许。

做法：

1. 将糯米、黍米泡两小时后，沥干水分。
2. 将腊肉切片，红枣掰开去核备用。
3. 将猪板油下锅加少许陈皮，炼出猪油，捞出油渣和陈皮。
4. 锅里继续放腊肉煸出油，捞出腊肉。
5. 放入糯米、黍米用小火不停翻炒，炒的时间要长一点，炒到九成熟，放掰开的红枣一起炒，炒到红枣局部变黑，出焦香味后，加入煸过的腊肉一起拌匀。
6. 出锅沥干油。

戊戌岁 · 乙丑月

火运平气，水土合德

丁巳日

四九第三天

初 气
主 风 气
客 燥 气

21:00 交初运
21:00 交初气

盈凸月

宜 居家

大寒雨

〔明〕刘崧

阴雨先晨作大寒，东归道路恐难乾。
故园梅树花开未，犹拟春前十日看。

睡眠

昨日________入睡
今日________起床
☐ 失眠 ☐ 多梦

运动

天气 / 物候

顺时饮食

☐ 大寒饭或腊八粥
☐ 银耳百合羹
☐ 补血四宝汤

今日待办

☐ 足浴
☐ ____________
☐ ____________

身体 / 健康

二〇一九年一月
January

廿一

星期一

〔大寒〕第一候 第二天

〔农历〕腊月十六

月全食
11:33—14:50
中国不可见

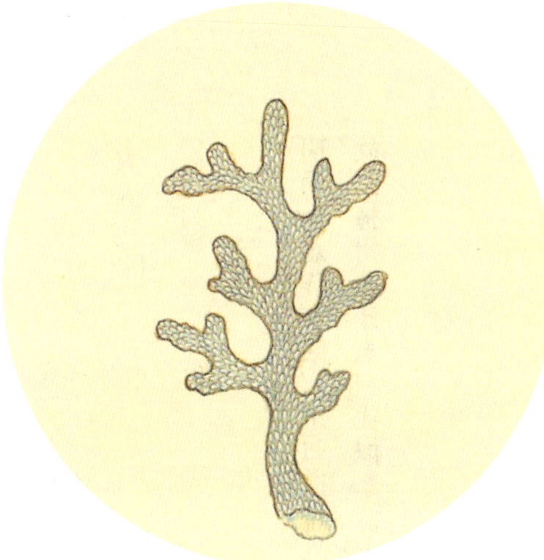

青琅玕
功效：祛风止痒，解毒行瘀。

健康提示

己亥初气保健饮（大寒、立春、雨水、惊蛰）

补血四宝汤

原料：党参 30 克、当归 10 克、枸杞子 20 克、玫瑰 12 朵、红糖。

做法：将当归切片，和党参一起加水煮 20 分钟，加入枸杞子、玫瑰和红糖煮 1 分钟关火，晾温饮用。

戊戌岁 · 乙丑月

火运平气，水土合德

戊午日

四九第四天

初 运

主 少 木

客 少 土

满 月

13:16 望

宜 望月

师鲁推官惠甘蔗戏谢

〔宋〕文同

满节甘滋渗齿寒，醍醐谁与酿琅玕。

不知佳境何时入，试似前人取倒餐。

【诗注】琅玕：是一种珊瑚，这里比喻甘蔗的枝干。

睡眠	运动	天气 / 物候
昨日________入睡 今日________起床 ☐ 失眠 ☐ 多梦		

顺时饮食	今日待办	身体 / 健康
☐ 大寒饭或腊八粥 ☐ 银耳百合羹 ☐ 补血四宝汤 ☐ 腊八粥	☐ 足浴 ☐ ________ ☐ ________ ☐ ________	

二〇一九年一月

January

廿二

星期二

农历 腊月十七

大寒 第一候 第三天

珊瑚

功效：去翳明目，安神镇惊。

健康提示

大寒节气的养生功课：固肾、暖脾，增强肝脏排毒功能，为春天做准备。

今年大寒节气容易生病，特殊的养生重点——

保养重点：胆、咽喉、骨关节、心血管和子宫。

防病重点：妊娠病、胆结石、咽喉问题、颈椎病、腰椎病、骨关节病、心绞痛。

饮食对策：散石助育膏、养血补肾茶、腊八粥。

戊戌岁 · 乙丑月

火运平气，水土合德

己未日

四九第五天

初气

主 风气

客 燥气

亏凸月

宜 防寒

春闺

〔宋〕陈允平

寂寞梨花院落闲，远山愁入两眉弯。

黄金络索珊瑚坠，独立春风教白鹇。

【诗注】珊瑚，既是珠宝，也是中药。

睡眠	运动	天气 / 物候
昨日________入睡 今日________起床 ☐ 失眠 ☐ 多梦		

顺时饮食	今日待办	身体 / 健康
☐ 腊八粥	☐ 足浴 ☐ ____________ ☐ ____________	

二〇一九年一月
January

廿二

星期三

〔农历〕腊月十八

〔大寒〕第一候　第四天

白药

功效：祛风湿，止痛。用于调理风湿痹痛，跌打伤痛。

健康提示

从大寒开始进入己亥年的第一个运气阶段:

初运:

历时 73 天（2019 年 1 月 20 日 21:00—4 月 3 日 22:01）

主运——少木，客运——少土。

初气：大寒、立春、雨水、惊蛰

历时 60 天（2019 年 1 月 20 日 21:00—3 月 21 日 17:00）

主气——风气，客气——燥气。

戊戌岁 · 乙丑月

火运平气，水土合德

庚申日

四九第六天

初运

主 少木

客 少土

亏凸月

宜 赏味

己亥杂诗·其三十三

〔清〕龚自珍

少慕颜曾管乐非，胸中海岳梦中飞。

近来不信长安隘，城曲深藏此布衣。

睡眠

昨日________入睡

今日________起床

□ 失眠 □ 多梦

运动

天气 / 物候

顺时饮食

□ 腊八粥

今日待办

□ 足浴

□ ________

□ ________

身体 / 健康

二〇一九年一月
January

廿四

星期四

大寒 第一候 第五天

农历 腊月十九

笔头灰

功效：旧毛笔头烧成的灰，有止血作用。

一候反思

冬至后是否

暴饮暴食 □ 是 □ 否

大量饮酒 □ 是 □ 否

服用激素 □ 是 □ 否

或者身体是否有

胆结石 □ 是 □ 否

胆囊炎 □ 是 □ 否

胆管炎 □ 是 □ 否

任何一个回答“是”，今年要注意预防胰腺炎。

戊戌岁 · 乙丑月

火运平气，水土合德

辛酉日

四九第七天

初 气

主 风 气

客 燥 气

亏凸月

宜 反思

池州清溪

〔唐〕杜牧

弄溪终日到黄昏，照数秋来白发根。

何物赖君千遍洗，笔头尘土渐无痕。

睡眠	运动	天气 / 物候
昨日________入睡 今日________起床 □ 失眠　□ 多梦		

顺时饮食	今日待办	身体 / 健康
□ 腊八粥	□ 足浴 □ ________ □ ________	

二〇一九年一月
January

廿五

星期五

农历
腊月二十

大寒
第二候 鸷鸟厉疾

海藻
功效：软坚消痰。用于调理瘿瘤、睾丸肿痛。

健康提示

今年冬春期间，怀孕的女性容易生病，注意避开雾霾，按节气顺时饮食。

养血补肾茶

原料：黑桑葚干 15 克、红枣 6 个。

做法：沸水冲泡，或当零食食用。

功效：补肾、养血、安胎、抗衰老。

戊戌岁 · 乙丑月

火运平气，水土合德

壬戌日

四九第八天

初		运
主	少	木
客	少	土

亏凸月

宜 问安

次韵杨廷秀太和万安道中所寄七首·其一

〔宋〕赵蕃

旧说洛阳天地中，遂令北客病南风。

只今政教通南粤，亦有大寒桑树红。

【诗注】天地中：即古人所谓的『天地之中』，天地的中心。

睡眠	运动	天气 / 物候
昨日________入睡 今日________起床 □ 失眠 □ 多梦		

顺时饮食	今日待办	身体 / 健康
□ 腊八粥	□ 足浴 □ ________ □ ________	

二〇一九年一月
January

廿六

星期六

〔农历〕腊月廿一

〔大寒〕第二候　第二天

杉木

功效：祛风止痛，散瘀止血。用于调理慢性气管炎、风湿痛。

健康提示

己亥年的初之气（第一气）阶段，包含大寒、立春、雨水、惊蛰四个节气。这两个月，人体容易在心脏、肠道和消化系统发生问题。

重点预防：胆结石、消化不良、妊娠病、脱发、月经不调。

保健食方：补血四宝汤（做法见 2019 年 1 月 21 日）。

戊戌岁 · 乙丑月

火运平气，水土合德

癸亥日

四九第九天

初　气

主　风　气

客　燥　气

亏　凸　月

宜　写九

贞元杉

〔宋〕钱闻诗

鹤去凄然一古杉，傲霜凌雪几年间。
若非一种灵根异，安得青青不改颜。

睡眠

昨日________入睡

今日________起床

☐ 失眠　☐ 多梦

运动

天气 / 物候

顺时饮食

☐ 腊八粥

今日待办

☐ 足浴

☐ ____________

☐ ____________

身体 / 健康

二〇一九年一月

January

廿七

星期日

〔农历〕腊月廿二

〔大寒〕第二候　第三天

海带

功效：用于调理甲状腺肿、慢性气管炎、咳嗽。

健康提示

两个年份之间，岁运的交替并不是在除夕，而是跟着节气来变化。还有一周，我们就要告别戊戌岁运（火），迎来己亥岁运（土）。

按照顺时养生的规律，属狗的人本命年下周五子夜就结束，属猪的人进入本命年。民俗讲究的红腰带等饰物，到时就可以系起来了。

戊戌岁 · 乙丑月

火运平气，水土合德

甲子日

五九第一天

腊月二十二日渡湘登道乡台夜归得五绝·其四

〔宋〕张栻

人来人去空千古，花落花开任四时。

白鹤泉头茶味永，山僧元自不曾知。

初运

主 少 木

客 少 土

亏凸月

宜 回乡

睡眠	运动	天气 / 物候
昨日________入睡 今日________起床 ☐ 失眠 ☐ 多梦		
顺时饮食	**今日待办**	**身体 / 健康**
☐ 腊八粥	☐ 足浴 ☐ ____________ ☐ ____________	

二〇一九年一月
January

廿八

星期一

〔农历〕腊月廿三

〔大寒〕第二候　第四天

小年

绿豆

功效：清热利水，缓解药物及食物中毒症状。

花盆种菜

自己发立春和雨水吃的绿豆芽

矿泉水瓶发绿豆芽的方法：用一个空的干净矿泉水瓶，在瓶盖和瓶子底部分别扎 1—2 个孔。绿豆用清水泡一晚，放入扎好孔的水瓶，扣上盖子。每天早晚用清水冲淋一遍。5—7 天后就可以吃了。

戊戌岁·乙丑月

火运平气，水土合德

乙丑日

五九第二天

初气

主 风气

客 燥气

下弦月

雪梅·其一

〔宋〕卢梅坡

梅雪争春未肯降，骚人阁笔费评章。
梅须逊雪三分白，雪却输梅一段香。

睡眠	运动	天气 / 物候
昨日________入睡 今日________起床 □ 失眠 □ 多梦		
顺时饮食	**今日待办**	**身体 / 健康**
□ 腊八粥	□ 足浴 □ 过小年 □ 立春食材	

宜 回家吃饭

二〇一九年一月
January

廿九

星期二

【农历】腊月廿四

【大寒】第二候　第五天

醍醐
功效：滋阴，益肺，润燥。

二候反思

今天是传统扫房日。我们的身心也像房子，需要适时清扫，才能吐故纳新。

反思一下——

房间：是否有无用的杂物？

身体：是否有积存的毒素？

心理：是否有琐碎的烦恼？

戊戌岁 · 乙丑月

火运平气，水土合德

丙寅日

五九第三天

初		运
主	少	木
客	少	土

残月

宜 扫房

腊月二十四夜口号

〔明〕于谦

金炉银烛夜生春，爆竹声催节候新。
自笑中年强随俗，买饧裂纸祀厨神。

【诗注】腊月二十三、二十四祭祀灶神。饧（音同醒）：即麦芽糖。

睡眠	运动	天气 / 物候
昨日________入睡 今日________起床 ☐ 失眠 ☐ 多梦		
顺时饮食	**今日待办**	**身体 / 健康**
☐ 腊八粥	☐ 足浴 ☐ ________ ☐ ________	

二〇一九年一月
January

三十

星期三

〔农历〕腊月廿五

〔大寒〕第三候 水泽腹坚

茨菰
功效：活血凉血，止咳通淋，散结解毒。

健康提示

腊月二十八，呵笔写春联。

准备好材料，这周末带孩子一起来写。

推荐两副古人的春联

初岁元祚，吉日惟良。

（曹植）

天泰地泰三阳泰，

家和人和万事和。

（明代春联）

戊戌岁 · 乙丑月

火运平气，水土合德

丁卯日

五九第四天

初　气

主 风 气

客 燥 气

残　月

宜 入厨

天寒

〔宋〕张方平

风裂幽窗水泽坚，寒郊空迥澹无烟。
何因得向桃源去，景气长如二月天。

【诗注】水泽坚：大寒节气时冰冻得坚实。

睡眠	运动	天气 / 物候
昨日＿＿＿＿入睡 今日＿＿＿＿起床 □ 失眠　□ 多梦		
顺时饮食	**今日待办**	**身体 / 健康**
□ 腊八粥	□ 足浴 □ 准备写春联的材料 □ ＿＿＿＿＿＿	

二〇一九年一月
January

卅一

星期四

〔农历〕腊月廿六

〔大寒〕第三候　第二天

苦竹
功效：清热解毒，凉血祛痰。

健康提示

戊戌的“火年”明天结束。

后天开始进入己亥的“土年”。

从养生角度说，今明两天出生的孩子还属狗，从后天起，今年出生的孩子属相就是猪了。

在不同的年份出生，身体也会受到大环境和大气候的不同影响。

戊戌岁·乙丑月

火运平气，水土合德

戊辰日

五九第五天

初运

主 少 木

客 少 土

残月

宜 静养

春近

〔宋〕黄庭坚

梅英欲尽香无赖，草色才苏绿未匀。
苦竹空将岁寒节，又随官柳到青春。

【诗注】苦竹笋是南方人常吃的食材。

睡眠

昨日________入睡

今日________起床

□ 失眠 □ 多梦

运动

天气 / 物候

顺时饮食

□ 腊八粥

今日待办

□ 足浴

□ ________

□ ________

身体 / 健康

二〇一九年二月
February

一日

星期五

〔农历〕腊月廿七

〔大寒〕第三候　第三天

戊戌岁运终

卷柏

功效：活血通经。用于调理闭经、肌瘤囊肿。

食材准备

三日后进入立春节气。

春盘（五种辛味蔬菜）

原料：芹菜、韭菜、香菜、萝卜缨、荠菜（可网购）（或蒜苗、油菜苔等）。

春饼

用面粉烙制或购买成品。

补血四宝汤（己亥初气保健饮，从大寒吃到春分前日，做法见 2019 年 1 月 21 日）

原料：党参 30 克、当归 10 克、枸杞子 20 克、玫瑰 12 朵、红糖。

养血补肾茶（做法见 2019 年 1 月 25 日）

原料：黑桑葚干 15 克、红枣 6 个。

戊戌岁 · 乙丑月

火运平气，水土合德

己巳日

五九第六天

初运

主 少木

客 少土

残月

宜 洗衣

己亥杂诗·其一〇〇

〔清〕龚自珍

坐我三熏三沐之，悬崖撒手别卿时。
不留后约将人误，笑指河阳镜里丝。

【诗注】沐：洗发。河阳镜里丝：这是个典故。古代第一美男子潘安，中年白发，人以为是多情所致。

睡眠	运动	天气 / 物候
昨日________入睡 今日________起床 □ 失眠　□ 多梦		

顺时饮食	今日待办	身体 / 健康
□ 腊八粥	□ 足浴 □ 理发 □ ________	

二〇一九年二月
February

二日

星期六

〔农历〕腊月廿八

〔大寒〕第三候 第四天

己亥岁运终
世界湿地日

乌雄鸡
功效：补肾虚，暖胃。

节气总结

吃节气食方的次数 ______

喝补血四宝汤的次数 ______

泡脚的次数 ______

身体哪些方面有改善 ______

戊戌岁・乙丑月

火运平气，水土合德

庚午日

五九第七天

初气

主 风气

客 燥气

残月

宜 写福

己亥杂诗·其一二五

〔清〕龚自珍

九州生气恃风雷，万马齐喑究可哀。

我劝天公重抖擞，不拘一格降人才。

【诗注】"不拘一格"这个成语就来自这首诗。

睡眠	运动	天气 / 物候
昨日______入睡 今日______起床 □ 失眠 □ 多梦		

顺时饮食	今日待办	身体 / 健康
□ 腊八粥	□ 足浴 □ 贴春联 □ ______	

二〇一九年二月
February

三日

星期日

〔农历〕腊月廿九

〔大寒〕第三候　第五天

水芹
功效：清热，利水，祛风。

冬季回顾

6 个节气中有 ______ 个节气坚持了节气饮食

冬季的养生功课还做了（请打勾）：

常吃银耳　☐ 是　☐ 否　散石助育膏　☐ 是　☐ 否

三九灸　☐ 是　☐ 否　泡脚　☐ 是　☐ 否

身体哪些方面有改善 ______________________

是否生过病　☐ 是　☐ 否

是否有过小腿浮肿现象　☐ 是　☐ 否

如果超过三次，请坚持吃一年赤小豆。

我给自己的冬季养生功课打 ______ 分

戊戌岁·乙丑月

火运平气，水土合德

辛未日

五九第八天

初运

主 少 木

客 少 土

残月

宜 静养

岁晚

〔宋〕陆游

小坞梅开十二三，曲塘冰绽水如蓝。

儿童门采春盘料，蓼茁芹芽欲满篮。

【诗注】水芹菜既是野菜也是中药。

睡眠	运动	天气／物候
昨日________入睡 今日________起床 □ 失眠　□ 多梦		
顺时饮食	**今日待办**	**身体／健康**
□ 腊八粥	□ 足浴 □ ____________ □ ____________	

推荐食方

春盘

原料：芹菜、韭菜、香菜、荠菜、萝卜缨。

立春

初春

节气
立春、雨水

时间
二月四日至三月五日

立春

今年立春需特别注意的健康问题：

妊娠病、胆结石、十二指肠溃疡、心包积液、腹胀

二〇一九年二月
February

四日

星期一

【农历】腊月三十

【立春】第一候 东风解冻

除夕

世界抗癌日

11:14 交立春节气

薤

功效：理气胸，通阳散结。用于调理胸痹心痛、咳嗽痰多。

节气食方

春盘、春饼

原料：芹菜、韭菜、香菜、萝卜缨、荠菜、蒜苗、油菜苔等各种辛味蔬菜。

做法：清炒、焯水后（香菜不用焯水）凉拌，或用春饼卷着来吃。

戊戌岁 · 丙寅月

火运平气，水土合德

壬申日

五九第九天

初气

主 风气

客 燥气

残月

宜 辞岁

立春日禊亭偶成

〔宋〕张栻

律回岁晚冰霜少，春到人间草木知。

便觉眼前生意满，东风吹水绿参差。

睡眠	运动	天气 / 物候
昨日________入睡 今日________起床 ☐ 失眠 ☐ 多梦		

顺时饮食	今日待办	身体 / 健康
☐ 春盘 ☐ 腊八蒜 ☐ 补血四宝汤 ☐ 腊八粥	☐ 足浴 ☐ ________ ☐ ________ ☐ ________	

二〇一九年二月
February

五日

星期二

农历 正月初一

立春 第一候 第二天

春节

香菜

功效：发汗散寒，透发麻疹。用于调理消化不良。

健康提示

立春节气的养生功课：抗病毒。

今年立春特殊的养生重点——

今年立春节气，冬春交替不太平顺，预防换季病。

保养重点：消化系统。

防病重点：妊娠病、胆结石、十二指肠溃疡、心包积液、腹胀、头皮问题。

己亥岁 · 丙寅月

土运不及，风火同德

癸酉日

六九第一天

初		运
主	少	木
客	少	土

朔 月

05:03 朔

宜 纳福

丙申元日

〔宋〕方回

送寒迎暖柳梢知，风自东来着意吹。

百万人家贺新岁，几家茶垒有新诗。

睡眠

昨日________入睡

今日________起床

☐ 失眠 ☐ 多梦

运动

天气 / 物候

顺时饮食

☐ 辛味蔬菜

☐ 补血四宝汤

今日待办

☐ 足浴

☐ ________

☐ ________

身体 / 健康

二〇一九年二月
February

六日

星期三

〔农历〕正月初二

〔立春〕第一候　第三天

白芥

功效：温中散寒，利气化痰。用于调理脘腹冷痛、咳嗽痰喘。

健康提示

从立春开始进入春天的第一个月。

本月养生关键词：生发阳气。

上半月养生重点：排毒。

下半月养生重点：防寒。

己亥岁·丙寅月

土运不及，风火同德

甲戌日

六九第二天

初气

主 风气

客 燥气

娥眉月

宜 拜年

立春

〔宋〕王镃

泥牛鞭散六街尘，生菜挑来叶叶春。

从此雪消风自软，梅花合让柳条新。

【诗注】这首诗写了立春的习俗：鞭春牛、春盘挑生菜。

睡眠	运动	天气 / 物候
昨日______入睡 今日______起床 □ 失眠 □ 多梦		

顺时饮食	今日待办	身体 / 健康
□ 辛味蔬菜 □ 补血四宝汤	□ 足浴 □ ______ □ ______	

二〇一九年二月
February

七日

星期四

〔农历〕正月初三

〔立春〕第一候 第四天

蔓菁

功效：开胃下气。用于调理乳腺炎。

食材准备

准备初七人日七菜羹所用的蔬菜，可以任意选择品种，注意三点：

1. 一定是辛味的菜（即春盘菜），能帮助人体疏散春季风热，抗病毒。
2. 最好是初春最早生长的菜，生命力旺盛，有利于升发人体阳气。
3. 南方可以采集新生的野菜，排毒效果更好。北方可用现成的家常菜。没有萝卜缨可以用萝卜（带皮），没有小葱可以用大葱叶。

己亥岁 · 丙寅月

土运不及，风火同德

乙亥日

六九第三天

初		运
主	少	木
客	少	土

娥眉月

宜 娱亲

夜雨

〔宋〕陆游

江边依旧钓舟横，万事何曾有一成？
空忆庐山风雨夜，自吹小灶煮蔓菁。

【诗注】蔓菁，也叫芜菁，是一种像萝卜的蔬菜。

睡眠

昨日________入睡
今日________起床
□ 失眠 □ 多梦

运动

天气 / 物候

顺时饮食

□ 辛味蔬菜
□ 补血四宝汤

今日待办

□ 足浴
□ 准备七菜羹
□ ____________

身体 / 健康

二〇一九年二月
February

八日

星期五

农历 正月初四

立春 第一候 第五天

石蜜

功效：润肺生津，益气补中。

一候反思

您对父母的身体现状了解多少

他 / 她的血压 ______ / ______ 毫米汞柱

他 / 她的血糖 □ 正常 □ 偏高 □ 不清楚

他 / 她的血脂 □ 正常 □ 偏高 □ 不清楚

他 / 她是否有白内障 □ 有 □ 没有 □ 不清楚

请利用春节假期了解父母的健康状况（包括看一看父母的体检报告、为他 / 她量血压等），帮助他们制定明年的保健方案。

己亥岁 · 丙寅月

土运不及，风火同德

丙子日

六九第四天

初气

主 风气

客 燥气

娥眉月

宜 问安

南园

〔唐〕李贺

长峦谷口倚嵇家，白昼千峰老翠华。

自履藤鞋收石蜜，手牵苔絮长莼花。

睡眠	运动	天气 / 物候
昨日________入睡 今日________起床 □ 失眠 □ 多梦		
顺时饮食	**今日待办**	**身体 / 健康**
□ 辛味蔬菜 □ 补血四宝汤	□ 足浴 □ ________ □ ________	

二〇一九年二月
February

九日

星期六

农历
正月初五

立春
第二候
蛰虫始振

鲤鱼
功效：健脾和胃，利水通乳。

读书

“冬天养生重在封藏，到了初春，我们就要打开自己，就像把窗户打开透气，让气血通畅地流动，祛除浊气，生发阳气。”

——《吃法决定活法》

正月初五“破五”日：民俗讲究今天要打开门窗，让新鲜空气进屋，五方流通，方为上吉。

己亥岁·丙寅月

土运不及，风火同德

丁丑日

六九第五天

初运

主 少 木

客 少 土

娥眉月

宜 开窗

闲居杂兴五首·其一

〔唐〕陈陶

一顾成周力有馀，白云闲钓五溪鱼。

中原莫道无麟凤，自是皇家结网疏。

睡眠

昨日________入睡

今日________起床

□ 失眠 □ 多梦

运动

天气 / 物候

顺时饮食

□ 防感护生汤

□ 补血四宝汤

今日待办

□ 足浴

□ ____________

□ ____________

身体 / 健康

二〇一九年二月
February

十日

星期日

〔农历〕正月初六

〔立春〕第二候　第二天

国际气象节

莱菔

功效：消食下气。用于调理消化不良。

健康提示

人日所吃的七菜羹，至少有 1 600 年的历史。

古人也把它叫作“七宝羹”，在大年初七这一天来吃，祈愿健康长寿。

“羹”寓意“更”。把过年吃的肥甘厚味更换为清淡的口味，也意味着人事的更新，节日结束，重新开始柴米油盐的人间生活。

己亥岁·丙寅月

土运不及，风火同德

戊寅日

六九第六天

初气

主 风气

客 燥气

娥眉月

宜 采青

园蔬

〔清〕肖雄

几畦蔬菜不成行，白韭青葱着意尝。
萝菔儿怜秋色老，蔓菁瓮贮隔年香。

【诗注】萝菔：即莱菔，就是萝卜。

睡眠	运动	天气 / 物候
昨日________入睡 今日________起床 □ 失眠 □ 多梦		
顺时饮食	**今日待办**	**身体 / 健康**
□ 辛味蔬菜 □ 补血四宝汤	□ 足浴 □ ________ □ ________	

二〇一九年二月
February

十一

星期一

农历 正月初七

立春 第二候 第三天

人日

繁缕

功效：清热降脂，催生催乳。用于调理咽炎、乳腺炎、痔疮肿痛。

健康提示

人日七菜羹（整个春天都适合经常吃）

原料：芹菜、荠菜、芥菜、韭菜、香菜、大蒜、蒜苗、葱叶、蔓菁、油菜苔、萝卜缨、繁缕等任选七种。

做法：将锅内水烧开，放少许油和盐，加入切碎的七种蔬菜，大火煮熟，勾少许薄芡，起锅。

功效：升发阳气、疏散风热、清肠排毒。

己亥岁 · 丙寅月

土运不及，风火同德

己卯日

六九第七天

初		运
主	少	木
客	少	土

娥眉月

宜 赏味

春帖子词：夫人阁四首其三

〔宋〕苏轼

扶桑初日映帘升，已觉铜瓶暖不冰。
七种共挑人日菜，千枝先剪上元灯。

【诗注】七种共挑人日菜：人日吃七种菜。

睡眠

昨日________入睡
今日________起床
□ 失眠　□ 多梦

运动

天气 / 物候

顺时饮食

□ 七菜羹
□ 补血四宝汤

今日待办

□ 足浴
□ ________
□ ________

身体 / 健康

二〇一九年二月
February

十二

星期二

〔农历〕正月初八

〔立春〕第二候 第四天

谷日

白粱米

粱，就是谷，有白、黄、青不同颜色。功效：和中，益气，除热。用于调理胃虚呕吐、烦渴。

食材准备

春季每周喝一次“防感护生汤”，预防流感。

原料：鲜荠菜1把、萝卜缨1把、牛蒡半根、干香菇3个，油、盐、醋适量。

没有条件做汤，可以坚持每天喝荠菜水、牛蒡茶。

扫描二维码，看防感护生汤的制作视频

己亥岁·丙寅月

土运不及，风火同德

庚辰日

六九第八天

初　气

主 风　气

客 燥　气

娥眉月

宜 迎新

诣斋宫作

〔清〕爱新觉罗·弘历

祈谷銮仪谷日排，斋宫咫尺致虔斋。

试灯风景皇都丽，返朴还淳为切怀。

【诗注】乾隆的这首诗记述在谷日皇家进行的祈谷仪式。

睡眠	运动	天气 / 物候
昨日________入睡 今日________起床 ☐ 失眠　☐ 多梦		
顺时饮食	**今日待办**	**身体 / 健康**
☐ 辛味蔬菜 ☐ 补血四宝汤	☐ 足浴 ☐ 准备雨水及元宵节食材	

二〇一九年二月
February

十二

星期三

〔农历〕正月初九

〔立春〕第二候 第五天

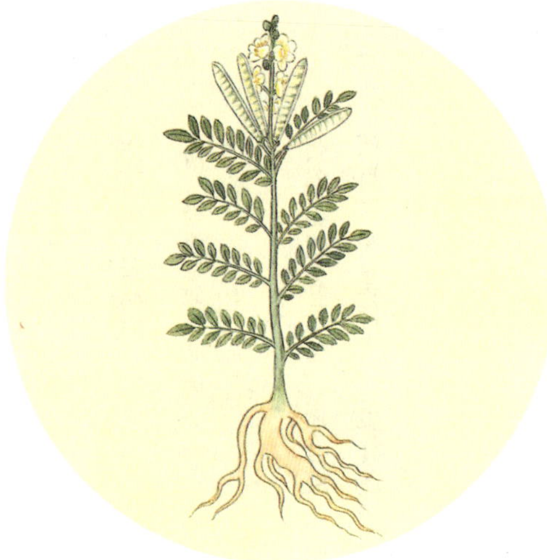

决明子

功效：明目，降压。用于调理头晕。

二候反思

经常关注家里老人是否出现

一侧的手脚发麻	□ 是	□ 否
严重头晕	□ 是	□ 否
舌头发麻	□ 是	□ 否
毫无原因地反复呕吐	□ 是	□ 否

有任何一项，立刻去医院检查，排除急性脑梗死的风险。

己亥岁·丙寅月

土运不及，风火同德

辛巳日

六九第九天

	初	运
主	少	木
客	少	土

上弦月

宜 问安

赋决明

〔宋〕陈文蔚

每荐盘餐自觉清，尝于雨后撷其英。
未言服饵收奇效，翠叶黄花眼早明。

【诗注】决明开黄花，以种子入药。

睡眠

昨日________入睡

今日________起床

☐ 失眠　☐ 多梦

运动

天气／物候

顺时饮食

☐ 辛味蔬菜

☐ 补血四宝汤

今日待办

☐ 足浴

☐ ________

☐ ________

身体／健康

二〇一九年二月
February

十四

星期四

〔农历〕正月初十

〔立春〕第三候 鱼陟负冰

情人节

檀香

功效：行气止痛，散寒开胃。用于调理胃寒气滞作痛、胸痛、心绞痛。

健康提示

花店里的观赏玫瑰，其实是月季。真正的食用玫瑰每年只在初夏时开一季。

玫瑰的作用：健脾养血、舒肝理气、养颜、淡化斑点、解忧郁。

春天是宜多喝玫瑰茶的季节。

己亥岁·丙寅月

土运不及，风火同德

七九第一天

壬午日

初 气

主 风 气

客 燥 气

盈凸月

宜 赏花

春词

〔唐〕李建勋

日高闲步下堂阶，细草春莎没绣鞋。

折得玫瑰花一朵，凭君簪向凤皇钗。

睡眠	运动	天气 / 物候
昨日________入睡 今日________起床 □ 失眠 □ 多梦		

顺时饮食	今日待办	身体 / 健康
□ 辛味蔬菜 □ 补血四宝汤	□ 足浴 □ ________ □ ________	

二〇一九年二月
February

十五

星期五

〔农历〕正月十一

〔立春〕第三候　第二天

地浆

功效：掘地取土用水煮过澄清。用于调理煎药。

健康提示

女性饮用玫瑰的好处：

可以缓解生理周期引起的经痛、腹痛、头痛，让气色变好，有利于预防长斑、乳腺增生。

男性饮用玫瑰的好处：

可以减压，清新口气，唤醒脾胃功能，有利于预防高血脂、脂肪肝。

己亥岁 · 丙寅月

土运不及，风火同德

癸未日

七九第二天

初 运

主 少 木

客 少 土

盈凸月

宜 闻香

画玫瑰花

〔明〕徐渭

画里看花不下楼，甜香已觉入清喉。

无因摘向金陵去，短撅长丁送茗瓯。

睡眠

昨日________入睡

今日________起床

□ 失眠 □ 多梦

运动

天气 / 物候

顺时饮食

□ 辛味蔬菜

□ 补血四宝汤

今日待办

□ 足浴

□ ________

□ ________

身体 / 健康

二〇一九年二月
February

十六

星期六

〔农历〕正月十二

〔立春〕第三候 第三天

紫苏

紫苏子的功效：补中益气，通血脉，填精髓。

食材准备

三日后元宵节。

汤圆（今年推荐吃紫苏子馅的）

皮料：糯米粉 1 000 克，大米粉 250 克。

馅料：紫苏子 250 克、橘皮糖或白糖 250 克、猪油 100 克、开水 100 毫升。

按这样的比例大约可以做出 100 个中等个头的汤圆。

己亥岁 · 丙寅月

土运不及，风火同德

甲申日

七九第三天

初气

主 风气

客 燥气

盈凸月

宜 防病

村舍即事

〔宋〕仇远

依篱叠堑作人家，西日还将苇箔遮。

窗户莫嫌秋色淡，紫苏红苋老生花。

睡眠	运动	天气 / 物候
昨日________入睡 今日________起床 □ 失眠 □ 多梦		
顺时饮食	**今日待办**	**身体 / 健康**
□ 防感护生汤 □ 补血四宝汤	□ 足浴 □ 采购元宵、汤圆材料或成品	

二〇一九年二月
February

十七

星期日

农历 正月十三

立春 第三候 第四天

木耳

功效：补气养血，润肺止咳，降压抗癌。用于调理气虚血亏、肺虚久咳、高血压。

食材准备

后天进入雨水节气。

雨水凉拌青韭芽（己亥岁配方）

主料：1 份绿豆芽、1 份嫩韭菜。

调料：生姜、紫苏子、香油、盐、糖、米醋。

补血四宝汤（己亥初气保健饮，从大寒吃到春分前日，做法见 2019 年 1 月 21 日）

原料：党参 30 克、当归 10 克、枸杞子 20 克、玫瑰 12 朵、红糖。

养血补肾茶（做法见 2019 年 1 月 25 日）

原料：黑桑葚干 15 克、红枣 6 个。

己亥岁 · 丙寅月

土运不及，风火同德

乙酉日

七九第四天

初		运
主	少	木
客	少	土

盈凸月

早春呈水部张十八员外

〔唐〕韩愈

天街小雨润如酥，草色遥看近却无。
最是一年春好处，绝胜烟柳满皇都。

【诗评】批韩诗：朱彝尊曰：景绝妙，写得也绝妙。

睡眠

昨日________入睡

今日________起床

□ 失眠　□ 多梦

运动

天气 / 物候

顺时饮食

□ 辛味蔬菜

□ 补血四宝汤

今日待办

□ 足浴

□ 自制汤圆 / 元宵

身体 / 健康

宜 入厨

二〇一九年二月
February

十八

星期一

〔农历〕
正月十四

〔立春〕
第三候 第五天

牛黄

功效：清心，化痰，利胆，镇惊。用于调理热病神昏、癫痫发狂、小儿惊风抽搐。

节气总结

1. 是否每天都吃了辛味的蔬菜 □ 是 □ 否
2. 喝补血四宝汤的次数 ______
3. 身体哪些方面有改善 ______________________________

如果 1 回答为否，请在春天多吃荠菜、牛蒡。

己亥岁 · 丙寅月

土运不及，风火同德

丙戌日

七九第五天

初 气

主 风 气

客 燥 气

盈凸月

宜 做汤圆

上元夜六首·其一

〔唐〕崔液

玉漏银壶且莫催，铁关金锁彻明开。

谁家见月能闲坐，何处闻灯不看来。

【诗评】唐诗选脉会通评林：杨慎曰：液之六首，上元诗之绝唱。

睡眠

昨日________入睡

今日________起床

☐ 失眠 ☐ 多梦

运动

天气 / 物候

顺时饮食

☐ 防感护生汤

☐ 补血四宝汤

今日待办

☐ 足浴

☐ ____________

☐ ____________

身体 / 健康

推荐食方

凉拌青韭芽

原料：嫩韭菜、绿豆芽、紫苏子。

调料：生姜、芝麻油、盐、糖、米醋。

雨水

今年雨水需特别注意的健康问题：
妊娠病、胆结石、右胁痛、腹胀

二〇一九年二月
February

十九

星期二

〔雨水〕第一候 獭祭鱼

〔农历〕正月十五

元宵节（上元节）

07:03 交雨水节气

獭

功效：用于调理虚劳骨蒸、二便秘涩。

元是第一的意思，新年的第一个月圆之夜就称为元宵。元宵节是中国古代的狂欢节。

元宵灯谜

（温余波）

残花落在残书上，一片西来一片东。

——打一字

扫描右侧二维码，发送“19灯谜”参加猜谜有奖活动。

扫描二维码，
发送“19灯谜”

己亥岁 · 丙寅月

土运不及，风火同德

丁亥日

七九第六天

初运

主 少木

客 少土

满月

23:53 望

宜 射谜

上元夜六首·其六

〔唐〕崔液

星移汉转月将微，露洒烟飘灯渐稀。

犹惜路傍歌舞处，踌躇相顾不能归。

睡眠	运动	天气 / 物候
昨日________入睡 今日________起床 ☐ 失眠　☐ 多梦		

顺时饮食	今日待办	身体 / 健康
☐ 汤圆 / 元宵 ☐ 补血四宝汤	☐ ________ ☐ ________ ☐ ________	

二〇一九年二月
February

二十

星期三

〔农历〕 正月十六

〔雨水〕 第一候 第二天

韭

功效：补肾，温中，行气散瘀。用于调理肾虚阳痿。

节气食方

凉拌青韭芽做法:

1. 将芝麻放炒锅里用小火稍炒一下，炒出香味就起锅，擀碎。
2. 将生姜连皮一起切碎末。
3. 用少许盐、糖、米醋、芝麻油拌成调味汁。
4. 将韭菜洗干净，不要切。
5. 往锅里多加些水烧开，把调好的调味汁倒 1/3 进去（留 2/3 备用），保持大火，放入韭菜快速地焯烫一下，马上捞出来，用凉水冲淋一遍。
6. 将焯好的韭菜切成一寸长的段。
7. 把豆芽放锅里焯熟，大约 1 分钟左右，捞出过一下凉水。
8. 把韭菜和豆芽放在碗里，倒入姜末和调味汁，拌匀。
9. 准备一个小碗和一个盘子，将拌好的韭菜和豆芽放进小碗里，压实，然后倒扣在盘中，洒上芝麻碎。

己亥岁 · 丙寅月

土运不及，风火同德

戊子日

七九第七天

初气

主 风气

客 燥气

亏凸月

宜 剪春韭

送范德孺

〔宋〕苏轼

渐觉东风料峭寒，青蒿黄韭试春盘。

遥想庆州千嶂里，暮云衰草雪漫漫。

睡眠

昨日________入睡

今日________起床

□ 失眠 □ 多梦

运动

天气 / 物候

顺时饮食

□ 凉拌青韭芽

□ 补血四宝汤

今日待办

□ ________

□ ________

□ ________

身体 / 健康

二〇一九年二月
February

廿一

星期四

〔农历〕正月十七

〔雨水〕第一候 第三天

鸡舌香

功效：去恶气，辟口臭，缓心痛。

健康提示

雨水节气的养生功课：补阳气。

今年雨水特殊的养生重点——

今年雨水节气，风寒伤人，注意春捂。

保养重点：心包经、肝胆。

防病重点：妊娠病、胆结石、右胁痛、腹胀、胸闷。

己亥岁·丙寅月

土运不及，风火同德

七九第八天

己丑日

初运

主 少 木

客 少 上

亏凸月

宜 听风

赠儒医陈西岩

〔宋〕谢枋得

株苓桔梗最为奇，药笼书囊用有时。

莫把眼前穷达论，要知良相即良医。

【诗注】这首诗用的典故来自宋朝宰相范仲淹的名言：『不为良相，便为良医』

睡眠	运动	天气 / 物候
昨日________入睡 今日________起床 ☐ 失眠 ☐ 多梦		

顺时饮食	今日待办	身体 / 健康
☐ 凉拌青韭芽 ☐ 补血四宝汤	☐ ________ ☐ ________ ☐ ________	

二〇一九年二月
February

廿二

星期五

〔农历〕正月十八

〔雨水〕第一候 第四天

张仲景诞辰1869周年

茅香
功效：清热利尿。用于调理尿血、尿急、慢性肾炎浮肿。

健康提示

今天是医圣张仲景的诞辰，他的名著《伤寒论》中70%的药方含有食物。大枣、生姜、蜂蜜、百合、米、麦，都是其中的重要药物。普通的药食，采用精当的配伍和比例，对症治疗，就能达到不可思议的效果。千古名方甘麦大枣汤（见2019年1月10日）就是他的一个经典方。

己亥岁 · 丙寅月

土运不及，风火同德

庚寅日

七九第九天

初 气

主 风 气

客 燥 气

亏凸月

宜 读书

恒斋为体斋宗伯弟曰谦赋

〔明〕顾清

浮云天地倦西东，一语南人契始终。

自古良医比良相，传家正尔不须同。

睡眠

昨日________入睡

今日________起床

□ 失眠 □ 多梦

运动

天气 / 物候

顺时饮食

□ 凉拌青韭芽

□ 补血四宝汤

今日待办

□ ________

□ ________

□ ________

身体 / 健康

二〇一九年二月
February

廿三

星期六

〔农历〕正月十九

〔雨水〕第一候　第五天

天竺黄

功效：清热豁痰，宁心定惊。用于调理热病神昏、中风痰壅、小儿惊风抽搐。

一候反思

过节期间是否有过以下情况

暴饮暴食　□ 是　□ 否

喝酒过量　□ 是　□ 否

咳嗽发烧　□ 是　□ 否

以上任何一个答是，喝一个月罗汉果牛蒡茶。

己亥岁·丙寅月

土运不及，风火同德

辛卯日

八九第一天

初		运
主	少	木
客	少	土

亏凸月

宜 消食

赋罗汉果

〔宋〕张栻

黄实累累本自芳，西湖名字著诸方。
里称胜母吾常避，珍重山僧自煮汤。

睡眠	运动	天气／物候
昨日________入睡 今日________起床 ☐ 失眠 ☐ 多梦		
顺时饮食	**今日待办**	**身体／健康**
☐ 防感护生汤 ☐ 补血四宝汤	☐ ________ ☐ ________ ☐ ________	

二〇一九年二月

February

廿四

星期日

〔农历〕正月二十

〔雨水〕第二候 鸿雁来

泉水

功效：从未受污染的天然井泉中新取的水。

健康提示

仲景曰:“人体平和，惟须好将养，勿妄服药。药性偏有所助，令人脏气不平，易受外患。”

人体本身是平和的，只需要好好地保养就行了，不要乱服药。药性是偏重于治疗某一脏腑和某一功能，会造成人体脏气不平衡，容易感受外邪，自然就会生病。

己亥岁 · 丙寅月

土运不及，风火同德

壬辰日

八九第二天

初 气

主 风 气

客 燥 气

亏凸月

宜 寻青

白云泉

〔唐〕白居易

天平山上白云泉，云自无心水自闲。

何必奔冲山下去，更添波浪向人间。

【诗评】《精选评注五朝诗学津梁》：小小题目，说得高超，唤醒热中人不少。

睡眠

昨日________入睡

今日________起床

□ 失眠 □ 多梦

运动

天气/物候

顺时饮食

□ 凉拌青韭芽

□ 补血四宝汤

今日待办

□ ________

□ ________

□ ________

身体/健康

二〇一九年二月
February

廿五

星期一

〔农历〕正月廿一

〔雨水〕第二候 第二天

紫芥 青芥

功效：利肺豁痰，消肿散结。用于调理寒饮咳嗽、痰滞气逆。

世界听力日专题

本周日 3 月 3 日是世界听力日。听力下降和耳鸣，本来是老年常见病，可是现在年轻人发病也越来越多，其中很多人是吃药吃出来的。目前已经发现，有一百多种化学药物会引起耳鸣，甚至是耳聋。

己亥岁 · 丙寅月

土运不及，风火同德

癸巳日

八九第三天

初运

主 少木

客 少土

亏凸月

宜 候雨

种芥

〔宋〕方岳

不论青紫已离离，烟湿春畦手自治。

一笑摩挲空洞腹，是间尽纳几须弥。

【诗注】最后一句妙用『芥子纳须弥』的典故。

睡眠	运动	天气 / 物候
昨日________入睡 今日________起床 □ 失眠 □ 多梦		
顺时饮食	**今日待办**	**身体 / 健康**
	□ ________ □ ________ □ ________	

二〇一九年二月
February

廿六

星期二

〔农历〕正月廿二

〔雨水〕第二候　第三天

龙脑香

功效：开窍，解毒。用于调理目赤肿痛，喉痹口疮、心绞痛。

世界听力日专题

各种化学药物引起的听力下降因人而异。有的人不太敏感，而有的人对药物极为敏感，即使用上一点点，也会引起耳鸣。

小孩和老年人特别注意：用一次药就可能损伤听力。

己亥岁 · 丙寅月

土运不及，风火同德

甲午日

八九第四天

初气

主 风气

客 燥气

下弦月

宜 问晴

香

〔明〕孙继皋

口含鸡舌去朝天，朝罢还携满袖烟。

更拜宫中龙脑赐，人间初遍异香传。

【诗注】鸡舌香、龙脑香都是香料。

睡眠

昨日________入睡

今日________起床

□ 失眠 □ 多梦

运动

天气／物候

顺时饮食

今日待办

□ ____________

□ ____________

□ ____________

身体／健康

二〇一九年二月
February

廿七

星期三

〔农历〕正月廿三

〔雨水〕第二候　第四天

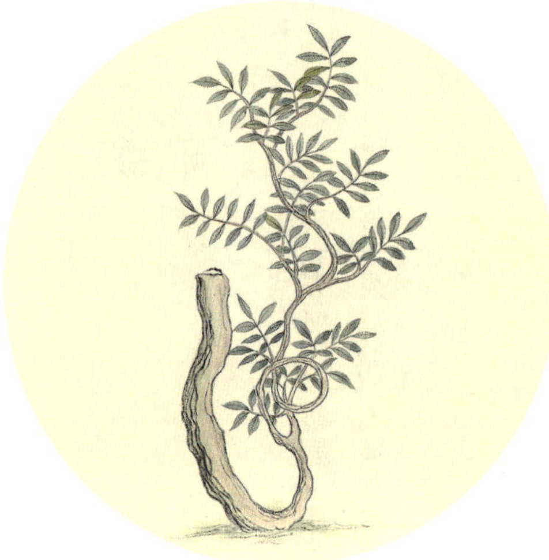

落雁木
功效：用于调理产后病、疗伤。

世界听力日专题

有些药物例如阿司匹林、利尿剂等造成的耳鸣，停药后听力能够恢复，但大多数药物造成的耳鸣、耳聋是不可逆转的。

提醒家长注意：抗生素损伤听力，一开始不容易感觉出来，有时甚至要在停药半年后才变得明显。

己亥岁 · 丙寅月

土运不及，风火同德

乙未日

八九第五天

初		运
主	少	木
客	少	土

残月

宜 防病

谢夏彦博知县惠落雁木并紫笋茶绿菜

〔宋〕李石

入用定知材见伐，不鸣仍以雁遭烹。

漆园二物都疑著，老去从军得细评。

【诗注】李石，曾主持始建于西汉的古老学堂文翁石室（今成都石室中学），使蜀学达到顶峰。

睡眠

昨日________入睡

今日________起床

☐ 失眠　☐ 多梦

运动

天气 / 物候

顺时饮食

今日待办

☐ ________

☐ ________

☐ ________

身体 / 健康

二〇一九年二月
February

廿八

星期四

〔农历〕正月廿四

〔雨水〕第二候 第五天

国际罕见病日

红蜀葵

蜀葵的叶、花、根、子都可以入药。

二候反思

您是否有听力损失？

耳鸣	□ 是	□ 否
经常要求别人把话再说一遍	□ 是	□ 否
家人说您把电视音量开得太大	□ 是	□ 否
别人说您讲话声音大	□ 是	□ 否

如果出现这些情况，说明您的听力已经受损。

己亥岁 · 丙寅月

土运不及，风火同德

丙申日

八九第六天

初气

主 风气

客 燥气

残月

宜 查病

蜀葵

〔唐〕陈标

眼前无奈蜀葵何，浅紫深红数百窠。
能共牡丹争几许，得人嫌处只缘多。

【诗注】这首诗讲世人不看事物真正的价值，而是『物以稀为贵』。

睡眠	运动	天气 / 物候
昨日________入睡 今日________起床 ☐ 失眠 ☐ 多梦		

顺时饮食	今日待办	身体 / 健康
☐ 继续吃韭菜、豆芽或任选七菜羹中的蔬菜来吃	☐ ________ ☐ ________ ☐ ________	

二〇一九年三月
March

一日

星期五

〔农历〕正月廿五

〔雨水〕第三候　草木萌动

柳芽

功效：平肝，消炎，补碘。用于调理慢性气管炎、尿道炎、膀胱炎、甲状腺肿。

世界听力日专题

哪些常用药会引起耳鸣（上）

1. 抗生素

氨基糖苷类抗生素（卡那霉素、庆大霉素、链霉素、丁胺卡那霉素、新霉素、巴龙霉素、妥布霉素等）

这类抗生素一旦造成耳鸣、听力损伤，是不可逆转的。

其他抗生素（红霉素、万古霉素、四环素、氯霉素等）

可能造成短时间耳聋，立即停药，一到两星期还能恢复。

己亥岁·丙寅月

土运不及，风火同德

丁酉日

八九第七天

初	运
主 少	木
客 少	土

残月

宜 观叶

绝句

〔宋〕张耒

照水轻明杨柳芽，隔林相映占巢鸦。
东风香草城边路，到处人家尽是花。

睡眠	运动	天气 / 物候
昨日________入睡 今日________起床 □ 失眠 □ 多梦		

顺时饮食	今日待办	身体 / 健康
	□ ________ □ ________ □ ________	

二〇一九年三月
March

二日

星期六

【农历】正月廿六

【雨水】第三候 第二天

黄连
功效：清热，泻火。用于调理目赤肿痛、肠炎。

世界听力日专题

哪些常用药会引起耳鸣（下）

2. 口服避孕药。
3. 其他：阿司匹林、溴隐亭、利多卡因、巴比妥类、阿托品、吗啡、普鲁卡因、抗疟疾药、抗组胺药、皮质类固醇激素、抗甲状腺药、部分治疗急性高血压和急性肾炎的利尿剂、部分化疗和放疗药。
4. 重金属：铅、汞等。
5. 消毒防腐剂：酒精、新洁尔灭、醋酸洗必泰、聚烯吡酮碘等。

己亥岁·丙寅月

土运不及，风火同德

戊戌日

八九第八天

初气

主 风气

客 燥气

残月

宜 游春

耳鸣

〔宋〕范成大

风号高木水翻洪，历历音闻不是聋。

一任大千都震吼，便从卷叶证圆通。

睡眠

昨日________入睡

今日________起床

□ 失眠 □ 多梦

运动

天气 / 物候

顺时饮食

□ 防感护生汤

□ 补血四宝汤

今日待办

□ ________

□ ________

□ ________

身体 / 健康

二〇一九年三月
March

三日

星期日

〔农历〕正月廿七

〔雨水〕第三候　第三天

世界听力日

百合

功效：养阴润肺，清心安神。用于调理阴虚燥咳、劳嗽咳血、虚烦惊悸、失眠多梦、精神恍惚。

世界听力日专题

怎样预防耳鸣?

如果出现耳鸣，要马上调理。时间长了，听力损失就很难逆转。

百莲聪耳汤

原料：百合、枸杞子、莲子各1把。

做法：将百合、莲子加水煮，快熟时加入枸杞子，再次煮开后起锅。可以加一点蜂蜜或红糖调味。

己亥岁·丙寅月

土运不及，风火同德

己亥日

八九第九天

初	运
主 少	木
客 少	土

残月

宜 赏花

春雪

〔唐〕韩愈

新年都未有芳华，二月初惊见草芽。
白雪却嫌春色晚，故穿庭树作飞花。

【诗评】《诗式》：不拘泥于妆点，而有超以象外、得其环中之妙。

睡眠

昨日________入睡

今日________起床

□ 失眠 □ 多梦

运动

天气 / 物候

顺时饮食

今日待办

□ 写九图八九写成

□ ________

□ ________

身体 / 健康

二〇一九年三月
March

四日

星期一

农历 正月廿八

雨水 第三候 第四天

木耳

功效：补气养血，润肺止咳，降压抗癌。用于调理气虚血亏、肺虚久咳、高血压。

食材准备

后天进入惊蛰节气。

黄豆萝卜汤（己亥岁配方）

原料：生黄豆 50 克、白萝卜 150 克、牛蒡 150 克、葱白连须 1 根 (大葱) 或 3 根（小葱）。

补血四宝汤（己亥初气保健饮，从大寒吃到春分前日，做法见 2019 年 1 月 21 日）

原料：党参 30 克、当归 10 克、枸杞子 20 克、玫瑰 12 朵、红糖。

养血补肾茶（做法见 2019 年 1 月 25 日）

原料：黑桑葚干 15 克、红枣 6 个。

己亥岁·丙寅月

土运不及，风火同德

庚子日

九九第一天

初气

主 风气

客 燥气

残月

宜 春捂

正月二十八日

〔宋〕韩淲

随地挑成荠菜羹，只和淡水入瓶罂。

春风不负闲人腹，赢得勾勾饱后行。

睡眠

昨日________入睡

今日________起床

□ 失眠 □ 多梦

运动

天气 / 物候

顺时饮食

今日待办

□ ________

□ ________

□ ________

身体 / 健康

二〇一九年三月
March

五日

星期二

〔农历〕正月廿九

〔雨水〕第三候　第五天

大豆

功效：健脾益气，润燥滋阴。

节气总结

吃韭菜超过三次　□ 是　□ 否

吃绿豆芽超过三次　□ 是　□ 否

喝七菜羹至少一次　□ 是　□ 否

喝补血四宝汤的次数 ______

身体有哪些改善 ____________________

己亥岁 · 丙寅月

土运不及，风火同德

辛丑日

九九第二天

初 运

主 少 木

客 少 土

残 月

宜 反思

滁州西涧

〔唐〕韦应物

独怜幽草涧边生，上有黄鹂深树鸣。

春潮带雨晚来急，野渡无人舟自横。

睡眠

昨日________入睡

今日________起床

□ 失眠　□ 多梦

运动

天气 / 物候

顺时饮食

今日待办

□ ________

□ ________

□ ________

身体 / 健康

推荐食方

黄豆萝卜汤

原料：生黄豆、白萝卜、牛蒡、葱白连须。

惊蛰

仲春

节气　惊蛰、春分

时间　三月六日至四月四日

今年惊蛰需特别注意的健康问题：

妊娠病、胆结石、咳嗽、腹泻、脱发

二〇一九年三月
March

六日

星期三

【农历】正月三十

【惊蛰】第一候 桃始华

世界青光眼日

05:09 交惊蛰节气

紫芝

灵芝有六种颜色，紫色为紫芝。

功效：滋补强壮，健脑益肾。

节气食方

黄豆萝卜汤（己亥岁配方）

原料：生黄豆 50 克（正在感冒不放）、白萝卜 150 克、牛蒡 150 克、葱白连须 1 根 (大葱) 或 3 根（小葱）。

做法：

1. 将黄豆提前用清水泡 2 小时。
2. 用加面粉的清水将白萝卜（要带皮）和葱白（要留根须）泡洗干净；将黄豆先加水下锅，用大火煮开，然后转小火煮 30 分钟左右。
3. 在锅里放入葱白和切成片的白萝卜，一起煮熟，加少量的盐、胡椒粉起锅。

功效：健脾，清肺，排毒，助消化，利肠胃，提高抵抗力。

己亥岁·丁卯月

土运不及，风火同德

壬寅日

九九第三天

初气

主 风气

客 燥气

残月

宜 思亲

宫词一百首·其十九

〔唐〕王建

殿前明日中和节，连夜琼林散舞衣。

传报所司分蜡烛，监开金锁放人归。

睡眠	运动	天气 / 物候
昨日________入睡 今日________起床 ☐ 失眠 ☐ 多梦		

顺时饮食	今日待办	身体 / 健康
☐ 黄豆萝卜汤 ☐ 补血四宝汤	☐ ________ ☐ ________ ☐ ________	

二〇一九年三月
March

七日

星期四

〔惊蛰〕第一候 第二天

〔农历〕二月初一

中和节

葱

功效：祛风发汗，解毒消肿。用于调理感冒风寒、头痛、鼻塞。

健康提示

今天是传统的中和节。过年时家里大门口贴的对联、福字和挂钱，不能贴一整年，今天就是清理的日子。民间旧风俗：将取下来的挂钱，面朝太阳方向焚烧，作为祭太阳神之礼。

己亥岁·丁卯月

土运不及，风火同德

癸卯日

九九第四天

初运

主 少木

客 少土

朔月

00:04 朔

宜 扫房

二月一日郡圃寻春

〔宋〕杨万里

中和节里半春天，一拂清寒半点暄。
憔悴不胜梅欲落，娇饶无对杏初繁。

睡眠

昨日________入睡
今日________起床
□ 失眠 □ 多梦

运动

天气 / 物候

顺时饮食

□ 黄豆萝卜汤
□ 补血四宝汤

今日待办

□ 清理过年时贴的对联、福字和挂钱
□ ________________

身体 / 健康

二〇一九年三月
March

八日

星期五

〔惊蛰〕第一候 第三天

〔农历〕二月初二

妇女节 / 龙头节

荏子
功效：润心肺，补虚。

健康提示

今天二月初二龙抬头，民间讲究要理发，这是非常有道理的。

因为从今天起，就进入一年中头发生长的旺盛阶段。

接下来三个月，如果能顺时养护头皮，头发会长得又多又快。

己亥岁·丁卯月

土运不及，风火同德

甲辰日

九九第五天

初　气

主　风　气

客　燥　气

娥眉月

宜　理发

壬子初春有感

〔明〕毕自严

茬苒春光去不还，朝来白发镜中斑。
簿书扰扰成何事，返我山中学驻颜。

【诗注】茬，是一种药草。茬苒，比喻时光像草叶一样易逝。

睡眠	运动	天气 / 物候
昨日________入睡 今日________起床 □ 失眠　□ 多梦		

顺时饮食	今日待办	身体 / 健康
□ 黄豆萝卜汤 □ 补血四宝汤	□ ________ □ ________ □ ________	

二〇一九年三月
March

九日

星期六

农历 二月初三

惊蛰 第一候 第四天

兖州连翘

功效：清热解毒，消肿散结。

健康提示

惊蛰节气的养生功课：抗呼吸道病毒。

今年惊蛰特殊的养生重点——

今年惊蛰节气，注意预防流行病。人体口鼻容易干燥，面部、头皮容易水油不平衡。

保养重点：肠胃。

防病重点：妊娠病、胆结石、咳嗽、腹泻、脱发。

己亥岁·丁卯月

土运不及，风火同德

乙巳日

九九第六天

初运

主 少木

客 少土

娥眉月

宜 寻春

平定李侍御应时予之同年友也曾视予病感之寄此

〔明〕杨巍

前年视我山中病，落日独骑骢马来。

记得任家亭子上，连翘花发共衔杯。

【诗注】连翘是常用中药。早春开黄花，随处可见。

睡眠

昨日________入睡

今日________起床

□ 失眠　□ 多梦

运动

天气／物候

顺时饮食

□ 防感护生汤

□ 补血四宝汤

今日待办

□ ________

□ ________

□ ________

身体／健康

二〇一九年三月
March

十日

星期日

〔惊蛰〕第一候　第五天

〔农历〕二月初四

地黄

功效：滋阴补肾，是中成药六味地黄丸的主要成分之一。

一候反思

1. 立春后是否有过扁桃腺红肿　□ 是　□ 否

对策：惊蛰汤中多放牛蒡。

2. 进入惊蛰后是否因春寒而感冒　□ 是　□ 否

对策：惊蛰汤中煮的黄豆暂时不吃（或不放），感冒好后再吃。

3. 是否因怀孕而水肿　□ 是　□ 否

对策：惊蛰汤中多放萝卜皮。

己亥岁 · 丁卯月

土运不及，风火同德

丙午日

九九第七天

初气

主 风气

客 燥气

娥眉月

宜 探花

嘲谢道人白须

〔明〕袁宏道

筐里无钱买地黄，花前雪色照人光。

晓窗扣齿焚香罢，一盏山中芦菔汤。

【诗注】这首诗讲的是道士的养生法：每日叩齿、闻香，买不起贵重的地黄，就喝萝卜汤（芦菔就是萝卜）。

睡眠	运动	天气 / 物候
昨日________入睡 今日________起床 ☐ 失眠 ☐ 多梦		
顺时饮食	**今日待办**	**身体 / 健康**
☐ 黄豆萝卜汤 ☐ 补血四宝汤	☐ ________ ☐ ________ ☐ ________	

二〇一九年三月
March

十一

星期一

农历
二月初五

惊蛰
第二候 仓庚鸣

仓庚
黄莺的别名。

健康提示

头皮就好比头发生长的“土壤”。春天来了，正是我们对头皮这块田地进行养护的关键时期。

凡是接触头皮的物品，无论是梳子、洗发水还是枕头，都是我们可以用来养护头皮的好工具。

己亥岁 · 丁卯月

土运不及，风火同德

丁未日

九九第八天

初运

主 少木

客 少土

娥眉月

宜 闻啼鸟

梅雨

〔宋〕苏泂

双飞蛱蝶情何厚，百啭仓庚韵可听。

肯为螳螂看黄鹤，忍从燕子乞蜻蜓。

睡眠

昨日________入睡

今日________起床

☐ 失眠 ☐ 多梦

运动

天气 / 物候

顺时饮食

☐ 黄豆萝卜汤

☐ 补血四宝汤

今日待办

☐ ________

☐ ________

☐ ________

身体 / 健康

二〇一九年三月
March

十二

星期二

〔惊蛰〕第二候 第二天

〔农历〕二月初六

植树节

麻子
功效：润燥，祛风。

健康提示

今天是九九的最后一天，九尽春回，但今年春暖花开后，仍然可能有冰雪天气，或是突然降温，老年人、体寒的人容易生病。要特别注意防范。

将完成的写九图拍照分享到右侧公众号，领取奖品。

扫描二维码，
输入“写九”

己亥岁·丁卯月

土运不及，风火同德

戊申日

九九第九天

初气
主 风气
客 燥气

娥眉月

宜 写九

滦京杂咏一百首·其六十九

〔元〕杨允孚

试数窗间九九图，余寒消尽暖回初。
梅花点遍无馀白，看到今朝是杏株。

【诗注】冬至后，贴梅花一枝于窗间，佳人晓妆，日以胭脂日图一圈，八十一圈既足，变作杏花，即暖回矣。

睡眠	运动	天气 / 物候
昨日________入睡 今日________起床 ☐ 失眠 ☐ 多梦		
顺时饮食	**今日待办**	**身体 / 健康**
☐ 黄豆萝卜汤 ☐ 补血四宝汤	☐ 写九图完成 ☐ ____________ ☐ ____________	

二〇一九年三月
March

十三

星期三

农历 二月初七

惊蛰 第二候 第三天

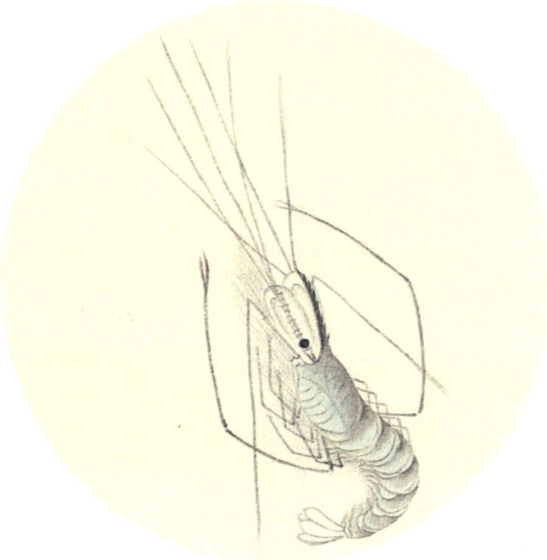

虾

功效：补肾助阳，强壮筋骨。

健康提示

从惊蛰开始进入春天的第二个月。

本月养生关键词：舒肝健脾。

上半月重点：健脾开胃。

下半月重点：舒肝理气。

己亥岁 · 丁卯月

土运不及，风火同德

己酉日

初 运

主 少 木

客 少 土

娥眉月

宜 护发

春词

〔唐〕刘禹锡

新妆宜面下朱楼，深锁春光一院愁。

行到中庭数花朵，蜻蜓飞上玉搔头。

睡眠

昨日________入睡

今日________起床

□ 失眠 □ 多梦

运动

天气 / 物候

顺时饮食

今日待办

□ ________

□ ________

□ ________

身体 / 健康

二〇一九年三月
March

十四

星期四

【农历】二月初八

【惊蛰】第二候　第四天

世界肾脏日

豆蔻

功效：化湿行气，温中止呕，开胃消食。

健康提示

养肾的食物——

桑葚：补肾阴

肉桂：补肾阳

枸杞子：补肾精

糯米：补肾气

鸡内金：预防肾结石

己亥岁·丁卯月

土运不及，风火同德

庚戌日

初气

主 风气

客 燥气

上弦月

宜 护肾

赠别（节选）

〔唐〕杜牧

娉娉袅袅十三余，豆蔻梢头二月初。

春风十里扬州路，卷上珠帘总不如。

【诗注】豆蔻产于南方，其花成穗，嫩叶卷之而生，花微红。

睡眠	运动	天气／物候
昨日________入睡 今日________起床 □ 失眠　□ 多梦		
顺时饮食	**今日待办**	**身体／健康**
	□ ________ □ ________ □ ________	

二〇一九年三月
March

十五

星期五

【农历】二月初九

【惊蛰】第二候　第五天

消费者权益日

葛根

功效：解肌退热，透疹，生津止渴，升阳止泻。

健康提示

消费提示：购买化妆品时，注意看是否有国家食品药品监督管理局的审核备案。没有经过审核备案的产品，其成分表可能与实际不符。

己亥岁·丁卯月

土运不及，风火同德

辛亥日

初	运
主 少	木
客 少	土

盈凸月

宜 回家吃饭

赠医士

〔宋〕严嘉谋

脉差死活悬三指，灸误风挛废四肢。
宁饵生金餐野葛，有身不可试庸医。

【诗注】野葛的根就是药食同源的葛根。

睡眠

昨日________入睡
今日________起床
□ 失眠 □ 多梦

运动

天气 / 物候

顺时饮食

今日待办

□ ________
□ ________
□ ________

身体 / 健康

二〇一九年三月

March

十六

星期六

〔农历〕二月初十

〔惊蛰〕第三候 鹰化为鸠

黄豆芽

功效：健脾利水，解毒消肿。

二候反思

身体是否有以下问题

肝肾囊肿	□ 是	□ 否
脂肪肝	□ 是	□ 否
男性：前列腺增生	□ 是	□ 否
女性：乳腺增生	□ 是	□ 否
女性：子宫肌瘤	□ 是	□ 否
女性：卵巢囊肿	□ 是	□ 否
女性：月经时而提前时而推后	□ 是	□ 否

任何一个答是——

1. 继续喝补血四宝汤一直到秋冬。
2. 坚持吃一年茯苓和鸡内金。

己亥岁·丁卯月

土运不及，风火同德

壬子日

初气

主 风气

客 燥气

盈凸月

宜 探春

纵笔二首·其二

〔宋〕陆游

百尺松根结茯苓，千年长养似人形。
谁知金鼎烹初熟，恰直山翁醉欲醒。

【诗注】茯苓属于真菌类，长在松树的根部。

睡眠	运动	天气 / 物候
昨日________入睡 今日________起床 □ 失眠　□ 多梦		
顺时饮食	**今日待办**	**身体 / 健康**
□ 防感护生汤 □ 补血四宝汤	□ ________ □ ________ □ ________	

二〇一九年三月
March

十七

星期日

农历 二月十一

惊蛰 第三候、第二天

中国国医节

丹雄鸡
功效：补久病体虚。

爱肝日专题

容易损伤肝脏、诱发药物肝的常用西药

抗生素

退烧药

止痛药

安眠药

降压药

降糖药

降脂药

心血管药

己亥岁 · 丁卯月

土运不及，风火同德

癸丑日

初　运

主　少　木

客　少　土

惠崇春江晓景

〔宋〕苏轼

竹外桃花三两枝，春江水暖鸭先知。

蒌蒿满地芦芽短，正是河豚欲上时。

睡眠

昨日________入睡

今日________起床

□ 失眠　□ 多梦

运动

天气 / 物候

顺时饮食

今日待办

□ ____________

□ ____________

□ ____________

身体 / 健康

盈凸月

宜　撷芳

二〇一九年三月

March

十八

星期一

农历 二月十二

惊蛰 第三候 第三天

全国爱肝日

粟米

功效：和中、益胃口、除热。

爱肝日专题

在中国有超过一亿以上的人有肝病，其中 1/5 以上转化成了肝硬化或肝癌。全国爱肝日定在每年 3 月 18 日，是很有道理的。春天正是调肝的季节。

己亥岁·丁卯月

土运不及，风火同德

甲寅日

初气

主 风气

客 燥气

盈凸月

宜 护肝

宫词一百首·其九十

〔唐〕王建

树头树底觅残红，一片西飞一片东。

自是桃花贪结子，错教人恨五更风。

睡眠

昨日________入睡

今日________起床

□ 失眠 □ 多梦

运动

天气 / 物候

顺时饮食

今日待办

□ ________

□ ________

□ ________

身体 / 健康

二〇一九年三月
March

十九

星期二

农历 二月十三

惊蛰 第三候 第四天

栀子

栀子以果入药：泻火除烦，清热利湿，凉血解毒。

食材准备

后天进入春分节气。

玫瑰红颜茶

原料：玫瑰 12 朵、红枣 6 个、枸杞子 20 克。

寒食平安粥

原料：大麦仁、甜杏仁、麦芽糖或蜂蜜。

养血安神膏（己亥二气保健膏，从春分吃到小满前日，做法见 2019 年 3 月 23 日）

原料：百合 1 000 克、莲子 500 克、酸枣仁 1 500 克、红糖适量。

己亥岁·丁卯月

土运不及，风火同德

乙卯日

初		运
主	少	木
客	少	土

盈凸月

宜 观燕

本事诗十首·其六

〔清末〕苏曼殊

春雨楼头尺八箫，何时归看浙江潮？
芒鞋破钵无人识，踏过樱花第几桥。

睡眠

昨日________入睡
今日________起床
□ 失眠 □ 多梦

运动

天气 / 物候

顺时饮食

今日待办

□ ________
□ ________
□ ________

身体 / 健康

二〇一九年三月
March

二十

星期三

〔农历〕二月十四

〔惊蛰〕第三候 第五天

离日

堇竹

功效：清热除烦，利尿。

节气总结

喝惊蛰汤的次数 ______

喝补血四宝汤的次数 ______

运动的次数 ______

身体哪些方面有改善 ______________________

己亥岁 · 丁卯月

土运不及，风火同德

丙辰日

初气

主 风气

客 燥气

盈凸月

宜 静养

观化十五首·其十一

〔宋〕黄庭坚

竹笋初生黄犊角，蕨芽已作小儿拳。
试挑野菜炊香饭，便是江南二月天。

睡眠	运动	天气 / 物候
昨日______入睡 今日______起床 ☐ 失眠 ☐ 多梦		
顺时饮食	**今日待办**	**身体 / 健康**
	☐ ______ ☐ ______ ☐ ______	

推荐食方

玫瑰红颜茶

原料：玫瑰花、红枣、枸杞子。

春分

今年春分需特别注意的健康问题：

哮喘、脑卒中

二〇一九年三月
March

廿一

星期四

【春分】第一候 玄鸟至

【农历】二月十五

世界睡眠日

玄元节（老子诞辰）

05:58 交春分节气

玄鸟

传说中的神鸟，也指燕子。

健康提示

每年的 3 月 21 日是世界睡眠日，正是在春分节气。春天是肝火容易扰乱心神影响睡眠的季节，一入春分，肝气更旺。

这个时节容易出现的睡眠问题——多梦、半夜醒来，都跟肝有关。

己亥岁 · 丁卯月

土运不及，风火同德

丁巳日

初	运
主 少	木
客 少	土

18:00 交二气

满月

09:43 望

宜 早睡

春夜

〔宋〕王安石

金炉香尽漏声残，剪剪轻风阵阵寒。
春色恼人眠不得，月移花影上栏干。

睡眠

昨日________入睡

今日________起床

☐ 失眠　☐ 多梦

运动

天气 / 物候

顺时饮食

☐ 玫瑰红颜茶

☐ 养血安神膏

今日待办

☐ ________

☐ ________

☐ ________

身体 / 健康

二〇一九年三月
March

廿二

星期五

【春分】第一候 第二天

【农历】二月十六

春社日
世界水日

白芍药

功效：平肝止痛，养血调经，敛阴止汗。

节气食方

玫瑰红颜茶

原料：玫瑰 12 朵、红枣 6 个、枸杞子 20 克。

做法：开水冲泡饮用。

功效：益气补血，调养肝肾，祛斑调经，疏通血脉，预防心血管病。

适合人群：中老年或气色不佳、气血不足、血管硬化的人。

己亥岁 · 丁卯月

土运不及，风火同德

戊午日

二之气

主 火气

客 寒气

亏凸月

宜 饮花

社日

〔唐〕王驾

鹅湖山下稻粱肥，豚栅鸡栖半掩扉。

桑柘影斜春社散，家家扶得醉人归。

【诗评】《鹤林玉露》：农圃家风，渔樵乐事，唐人绝句模写精矣。

睡眠	运动	天气 / 物候
昨日________入睡 今日________起床 □ 失眠 □ 多梦		
顺时饮食	**今日待办**	**身体 / 健康**
□ 玫瑰红颜茶 □ 养血安神膏	□ ________ □ ________ □ ________	

二〇一九年三月
March

廿三

星期六

〔农历〕二月十七

〔春分〕第一候 第三天

降真香

功效：止血定痛，消肿生肌。随身佩戴可辟病毒。

健康提示

养血安神膏（己亥二气保健膏，春分、清明、谷雨、立夏）

原料：百合 1 000 克、莲子 500 克、酸枣仁 1 500 克、红糖适量。

做法：将前三味材料三煎三煮，去渣取汁，加红糖收膏。

吃法：放冰箱保存，每天取出适量，直接食用或加水冲调饮用。

功效：养心、安神，助眠，滋阴，补血，抗衰老。

适合人群：贫血、心悸失眠、耳鸣、便溏、更年期提前、早生白发的人。

己亥岁·丁卯月

土运不及，风火同德

己未日

初运

主 少 木

客 少 土

亏凸月

宜 醉花荫

书室中焚法煮降真香

〔宋〕郑刚中

村落萦盘草半遮，到门犹未识人家。

终朝静坐无相过，慢火熏香到日斜。

【诗注】降真香：是一种可入药的香料。

睡眠	运动	天气 / 物候
昨日________入睡 今日________起床 □ 失眠 □ 多梦		
顺时饮食	**今日待办**	**身体 / 健康**
□ 防感护生汤 □ 养血安神膏	□ ________ □ ________ □ ________	

二〇一九年三月
March

廿四

星期日

〔农历〕二月十八

〔春分〕第一候　第四天

世界防治结核病日

沉香

功效：行气止痛，温中止呕，纳气平喘。用于调理胸腹胀痛、胃寒呃逆、脾肾久虚。

健康提示

春分节气的养生功课：舒肝理气。

今年春分特殊的养生重点——

今年春分节气，气温波动对人体影响较大，肾虚的人特别注意。

保养重点：肾。

防病重点：哮喘、脑卒中。

己亥岁 · 丁卯月

土运不及，风火同德

庚申日

二气

主 火气

客 寒气

亏凸月

宜 乐春

清平调三首·之三

〔唐〕李白

名花倾国两相欢，常得君王带笑看。
解释春风无限恨，沉香亭北倚阑干。

睡眠

昨日________入睡

今日________起床

□ 失眠　□ 多梦

运动

天气 / 物候

顺时饮食

□ 玫瑰红颜茶

□ 养血安神膏

今日待办

□ ____________

□ ____________

□ ____________

身体 / 健康

二〇一九年三月
March

廿五

星期一

〔农历〕二月十九

〔春分〕第一候　第五天

黄连

功效：清热，泻火。用于调理目赤肿痛、肠炎。

一候反思

老读者：是否按照去年的顺时养生日历 2018 年 11 月 1 日自查过睡眠状况，并在今年日历的春分部分做了记录？

新读者：回顾去年秋天第三个月，是否出现过明显的睡眠问题？

如果是，今年春分、清明、谷雨三个节气每天坚持吃节气食方，养血安神膏一直吃到秋冬季。

己亥岁 · 丁卯月

土运不及，风火同德

辛酉日

初		运
主	少	木
客	少	土

亏凸月

宜 反思

七绝

〔唐〕徐铉

春分雨脚落声微，柳岸斜风带客归。
时令北方偏向晚，可知早有绿腰肥。

睡眠

昨日________入睡
今日________起床
□ 失眠 □ 多梦

运动

天气 / 物候

顺时饮食

□ 玫瑰红颜茶
□ 养血安神膏

今日待办

□ ________
□ ________
□ ________

身体 / 健康

二〇一九年三月
March

廿六

星期二

【春分】第二候 雷乃发声

【农历】二月二十

中小学生安全教育日

鳜鱼
功效：补气血，益脾胃。

读书

“知命者，不立乎岩墙之下。”

——孟子

岩墙：就要倾塌的墙。

今天请教给孩子：有智慧的人，懂得避开危险。

在我们吃的食物中，也可能隐藏危险。告诉孩子，不吃包装上没有食品生产许可证编号的加工食品和饮料。

己亥岁 · 丁卯月

土运不及，风火同德

壬戌日

二 气

主 火 气

客 寒 气

亏凸月

宜 教子

庆全庵桃花

〔宋〕谢枋得

寻得桃源好避秦，桃红又是一年春。

花飞莫遣随流水，怕有渔郎来问津。

【诗注】这首诗用的典故出自唐代张志和《渔父歌》：西塞山边白鹭飞，桃花流水鳜鱼肥。

睡眠

昨日________入睡

今日________起床

□ 失眠 □ 多梦

运动

天气 / 物候

顺时饮食

今日待办

□ ____________

□ ____________

□ ____________

身体 / 健康

二〇一九年三月
March

廿七

星期三

〔春分〕第二候 第二天

〔农历〕二月廿一

旋花

功效：益气，涩精。用于调理遗精、遗尿。

健康提示

从春分开始，进入己亥年的二之气（第二气）阶段

历时 61 天（2019 年 3 月 21 日 18:00—5 月 21 日 14:00）

主气——火气，客气——寒气。

防病重点：见下页。

保健食方：养血安神膏（见 2019 年 3 月 23 日）。

己亥岁·丁卯月

土运不及，风火同德

癸亥日

初运

主 少木

客 少土

亏凸月

宜 读春

赠李枢干三首

〔宋〕姚勉

富贵功名不足夸，肯将一第博荣华。
春分正欲均天下，何必长安看尽花。

睡眠	运动	天气 / 物候
昨日______入睡 今日______起床 ☐ 失眠 ☐ 多梦		
顺时饮食	**今日待办**	**身体 / 健康**
	☐ ______ ☐ ______ ☐ ______	

二〇一九年三月
March

廿八

星期四

【春分】第二候　第三天

【农历】二月廿二

船底苔
功效：止鼻血。用于调理小便不通。

健康提示

《黄帝内经》将一年按天气变化分为六个阶段，称六气（初之气、二之气、三之气、四之气、五之气、终之气），每一个阶段为期两个月，由风、寒、暑、湿、燥、火中的两种气候因素主导（每年不同），它们相互作用，对人体健康产生影响。

我们在每一气期间可以用膏方、汤方、粥方、茶方针对当季人体容易产生的问题进行加强保健。

己亥岁 · 丁卯月

土运不及，风火同德

甲子日

二之气

主 火气

客 寒气

下弦月

宜 观书

钟陵寒食日郊外闲游

〔唐〕曹松

可怜时节足风情，杏子粥香如冷饧。
无奈春风输旧火，遍教人唤作山樱。

【诗注】杏子粥：即寒食粥。饧，即麦芽糖。

睡眠

昨日________入睡
今日________起床
□ 失眠 □ 多梦

运动

天气 / 物候

顺时饮食

今日待办

□ ________
□ ________
□ ________

身体 / 健康

二〇一九年三月
March

廿九

星期五

〔春分〕第二候 第四天

〔农历〕二月廿三

枳

功效：理气宽中，行滞消胀。

健康提示

己亥年的二之气：包含春分、清明、谷雨、立夏四个节气。这两个月，人体容易在心、肾和膀胱发生问题。重点预防：心血不足、失眠梦多、过敏、疲劳、发炎。

己亥岁·丁卯月

土运不及，风火同德

乙丑日

初运

主 少 木

客 少 土

残月

宜 食荠

城西访友人别墅

〔唐〕雍陶

澧水桥西小路斜，日高犹未到君家。

村园门巷多相似，处处春风枳壳花。

【诗评】《笺注唐贤三体诗法》：遍地枳棘，谁可结交？所以不辞远访也。然极蕴藉。

睡眠	运动	天气/物候
昨日________入睡 今日________起床 □ 失眠 □ 多梦		
顺时饮食	**今日待办**	**身体/健康**
	□ ________ □ ________ □ ________	

二〇一九年三月
March

三十

星期六

农历 二月廿四

春分 第二候 第五天

黄芝

功效：补肝益肾。

二候反思

立春后是否有以下问题

多梦 □ 是 □ 否

对策：理肝气——玫瑰红颜茶（2019 年见 3 月 22 日）。

半夜醒 □ 是 □ 否

对策：补肝血——养血安神膏（2019 年见 3 月 23 日）。

早醒 □ 是 □ 否

对策：平肝火——吴茱萸贴敷脚心。

以上方法坚持半年。

己亥岁 · 丁卯月

土运不及，风火同德

丙寅日

二 气

主 火 气

客 寒 气

残 月

宜 步花间

春风

〔唐〕白居易

春风先发苑中梅，樱杏桃梨次第开。

荠花榆荚深村里，亦道春风为我来。

睡眠	运动	天气 / 物候
昨日________入睡 今日________起床 □ 失眠 □ 多梦		
顺时饮食	**今日待办**	**身体 / 健康**
	□ ________ □ ________ □ ________	

二〇一九年三月
March

卅一

星期日

〔农历〕二月廿五

〔春分〕第三候　始电

鼎州连翘

功效：清热解毒，消肿散结。

节日食方

本周连续三个节日：

4 月 4 日寒食节

寒食平安粥

原料：大麦仁、甜杏仁、麦芽糖或蜂蜜。

做法（需要有能制作五谷豆浆的豆浆机）：

1. 将大麦仁和杏仁泡一晚。
2. 将杏仁和大麦仁放入豆浆机，加入清水，开机煮熟。
3. 加麦芽糖或蜂蜜调味。

4 月 5 日清明节（食方见 2019 年 4 月 1 日及 5 日）

4 月 7 日上巳节（食方见 2019 年 4 月 6 日）

己亥岁·丁卯月

土运不及，风火同德

丁卯日

初运

主 少木

客 少土

残月

宜 花前饮

次韵吴推官寒食

〔宋〕韩淲

万花初过绿园林，燕子人家巷陌深。
饧粥故应随节序，不甘华发是春心。

【诗注】饧粥：加了麦芽糖的粥，是寒食节的饮食。

睡眠

昨日________入睡

今日________起床

□ 失眠 □ 多梦

运动

天气 / 物候

顺时饮食

今日待办

□ ________

□ ________

□ ________

身体 / 健康

二〇一九年四月
April

一日

星期一

【农历】二月廿六

【春分】第三候　第二天

全国爱国卫生月

清明菜

功效：化痰止咳，祛风除湿，解毒。用于调理咳喘痰多、风湿痹痛、阴囊湿痒、荨麻疹、高血压。

节日食方

清明果 / 艾粑清明果 / 艾粑（己亥岁配方）

原料：野艾或田艾（清明菜）、黍米粉、红糖。

做法：

1. 采摘新鲜田艾的嫩尖，洗干净，切碎，剁成茸。
2. 把锅里水烧开，放入田艾，不要盖锅盖，大火煮 30 分钟，加入红糖化开，关火。
3. 将煮好的田艾连同锅里的水趁热一起与黍米粉混合，用筷子搅拌，等到不烫手时，用手揉匀成团。
4. 搓成长条，切成段，然后一个个揉成椭圆形，放笼屉里，用大火蒸 20 分钟。

功效：调中益气，去水肿，止白带，解毒。

己亥岁·丁卯月

土运不及，风火同德

戊辰日

初		运
主	少	木
客	少	土

残 月

宜 食艾

江南春

〔唐〕杜牧

千里莺啼绿映红，水村山郭酒旗风。
南朝四百八十寺，多少楼台烟雨中。

睡眠	运动	天气 / 物候
昨日________入睡 今日________起床 □ 失眠　□ 多梦		
顺时饮食	**今日待办**	**身体 / 健康**
	□ ________ □ ________ □ ________	

二〇一九年四月
April

二日

星期二

农历 二月廿七

春分 第三候 第三天

世界自闭症关注日

国际儿童图书日

蜂子

蜜蜂的幼虫。功效：祛风、解毒、通乳。

健康提示

己亥年的第一运到今天为止。

从明天开始进入己亥年的第二运：

历时 73 天（2019 年 4 月 3 日 22:02—6 月 15 日 23:15）

主运——太火，客运——太金。

己亥岁 · 丁卯月

土运不及，风火同德

己巳日

二 气

主 火 气

客 寒 气

残 月

宜 静养

和白石马教授

〔元〕罗蒙正

秾绿溪桥烟树树，残红池沼雨家家。

游蜂不悟青韶去，犹抱虚庭荠菜花。

睡眠

昨日________入睡

今日________起床

□ 失眠 □ 多梦

运动

天气 / 物候

顺时饮食

今日待办

□ ________

□ ________

□ ________

身体 / 健康

二〇一九年四月
April

三日

星期三

〔农历〕二月廿八

〔春分〕第三候　第四天

榆树
功效：消水肿，利小便。

食材准备

后天进入清明节气。

荠菜鸡蛋汤（3—4 人量）

原料：荠菜 1 大把、鸡蛋 6 个、红枣 12 个、带皮生姜 6 片。

清明粥（己亥岁配方）

原料：田艾 100 克、杂粮 100 克。

清明果 / 艾粑（己亥岁配方）（做法见 2019 年 4 月 1 日）

原料：野艾或田艾（清明菜）、黍米粉、红糖。

养血安神膏（己亥二气保健膏，从春分吃到小满前日，做法见 2019 年 3 月 23 日）

原料：百合 1 000 克、莲子 500 克、酸枣仁 1 500 克、红糖适量。

己亥岁·丁卯月
土运不及，风火同德

庚午日

二 运
主 太 火
客 太 金

22:02 交二运

残 月

宜 静养

清明病中

〔元〕宋无

少年令节醉花前，老病花前服药眠。
自检铜人试榆火，午窗烧艾起新烟。

【诗注】铜人：刻有穴位，针灸时查穴位使用。
榆火：寒食节熄灭旧火，用榆木燃点新火。

睡眠
昨日________入睡
今日________起床
□ 失眠 □ 多梦

运动

天气 / 物候

顺时饮食

今日待办
□ ________
□ ________
□ ________

身体 / 健康

二〇一九年四月
April

四日

星期四

春分 第三候 第五天

农历 二月廿九

寒食节

夏枯草

功效：清热泻火，明目，散结消肿。

节气总结

喝春分养生茶的次数 ______

吃养血安神膏的次数 ______

运动的次数 ______

身体哪些方面有改善 ______________________________

己亥岁·丁卯月

土运不及，风火同德

辛未日

二之气

主 火气

客 寒气

残月

宜 食粥

寒食

〔唐〕韩翃

春城无处不飞花，寒食东风御柳斜。

日暮汉宫传蜡烛，轻烟散入五侯家。

【诗注】韩翃以此诗而闻名。唐德宗皇帝十分赏识此诗，特赐诗人以显职。由于江淮刺史也叫韩翃，德宗特御笔亲书此诗，批道：『与此韩翃』。

睡眠

昨日________入睡

今日________起床

□ 失眠　□ 多梦

运动

天气 / 物候

顺时饮食

□ 寒食粥

□ 养血安神膏

今日待办

□ ________

□ ________

□ ________

身体 / 健康

推荐食方

艾粑

原料：田艾（清明菜）、黍米粉、红糖。

清明

清明

暮春

节气 清明、谷雨

时间 四月五日至五月五日

今年清明需特别注意的健康问题：
尿频、流感、便秘、长痘、过敏

二〇一九年四月
April

五日

星期五

清明 第一候 桐始华

农历 三月初一

清明节

09:51 交清明节气

桐花

功效：清热解毒、消炎。

节气食方一

清明粥（己亥岁配方）

原料：田艾 100 克、杂粮 100 克。

做法：

1. 将杂粮用清水泡一夜。
2. 采摘新鲜田艾的嫩尖，洗干净，切碎。
3. 将杂粮和田艾一起加水煮成粥。
4. 可以加少许糖调味。

功效：明目，调理迎风流泪、高血压。

己亥岁 · 戊辰月

土运不及，风火同德

壬申日

二运

主 太 火

客 太 金

朔月

16:50 朔

宜 踏青

清明日次弋阳

〔唐〕权德舆

自叹清明在远乡，桐花覆水葛溪长。
家人定是持新火，点作孤灯照洞房。

【诗注】新火：寒食节熄灭去年的旧火，清明节燃点新火。

睡眠

昨日________入睡

今日________起床

□ 失眠 □ 多梦

运动

天气 / 物候

顺时饮食

□ 青团

□ 养血安神膏

今日待办

□ ________

□ ________

□ ________

身体 / 健康

二〇一九年四月
April

六日

星期六

【农历】三月初二

【清明】第一候 第二天

小寒食

郁李花

郁李的种仁就是中药郁李仁，为润肠通便药。

节气食方二

荠菜鸡蛋汤（3—4 人量）

原料：荠菜 1 大把、鸡蛋 6 个、红枣 12 个、带皮生姜 6 片。

做法：

1. 将整株的荠菜连根一起洗干净，摘去黄叶。
2. 将鸡蛋外壳擦洗干净。
3. 将荠菜放入锅中，上面放整个的鸡蛋、红枣、生姜片，加水煮开。
4. 用勺子轻轻地敲击鸡蛋壳，使它产生裂纹，以便更好地入味。
5. 继续煮 10 分钟，关火，不要打开锅盖，任其自然冷却。
6. 等晾温后起锅，吃蛋喝汤。

功效：调和脾胃功能，增强体质。调理高血压病、痢疾、肾炎水肿等。

己亥岁·戊辰月

土运不及，风火同德

癸酉日

二 气

主 火 气

客 寒 气

娥眉月

宜 沐芳

清明山游

〔清〕毕海珖

路折村桥一径赊，绿杨轻飏酒帘斜。

暖风细雨催寒食，开遍青山郁李花。

睡眠

昨日________入睡

今日________起床

□ 失眠　□ 多梦

运动

天气 / 物候

顺时饮食

□ 清明粥

□ 养血安神膏

今日待办

□ ________

□ ________

□ ________

身体 / 健康

二〇一九年四月
April

七日

星期日

〔农历〕三月初三

〔清明〕第一候　第三天

上巳节 / 世界卫生日

荠菜

功效：和脾，利水，明目健胃，消食。用于调理乳糜尿、牙龈出血、便血、目赤疼痛。

健康提示

“三月三，荠菜赛仙丹”。

春天喝荠菜鸡蛋汤的好处：祛陈寒、改善脾胃功能、增强体质，也适合血压高的人日常保健。

己亥岁 · 戊辰月

土运不及，风火同德

甲戌日

二 运

主 太 火

客 太 金

娥眉月

宜 雅集

清明

〔宋〕史达祖

宫烛分烟眩晓霞，惊心知又度年华。

榆羹杏粥谁能办，自采庭前荠菜花。

【诗注】这首诗写了寒食、清明的三种食物。

榆羹：榆钱做的羹。杏粥：寒食粥。

睡眠

昨日________入睡

今日________起床

□ 失眠　□ 多梦

运动

天气 / 物候

顺时饮食

□ 荠菜鸡蛋汤

□ 养血安神膏

今日待办

□ 兰汤沐浴

□ ________

□ ________

身体 / 健康

二〇一九年四月
April

八日

星期一

农历 三月初四

清明 第一候 第四天

艾纳香
一种香料。功效：避秽，温中，杀虫，祛风除湿。

健康提示

清明节气的养生功课：饮食排毒。

今年清明特殊的养生重点——

今年清明节气，除了预防春季流行病，还要注意各种炎症。

保养重点：肾、膀胱。

防病重点：尿频、流感、便秘、长痘、过敏。

己亥岁 · 戊辰月

土运不及，风火同德

乙亥日

二 气
主 火 气
客 寒 气

娥 眉 月

宜 问茶

春梦

〔宋末元初〕黄庚

铜匜艾纳翠氤氲，六六屏山酒半醺。
梦入中州看秦画，春风吹乱玉梨云。

睡眠	运动	天气 / 物候
昨日________入睡 今日________起床 □ 失眠 □ 多梦		

顺时饮食	今日待办	身体 / 健康
□ 时令野菜 □ 养血安神膏	□ ________ □ ________ □ ________	

二〇一九年四月
April

九日

星期二

清明 第一候 第五天

农历 三月初五

蒺藜子

功效：平肝解郁，活血祛风，明目，止痒。用于调理头痛眩晕、风疹瘙痒。

一候反思

女性：生理期前是否有以下现象

脾气急躁	□ 是	□ 否
头痛	□ 是	□ 否
乳房胀痛	□ 是	□ 否
腰围变粗	□ 是	□ 否
感觉小腹胀	□ 是	□ 否

有一个答是，每次生理期前可以喝 1—2 周玫瑰红颜茶。坚持喝，还有养颜和淡斑的作用。

己亥岁 · 戊辰月

土运不及，风火同德

丙子日

二运

主 太 火

客 太 金

娥眉月

宜 反思

清明夜

〔唐〕白居易

好风胧月清明夜，碧砌红轩刺史家。

独绕回廊行复歇，遥听弦管暗看花。

睡眠

昨日________入睡

今日________起床

☐ 失眠 ☐ 多梦

运动

天气 / 物候

顺时饮食

☐ 时令野菜

☐ 养血安神膏

今日待办

☐ ________

☐ ________

☐ ________

身体 / 健康

二〇一九年四月
April

十日

星期三

〔农历〕三月初六

〔清明〕第二候　田鼠化为鴽

鹑

鹌鹑蛋功效：补中气。

健康提示

从清明开始进入春天的第三个月。

本月养生关键词：护生、排毒。

上半月重点：清肝。

下半月重点：养脾。

己亥岁 · 戊辰月

土运不及，风火同德

丁丑日

二　气

主　火　气

客　寒　气

娥　眉　月

宜　听风

题画猫

〔元末明初〕刘基

碧眼乌图食有鱼，仰看胡蝶坐阶除。

春风漾漾吹花影，一任东郊鼠化鴽。

【诗注】鴽，是鹌鹑一类的鸟。

睡眠	运动	天气 / 物候
昨日________入睡 今日________起床 □ 失眠　□ 多梦		

顺时饮食	今日待办	身体 / 健康
□ 时令野菜 □ 养血安神膏	□ ________ □ ________ □ ________	

二〇一九年四月
April

十一

星期四

农历 三月初七

清明 第二候 第二天

世界帕金森病日

白杨

白杨的叶、枝、根、皮都可以入药。

健康提示

帕金森病俗名“震颤麻痹”，患者会出现一系列运动障碍的症状，例如手抖、四肢不灵活、动作缓慢，还可能出现抑郁、焦虑等心理症状。

饮食保健：甘麦大枣汤（2019 年见 1 月 10 日）。

己亥岁 · 戊辰月

土运不及，风火同德

戊寅日

二运

主 太 火

客 太 金

娥眉月

宜 问安

清明后日

〔元〕王冕

杨柳亭台春寂寂，杏花村落雨霏霏。

青山对面人何在？白发倚门身未归。

睡眠

昨日________入睡

今日________起床

□ 失眠 □ 多梦

运动

天气 / 物候

顺时饮食

□ 时令野菜

□ 养血安神膏

今日待办

□ ________

□ ________

□ ________

身体 / 健康

二〇一九年四月
April

十二

星期五

〔农历〕三月初八

〔清明〕第二候　第三天

侧柏

功效：化痰止咳，生发乌发。用于调理脱发、白发。

健康提示

防脱发方法

1. 用侧柏叶、生姜泡制生发药酒。
2. 使用洗头皮的洗发水。
3. 用圆齿的经络木梳刮头皮，每天 108 次。
4. 用护发的中药制成枕囊，放入睡觉的枕头中。

己亥岁 · 戊辰月

土运不及，风火同德

己卯日

二之气

主 火气

客 寒气

上弦月

宜 护发

斋中咏怀

〔唐〕羊士谔

无心唯有白云知，闲卧高斋梦蝶时。

不觉东风过寒食，雨来萱草出巴篱。

【诗评】《唐诗笺注》：闲趣淡景，写状得“无心”二字出。

睡眠	运动	天气 / 物候
昨日________入睡 今日________起床 ☐ 失眠 ☐ 多梦		

顺时饮食	今日待办	身体 / 健康
☐ 时令野菜 ☐ 养血安神膏	☐ 护发 ☐ ____________ ☐ ____________	

二〇一九年四月
April

十三

星期六

农历 三月初九

清明 第二候 第四天

岳州连翘

功效：清热解毒，消肿散结。

健康提示

玫瑰有双向调节的作用。

对于肝气升发不足、心情忧郁的人，玫瑰可以舒肝理气。

对于肝气升发过度、脾气暴躁的人，玫瑰可以降肝火。

己亥岁 · 戊辰月

土运不及，风火同德

庚辰日

二 运

主 太 火

客 太 金

盈凸月

宜 饮花

宿南岭驿二首·其一

〔宋〕杨万里

蕨手犹拳已箸长，菊苗初甲可羹尝。
山村富贵无人享，一路春风野菜香。

睡眠

昨日________入睡
今日________起床
□ 失眠 □ 多梦

运动

天气 / 物候

顺时饮食

□ 时令野菜
□ 养血安神膏

今日待办

□ ________
□ ________
□ ________

身体 / 健康

二〇一九年四月
April

十四

星期日

【农历】三月初十

【清明】第二候 第五天

木兰

功效：利尿消肿，润肺止咳。用于调理肺虚咳嗽、痰中带血、酒疸、重舌、痈肿。

二候反思

这个春天是否有以下问题

咳嗽超过一个月 □ 是 □ 否

慢性支气管炎 □ 是 □ 否

痰多 □ 是 □ 否

以上任何一个答是，按下页方法调理。

己亥岁·戊辰月

土运不及，风火同德

辛巳日

二之气

主 火气

客 寒气

盈凸月

宜 赏青

三月十日流杯亭

〔唐〕李商隐

身属中军少得归，木兰花尽失春期。

偷随柳絮到城外，行过水西闻子规。

睡眠	运动	天气 / 物候
昨日______入睡 今日______起床 ☐ 失眠　☐ 多梦		

顺时饮食	今日待办	身体 / 健康
☐ 时令野菜 ☐ 养血安神膏	☐ ______ ☐ ______ ☐ ______	

二〇一九年四月
April

十五

星期一

【农历】三月十一

【清明】第三候 虹始见

全国肿瘤防治宣传周

黄蜀葵

功效：用于调理风痹导致的头面四肢疼痛以及阳毒伤寒，壮热头痛，心神烦燥。

健康提示

暮春阳气外泄，也是各种病毒活跃的时期。

春季的呼吸道疾病，例如百日咳在这个时候也容易进入高发期。特别是儿童，容易久咳不止。

对策：

1. 喝百日咳茶（做法见2019年4月16日）。
2. 吴茱萸贴敷双脚内侧公孙穴，左右各一片，每日睡前贴一夜。
3. 好转后继续喝罗汉果茶日常调理。

己亥岁 · 戊辰月

土运不及，风火同德

壬午日

二运

主 太 火

客 太 金

盈凸月

宜 候雨

过垂虹

〔宋〕姜夔

自作新词韵最娇，小红低唱我吹箫。
曲终过尽松陵路，回首烟波十四桥。

睡眠	运动	天气 / 物候
昨日________入睡 今日________起床 □ 失眠 □ 多梦		

顺时饮食	今日待办	身体 / 健康
□ 时令野菜 □ 养血安神膏	□ ________ □ ________ □ ________	

二〇一九年四月
April

十六

星期二

农历 三月十二

清明 第三候 第二天

牡丹

牡丹根皮（丹皮）功效：清热凉血。用于调理皮肤病。

健康提示

百日咳茶

原料：罗汉果1个、柿子蒂3个。

做法：罗汉果压破，和柿子蒂一起加水煮1小时，代茶饮。

适合人群：有小儿百日咳、慢性气管炎、长期咳嗽的人。

己亥岁·戊辰月

土运不及，风火同德

癸未日

二 气

主 火 气

客 寒 气

盈凸月

宜 腌鸭蛋

赏牡丹

〔唐〕刘禹锡

庭前芍药妖无格，池上芙蕖净少情。
唯有牡丹真国色，花开时节动京城。

【诗注】牡丹的根皮是一味常用中药——丹皮。

睡眠

昨日________入睡
今日________起床
□ 失眠 □ 多梦

运动

天气／物候

顺时饮食

□ 时令野菜
□ 养血安神膏

今日待办

□ ________
□ ________
□ ________

身体／健康

二〇一九年四月
April

十七

星期三

农历 三月十三

清明 第三候 第三天

槐花

功效：凉血止血，清肝泻火。用于调理便血、痔血、血痢、崩漏、吐血、衄血、肝热目赤、头痛眩晕。

健康提示

什么是百日咳?

它是一种百日咳病毒引起的咳嗽，有传染性。对于一些久咳，咳了两三个月还不好的咳嗽，人们有时也泛称为“百日咳”。

己亥岁 · 戊辰月

土运不及，风火同德

甲申日

二	运
主 太	火
客 太	金

盈凸月

宜 食荠

山茶一树自冬至清明后著花不已

〔宋〕陆游

东园三日两兼风，桃李飘零扫地空。

惟有山茶偏耐久，绿丛又放数枝红。

【诗注】山茶的生命力旺盛，可以从冬到春连开四个月花。

睡眠

昨日________入睡

今日________起床

□ 失眠　□ 多梦

运动

天气 / 物候

顺时饮食

□ 时令野菜

□ 养血安神膏

今日待办

□ ________

□ ________

□ ________

身体 / 健康

二〇一九年四月
April

十八

星期四

〔农历〕三月十四

〔清明〕第三候 第四天

木耳

功效：补气养血，润肺止咳，降压抗癌。用于调理气虚血亏、肺虚久咳、高血压。

食材准备

后天进入谷雨节气。

清肝养脾茶

原料：陈皮、绿茶、柑橘花蜜。

养咽清嗓茶

原料：绿茶、牛蒡茶、槐花蜜。

养血安神膏（己亥二气保健膏，从春分吃到小满前日，做法见 2019 年 3 月 23 日）

原料：百合 1 000 克、莲子 500 克、酸枣仁 1 500 克、红糖适量。

己亥岁·戊辰月

土运不及，风火同德

乙酉日

二之气

主 火气

客 寒气

盈凸月

宜 问茶

春日偶成

〔宋〕程灏

云淡风轻近午天，傍花随柳过前川。
时人不识余心乐，将谓偷闲学少年。

睡眠	运动	天气／物候
昨日＿＿＿＿入睡 今日＿＿＿＿起床 □ 失眠 □ 多梦		

顺时饮食	今日待办	身体／健康
□ 时令野菜 □ 养血安神膏	□ ＿＿＿＿ □ ＿＿＿＿ □ ＿＿＿＿	

二〇一九年四月
April

十九

星期五

〔农历〕三月十五

〔清明〕第三候 第五天

槟榔
功效：驱虫，破积，降气化痰。

节气总结

喝清明粥的次数 ______

吃荠菜的次数 ______

吃养血安神膏的次数 ______

身体哪些方面有改善 ______

己亥岁 · 戊辰月

土运不及，风火同德

丙戌日

二 运

主 太 火

客 太 金

满 月

19:12 望

宜 花前望月

月夜

〔唐〕刘方平

更深月色半人家，北斗阑干南斗斜。

今夜偏知春气暖，虫声新透绿窗纱。

睡眠	运动	天气 / 物候
昨日________入睡 今日________起床 □ 失眠 □ 多梦		
顺时饮食	**今日待办**	**身体 / 健康**
□ 时令野菜 □ 养血安神膏	□ ________ □ ________ □ ________	

推荐食方

清肝养脾茶

原料：绿茶、陈皮、蜂蜜（今年用柑橘蜜最佳）。

谷雨

今年谷雨需特别注意的健康问题：

腹痛、痰多

二〇一九年四月
April

二十

星期六

〔农历〕三月十六

〔谷雨〕第一候 萍始生

16:55 交谷雨节气

水萍
功效：清热消肿。

节气食方一

有慢性咽炎的人，谷雨节气需要重点调理。

谷雨茶方——养咽清嗓茶

原料：绿茶、槐花蜜。

做法：冲泡绿茶，加槐花蜜，每隔十几分钟喝一小口，尽量让茶水在咽喉处多停留一会儿。

叮嘱：咽喉红肿加牛蒡；咽痛多加蜂蜜。

己亥岁 · 戊辰月

土运不及，风火同德

丁亥日

二之气

主 火气

客 寒气

亏凸月

宜 观萍

春日

〔宋〕晁冲之

阴阴溪曲绿交加，小雨翻萍上浅沙。

鹅鸭不知春去尽，争随流水趁桃花。

睡眠

昨日________入睡

今日________起床

□ 失眠　□ 多梦

运动

天气 / 物候

顺时饮食

□ 谷雨茶方

□ 养血安神膏

今日待办

□ ________

□ ________

□ ________

身体 / 健康

二〇一九年四月
April

廿一

星期日

〔农历〕三月十七

〔谷雨〕第一候　第二天

茼蒿

功效：利肠胃。用于调理脾胃不和、二便不通。

节气食方二

清肝养脾茶

原料：陈皮、绿茶、柑橘花蜜。

做法：沸水冲泡，待温后加入蜂蜜。

叮嘱：胃溃疡患者、女性经期、体寒者不加绿茶。

己亥岁 · 戊辰月

土运不及，风火同德

戊子日

二 运

主 太 火

客 太 金

亏凸月

宜 茶会

三月十七日食梅子有感

〔宋〕舒岳祥

春事已随花事残，东风急处省凭栏。

枝头青子生来苦，守得黄时也自酸。

睡眠

昨日________入睡

今日________起床

□ 失眠 □ 多梦

运动

天气 / 物候

顺时饮食

□ 谷雨茶方

□ 养血安神膏

今日待办

□ ________

□ ________

□ ________

身体 / 健康

二〇一九年四月

April

廿二

星期一

【农历】三月十八

【谷雨】第一候　第三天

世界地球日

人参

功效：大补元气。用于调理体虚肢冷、脾热消渴、久病虚羸、惊悸失眠、阳痿宫冷、心力衰竭、心原性休克。

健康提示

谷雨节气的养生功课：

今年谷雨特殊的养生重点——

今年谷雨节气会有较多雨水，湿气重的人注意。

保养重点：心。

防病重点：腹痛、痰多。

己亥岁 · 戊辰月

土运不及，风火同德

己丑日

二气

主 火气

客 寒气

亏凸月

宜 候雨

阳羡杂咏十九首 · 茗坡

〔唐〕陆希声

二月山家谷雨天，半坡芳茗露华鲜。

春醒酒病兼消渴，惜取新芽旋摘煎。

【诗注】这首诗讲喝茶的好处：醒春困、消酒病、生津止渴。

睡眠

昨日________入睡

今日________起床

□ 失眠 □ 多梦

运动

天气 / 物候

顺时饮食

□ 谷雨茶方

□ 养血安神膏

今日待办

□ ________

□ ________

□ ________

身体 / 健康

二〇一九年四月
April

廿三

星期二

〔农历〕三月十九

〔谷雨〕第一候 第四天

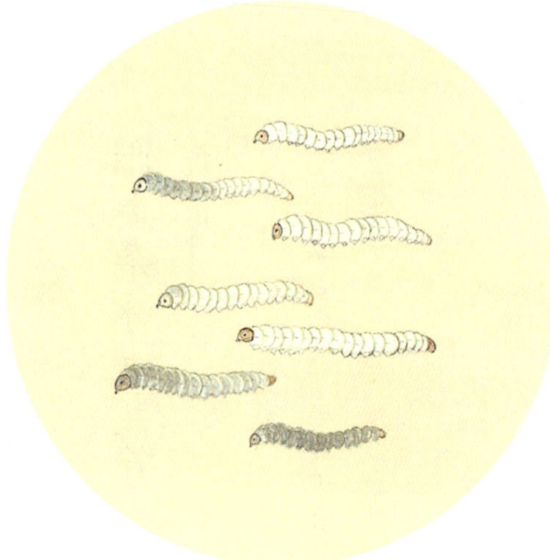

白僵蚕

功效：祛风解痉，化痰散结。用于调理中风、瘰疬结核、丹毒、乳腺炎。

健康提示

去年是“火”年，去年谷雨时我们都感受到了“火气”的威力，去年的顺时养生日历也提前提示了从谷雨节气起延长喝绿茶的时间。今年是“土”年，我们正常喝绿茶就可以了。

己亥岁·戊辰月

土运不及，风火同德

庚寅日

二　运

主　太　火

客　太　金

亏凸月

宜　品茗

鸳鸯湖棹歌

〔清〕朱彝尊

屋上鸠鸣谷雨开，横塘游女荡舟回。

桃花落后蚕齐浴，竹笋抽时燕便来。

睡眠

昨日________入睡

今日________起床

☐ 失眠　☐ 多梦

运动

天气 / 物候

顺时饮食

☐ 谷雨茶方

☐ 养血安神膏

今日待办

☐ ________

☐ ________

☐ ________

身体 / 健康

二〇一九年四月
April

廿四

星期三

〔农历〕三月二十

〔谷雨〕第一候　第五天

青皮
功效：疏肝破气，散结消痰。

一候反思

春天只剩下 12 天。反思顺时养生的进度，查缺补漏。

春季养生五问：

有没有打开身体的气的通道，排出宿毒？

有没有排出冬季的陈寒？

有没有减掉一些多余的脂肪？

有没有舒肝理气、调畅心情？

有没有养好脾，为夏天抗衰老打好基础？

如果做得不够，接下来的两周抓紧补上春季养生的功课。

己亥岁 · 戊辰月

土运不及，风火同德

辛卯日

二 气

主 火 气

客 寒 气

亏凸月

宜 惜春

春怨

〔唐〕刘方平

纱窗日落渐黄昏，金屋无人见泪痕。
寂寞空庭春欲晚，梨花满地不开门。

【诗评】唐诗解：一日之愁，黄昏为切；一岁之怨，春暮居多。此时此景，宫人之最感慨者也。不忍见梨花之落，所以掩门耳。

睡眠

昨日________入睡

今日________起床

□ 失眠 □ 多梦

运动

天气 / 物候

顺时饮食

□ 谷雨茶方

□ 养血安神膏

今日待办

□ ________

□ ________

□ ________

身体 / 健康

二〇一九年四月
April

廿五

星期四

【农历】三月廿一

【谷雨】第二候 鸣鸠拂其羽

职业病防治法宣传周

世界防治疟疾日

斑鸠

功效：益气明目。

健康提示

促进睡眠的方法（一）：睡药枕

用中药做成枕囊，放进睡觉的枕头里，枕着入睡，可以促进睡眠，同时可以利用睡眠的时间来养护头发、治疗鼻炎和调节体质。

（方法二，见 2019 年 6 月 6 日）

己亥岁 · 戊辰月

土运不及，风火同德

壬辰日

二运

主 太 火

客 太 金

亏凸月

宜 早睡

田家

〔宋〕欧阳修

绿桑高下映平川，赛罢田神笑语喧。

林外鸣鸠春雨歇，屋头初日杏花繁。

睡眠

昨日________入睡

今日________起床

□ 失眠 □ 多梦

运动

天气 / 物候

顺时饮食

□ 谷雨茶方

□ 养血安神膏

今日待办

□ ____________

□ ____________

□ ____________

身体 / 健康

二〇一九年四月
April

廿六

星期五

【农历】三月廿二

【谷雨】第二候　第二天

豌豆

功效：调理脾胃、益中平气。

健康提示

春夏交替时期，容易发生“换季病”。今年这段时间，阳虚、体寒的人更要特别注意。五一假期不宜奔波劳累，以在家静养为好。

己亥岁 · 戊辰月

土运不及，风火同德

癸巳日

二 气
主 火 气
客 寒 气

亏凸月

宜 煮茶

春晚杂兴十二首

〔宋〕方回

岂有耶溪父老钱，无朝无暮在樽前。
樱桃豌豆分儿女，草草春风又一年。

睡眠

昨日________入睡
今日________起床
□ 失眠 □ 多梦

运动

天气 / 物候

顺时饮食

□ 谷雨茶方
□ 养血安神膏

今日待办

□ ________
□ ________
□ ________

身体 / 健康

二〇一九年四月
April

廿七

星期六

〔农历〕三月廿三

〔谷雨〕第二候　第三天

薄荷

功效：疏散风热、清咽利喉、舒肝解郁。

花盆种菜

薄荷是整个春夏我们可以常吃的植物，当菜吃，泡水喝，都可以。它可以舒肝解郁，预防风热感冒，对于脂肪肝、血脂高的人尤其好。可以在家种植一盆食用品种的薄荷。

己亥岁·戊辰月

土运不及，风火同德

甲午日

二运

主 太火

客 太金

下弦月

宜 春宴

题画薄荷扇二首·其二

〔宋〕陆游

一枝香草出幽丛，双蝶飞飞戏晚风。

莫恨村居相识晚，知名元向楚辞中。

睡眠

昨日________入睡

今日________起床

□ 失眠 □ 多梦

运动

天气 / 物候

顺时饮食

□ 防感护生汤

□ 养血安神膏

今日待办

□ ________

□ ________

□ ________

身体 / 健康

二〇一九年四月
April

廿八

星期日

农历
三月廿四

谷雨
第二候 第四天

丁香
功效：温中降逆、散寒止痛、温肾助阳。

花盆种菜

甘蓝是一种既可以观赏又可以当蔬菜吃的植物。甘蓝有抗病毒的作用，对于感冒和胃炎治疗有帮助。现在正是种甘蓝的好时节。喜欢的朋友们可以去花卉市场买几个回来种在花盆里。

己亥岁 · 戊辰月

土运不及，风火同德

乙未日

二气

主 火气

客 寒气

残月

宜 醉芳荫

代赠二首

〔唐〕李商隐

楼上黄昏欲望休，玉梯横绝月中钩。

芭蕉不展丁香结，同向春风各自愁。

【诗注】丁香既是调料又是中药，在古代还是名贵的香料。

【诗评】诗境浅说续编：丁香之结未舒，蕉叶之心不展，春风纵好，难破愁痕，物犹如此，人何以堪！

睡眠

昨日________入睡

今日________起床

□ 失眠 □ 多梦

运动

天气 / 物候

顺时饮食

□ 谷雨茶方

□ 养血安神膏

今日待办

□ ____________

□ ____________

□ ____________

身体 / 健康

二〇一九年四月
April

廿九

星期一

〔农历〕三月廿五

〔谷雨〕第二候　第五天

蜂子
蜜蜂的幼虫。功效：祛风、解毒、通乳。

二候反思

对照平时身体的情况选择蜂蜜

脾胃虚弱	□ 柑橘蜜或枣花蜜
胃溃疡、胃痛	□ 柑橘蜜
咽喉炎、眼睛发红	□ 槐花蜜
咳嗽、发炎	□ 荆条蜜

己亥岁 · 戊辰月

土运不及，风火同德

丙申日

二 运

主 太 火

客 太 金

残 月

宜 赏味

蜂

〔唐〕罗隐

不论平地与山尖，无限风光尽被占。

采得百花成蜜后，为谁辛苦为谁甜。

睡眠	运动	天气 / 物候
昨日________入睡 今日________起床 □ 失眠 □ 多梦		
顺时饮食	**今日待办**	**身体 / 健康**
□ 谷雨茶方 □ 养血安神膏	□ 准备立夏食方食材 □ ________ □ ________	

二〇一九年四月
April

三十

星期二

〔农历〕三月廿六

〔谷雨〕第三候 戴胜降于桑

桑根白皮

功效：泻肺平喘，利水消肿。

健康提示

又快到一年一度喝姜枣茶的两个月了，可以开始准备原料。生姜和大枣搭配在一起的功效非常大，能健脾护胃、补中益气，提高人体的抗病能力和自愈能力。

己亥岁 · 戊辰月

土运不及，风火同德

丁酉日

二之气

主 火气

客 寒气

残月

宜 听鸟

题戴胜

〔唐〕贾岛

星点花冠道士衣，紫阳宫女化身飞。

能传上界春消息，若到蓬山莫放归。

睡眠

昨日________入睡

今日________起床

□ 失眠 □ 多梦

运动

天气 / 物候

顺时饮食

□ 谷雨茶方

□ 养血安神膏

今日待办

□ ________

□ ________

□ ________

身体 / 健康

二〇一九年五月
May

一日

星期三

〔谷雨〕第三候 第二天

〔农历〕三月廿七

劳动节

生姜

功效：解表散寒，温中止呕，温肺止咳，解毒。

健康提示

医圣张仲景最常使用的药物就是姜和枣。《伤寒论》中有 113 个药方，其中 35 个药方用到姜、枣这一对药。用来调理人体的消化系统、提升正气、调和气血。

己亥岁 · 戊辰月

土运不及，风火同德

戊戌日

二 运

主 太 火

客 太 金

残 月

宜 读书

雨晴

〔唐〕王驾

雨前初见花间蕊，雨后兼无叶里花。

蛱蝶飞来过墙去，却疑春色在邻家。

睡眠

昨日________入睡

今日________起床

□ 失眠 □ 多梦

运动

天气 / 物候

顺时饮食

□ 谷雨茶方

□ 养血安神膏

今日待办

□ ________

□ ________

□ ________

身体 / 健康

二〇一九年五月
May

二日

星期四

〔农历〕三月廿八

〔谷雨〕第三候　第三天

蒜

功效：解毒抗菌。用于调理咳嗽、腹泻。

健康提示

本月母亲节，提前准备礼物。

鲜花：康乃馨、萱草花。

自制茶包：萱草忘忧茶。

原料：干黄花菜、冰糖。

己亥岁 · 戊辰月

土运不及，风火同德

己亥日

二之气

主 火气

客 寒气

残月

宜 思亲

四时田园杂兴

〔宋〕范成大

谷雨如丝复似尘，煮瓶浮蜡正尝新。

牡丹破萼樱桃熟，未许飞花减却春。

睡眠	运动	天气 / 物候
昨日________入睡 今日________起床 ☐ 失眠 ☐ 多梦		
顺时饮食	**今日待办**	**身体 / 健康**
☐ 谷雨茶方 ☐ 养血安神膏	☐ ________ ☐ ________ ☐ ________	

二〇一九年五月
May

三日

星期五

〔农历〕三月廿九

〔谷雨〕第三候 第四天

栀子

栀子以果入药。功效：泻火除烦，清热利湿，凉血解毒。

食材准备

三日后立夏。

核桃壳煮鸡蛋

原料：核桃壳 6 个（剥核桃时，中间分隔核桃仁的木质隔膜一定要留下，与核桃壳一起入锅煮）、鸡蛋 6 个、酱油适量、盐少许。

青梅酒

原料：青梅 1 000 克、白酒或黄酒 1 500 克、黄冰糖 500—1 000 克（做法见 2019 年 5 月 14 日）。

养血安神膏（己亥二气保健膏，从春分吃到小满前日，做法见 2019 年 3 月 23 日）

原料：百合 1 000 克、莲子 500 克、酸枣仁 1 500 克、红糖适量。

神仙姜枣茶（从立夏喝到三伏，体寒者今年可加倍，做法见 2019 年 5 月 7 日）

原料：带皮生姜 2—3 片、红枣 6 个。

己亥岁 · 戊辰月

土运不及，风火同德

庚子日

二 运

主 太 火

客 太 金

残 月

宜 谢东风

雨过山村

〔唐〕王建

雨里鸡鸣一两家，竹溪村路板桥斜。

妇姑相唤浴蚕去，闲看中庭栀子花。

睡眠

昨日________入睡

今日________起床

□ 失眠 □ 多梦

运动

天气 / 物候

顺时饮食

□ 谷雨茶方

□ 养血安神膏

今日待办

□ ____________

□ ____________

□ ____________

身体 / 健康

二〇一九年五月
May

四日

星期六

〔农历〕三月三十

〔谷雨〕第三候　第五天

青年节

紫荆

紫荆的皮果木花皆可入药。功效：清热凉血、祛风解毒。

节气总结

喝谷雨养生茶的次数 ______

吃养血安神膏的次数 ______

身体哪些方面有改善 ______________________________

称量一下自己的体重和腰围，翻到 2019 年 8 月 12 日（立秋，一候反思），记录在“立夏前体重 / 腰围”横线处。

己亥岁·戊辰月

土运不及，风火同德

辛丑日

二气

主 火气

客 寒气

残月

宜 称重

三月晦日偶题

〔宋〕秦观

节物相催各自新，痴心儿女挽留春。

芳菲歇去何须恨，夏木阴阴正可人。

睡眠	运动	天气 / 物候
昨日________入睡 今日________起床 □ 失眠 □ 多梦		

顺时饮食	今日待办	身体 / 健康
□ 防感护生汤 □ 养血安神膏	□ ________ □ ________ □ ________	

二〇一九年五月
May

五日

星期日

〔农历〕四月初一

〔谷雨〕第三候 第六天

木耳

功效：补气养血，润肺止咳，降压抗癌。用于调理气虚血亏、肺虚久咳、高血压。

春季回顾

6 个节气中有 ______ 个节气坚持了节气饮食

春季的养生功课还做了（请打勾）：

每周喝防感护生汤 □ 补血四宝汤 □

养血安神膏 □ 喝玫瑰花茶 □

不生气 □

赏花、春游的地点 ______________________________

身体哪些方面有改善 ____________________________

是否生过病 ____________________________________

我给自己的春季养生功课打 ______ 分

春去有来时，愿春长见君。

己亥岁 · 戊辰月

土运不及，风火同德

壬寅日

二运

主 太 火

客 太 金

朔月

06:45 朔

宜 送春

书斋

〔宋末元初〕仇远

谷雨宜晴花乱开，一壶春色聚书斋。

园林此后无车马，竹杖芒鞋政自佳。

睡眠

昨日________入睡

今日________起床

□ 失眠 □ 多梦

运动

天气 / 物候

顺时饮食

□ 谷雨茶方

□ 养血安神膏

今日待办

□ 母亲节礼物

□ ________

□ ________

身体 / 健康

推荐食方

核桃壳煮鸡蛋

原料：核桃壳、鸡蛋、酱油、盐。

立夏

初夏

节气 立夏、小满

时间 五月六日至六月五日

今年立夏需特别注意的健康问题：
尿道炎、前列腺炎、易疲劳

二〇一九年五月

May

六日

星期一

农历 四月初二

立夏 第一候 蝼蝈鸣

03:02 交立夏节气

蝼蛄

功效：利水，通便。用于调理水肿、石淋、小便不利、瘰疬、痈肿恶疮。

节气食方一

核桃壳煮鸡蛋（今年立夏、小满都要吃。）

做法：

1. 将核桃壳洗净，放锅中，加清水泡 30 分钟。
2. 用大火煮开，转小火煮 1 小时，晾凉（如不晾凉就放鸡蛋则容易煮裂）。
3. 将整只鸡蛋（不用去壳）放入晾凉的核桃水内，按自己口味加入适量酱油和盐，大火煮开，转小火煮 6—7 分钟。
4. 不要关火，用勺子轻轻地敲敲鸡蛋，如果感觉很有弹性，则里面的蛋白已经凝固，此时就可以用勺子将鸡蛋壳敲出均匀的网状裂缝，以便更好地入味。
5. 继续煮 10 分钟，关火起锅。
6. 浸泡一晚上，第二天吃，鸡蛋会更入味。

功效：补气，健脾，固肾，预防夏季暑热伤身。

己亥岁·己巳月

土运不及，风火同德

癸卯日

二之气

主 暑气

客 寒气

娥眉月

宜 观日出

夏夜雨意

〔宋〕晁补之

凝云遮汉月不舒，微电时照东南隅。

风条不动柱础湿，初夜深砌吟蝼蛄。

睡眠	运动	天气 / 物候
昨日________入睡 今日________起床 ☐ 失眠 ☐ 多梦		
顺时饮食	**今日待办**	**身体 / 健康**
	☐ ________ ☐ ________ ☐ ________	

二〇一九年五月
May

七日

星期二

【农历】四月初三

【立夏】第一候　第二天

世界哮喘日

远志
功效：安神，益智，祛痰止咳。

节气食方二

立夏到三伏的保健茶：神仙姜枣茶（体寒者今年可加倍）

原料：带皮生姜 2—3 片、红枣 6 个。

做法一：煮姜枣茶

冷水下锅，煮 1 小时。

做法二：泡姜枣茶

保温杯加沸水焖泡 1 小时。

做法三：煮姜枣粥

与大米或杂粮一起煮粥。

己亥岁 · 己巳月

土运不及，风火同德

甲辰日

二运

主 太 火

客 太 金

娥眉月

宜 烹茶

春药

〔元〕张雨

紫甲红牙玉满阑，时分花雨润斑斑。
茯苓乍可来归笼，远志从来不出山。

【诗注】远志是一味常用中药。关于它的名字有个著名的典故，因此常被写入诗中（关于远志出山的典故见2019年5月30日）。

睡眠	运动	天气 / 物候
昨日________入睡 今日________起床 ☐ 失眠 ☐ 多梦		

顺时饮食	今日待办	身体 / 健康
	☐ ________ ☐ ________ ☐ ________	

二〇一九年五月
May

八日

星期三

〔农历〕四月初四

〔立夏〕第一候 第三天

世界微笑日

世界红十字日

高良姜

功效：温胃止呕，散寒止痛。

读书

“微笑是我们最好的化妆品，快乐是我们最好的保养品。”

——《回家吃饭的智慧》

心情不好时，只要把嘴角向上，做出微笑的表情，神经就会向大脑传递信号，促使人体分泌出使人愉快的物质。

己亥岁·己巳月

土运不及，风火同德

乙巳日

二之气

主 暑气

客 寒气

娥眉月

宜 微笑

山桃

〔清〕爱新觉罗·弘历

渔人未许言归日，佛子不禁微笑时。
云谢云开都不管，年年常自与春期。

【诗注】渔人言归用的是桃花源的典故；佛子微笑用的是拈花微笑的典故。

睡眠	运动	天气 / 物候
昨日________入睡 今日________起床 □ 失眠 □ 多梦		
顺时饮食	**今日待办**	**身体 / 健康**
	□ ________ □ ________ □ ________	

二〇一九年五月
May

九日

星期四

立夏 第一候 第四天

农历 四月初五

生姜
功效：解表散寒，温中止呕，温肺止咳，解毒。

健康提示

立夏节气的养生功课：固摄肾气。

今年立夏特殊的养生重点——

今年立夏节气，正气不足的人容易生病。

保养重点：补益正气。

防病重点：感冒、尿道炎、前列腺炎、易疲劳。

己亥岁·己巳月

土运不及，风火同德

丙午日

二运

主 太火

客 太金

娥眉月

宜 防病

食姜

〔宋〕王十朋

辣皱人眉性最良，药中功效不寻常。

吾侪自是生无智，夫子何曾食彻姜。

睡眠

昨日________入睡

今日________起床

□ 失眠 □ 多梦

运动

天气 / 物候

顺时饮食

今日待办

□ ________

□ ________

□ ________

身体 / 健康

二〇一九年五月
May

十日

星期五

〔农历〕四月初六

〔立夏〕第一候 第五天

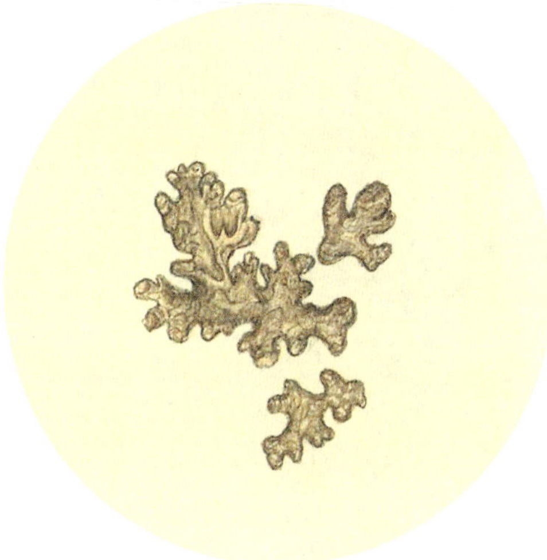

干姜
功效：温中散寒，回阳通脉，温肺化饮。

一候反思

是否有以下问题：

气血不通 □ 是 □ 否

体寒 □ 是 □ 否

胃寒 □ 是 □ 否

下巴常长痘 □ 是 □ 否

整天呆在空调房间 □ 是 □ 否

有一个答是，今年姜枣茶可以加倍喝。

己亥岁·己巳月

土运不及，风火同德

丁未日

二之气

主 暑气

客 寒气

娥眉月

宜 查病

己亥杂诗

〔清〕龚自珍

偶赋凌云偶倦飞，偶然闲慕遂初衣。

偶逢锦瑟佳人问，便说寻春为汝归。

睡眠	运动	天气/物候
昨日________入睡 今日________起床 □ 失眠 □ 多梦		
顺时饮食	**今日待办**	**身体/健康**
	□ ________ □ ________ □ ________	

二〇一九年五月

May

十一

星期六

农历 四月初七

立夏 第二候 蚯蚓出

白头蚯蚓

功效：清热，平肝，止喘，通络。用于调理高热狂躁、惊风抽搐、中风半身不遂、关节疼痛。

健康提示

从立夏开始进入夏天的第一个月。

本月养生关键词：固肾气、排肝毒。

上半月重点：固肾、补气。

下半月重点：补肝、降脂。

己亥岁 · 己巳月

土运不及，风火同德

戊申日

二运

主 太 火

客 太 金

娥眉月

宜 游园

春居杂兴

〔宋〕王禹偁

一夜春雷百蛰空，山家篱落起蛇虫。

无端蚯蚓争头角，触破莓苔气似虹。

睡眠	运动	天气 / 物候
昨日________入睡 今日________起床 □ 失眠 □ 多梦		
顺时饮食	**今日待办**	**身体 / 健康**
	□ ________ □ ________ □ ________	

二〇一九年五月
May

十二

星期日

〔农历〕四月初八

〔立夏〕第二候 第二天

母亲节
国际护士节

萱草
功效：用于调理腮腺炎、黄疸、膀胱炎、乳汁缺乏、月经不调。

读书

谁言寸草心，报得三春晖。

——孟郊《游子吟》

寸草就是萱草。萱草经过三春阳光的滋养，作为报答，在初夏开出灿烂的花朵，替游子为母亲疗疾解忧。

己亥岁 · 己巳月

土运不及，风火同德

己酉日

二气

主 暑气

客 寒气

上弦月

宜 赏萱

萱草图

〔明〕唐寅

北堂草树发新枝，堂上莱衣献寿卮。
愿祝一花添一岁，年年长庆赏花时。

睡眠	运动	天气 / 物候
昨日________入睡 今日________起床 □ 失眠　□ 多梦		
顺时饮食	**今日待办**	**身体 / 健康**
	□ 过母亲节 □ ________ □ ________	

二〇一九年五月

May

十二

星期一

农历 四月初九

立夏 第二候 第三天

越瓜

功效：除烦热，生津液，利小便。

健康提示

今年初夏，人体容易气血不足，感觉疲劳，等到盛夏，湿气又会特别重，因此今年立夏到三伏两个月喝姜枣茶养生至为关键。

己亥岁·己巳月

土运不及，风火同德

庚戌日

二运

主 太 火

客 太 金

盈凸月

宜 食姜

南园十三首·其三

〔唐〕李贺

竹里缫丝挑网车，青蝉独噪日光斜。

桃胶迎夏香琥珀，自课越佣能种瓜。

睡眠	运动	天气 / 物候
昨日________入睡 今日________起床 □ 失眠 □ 多梦		
顺时饮食	**今日待办**	**身体 / 健康**
	□ ________ □ ________ □ ________	

二〇一九年五月
May

十四

星期二

农历
四月初十

立夏
第二候　第四天

腐婢

功效：清热解毒。用于调理疟疾、泄泻、痢疾、蛇虫咬伤、创伤出血。

健康提示

青梅上市，准备泡青梅酒。

原料：青梅 1 000 克、白酒或黄酒 1 500 克、黄冰糖 250—500 克。

做法：

1. 将青梅用加盐的水泡一会儿，冲洗干净，沥干水分，放进广口玻璃瓶。
2. 在瓶里先放一半的冰糖，然后倒入白酒，不要太满，到瓶子的五六分满就可以了。
3. 盖好盖子，放在阴凉避光的地方。
4. 等先放的冰糖完全溶解了，再把剩下的一半冰糖放进去。
5. 三个月以后就可以喝了，泡一年以上味道更好。

扫描二维码，看青梅酒制作视频

己亥岁 · 己巳月

土运不及，风火同德

辛亥日

二之气

主 暑气

客 寒气

盈凸月

宜 制梅酒

闲居初夏午睡起·其一

〔宋〕杨万里

梅子留酸软齿牙，芭蕉分绿与窗纱。

日长睡起无情思，闲看儿童捉柳花。

睡眠	运动	天气 / 物候
昨日________入睡 今日________起床 □ 失眠 □ 多梦		
顺时饮食	**今日待办**	**身体 / 健康**
	□ ________ □ ________ □ ________	

二〇一九年五月
May

十五

星期三

〔农历〕四月十一

〔立夏〕第二候 第五天

饮用水卫生宣传周
全国防治碘缺乏宣传日
国际家庭日

菠菜
功效：解热毒，通血脉，利肠胃。

二候反思

今年春季是否有过

扁桃腺肿痛	□ 是	□ 否
咽痛	□ 是	□ 否
眼睛发红	□ 是	□ 否
便秘	□ 是	□ 否
痰黄	□ 是	□ 否
牙痛	□ 是	□ 否

任何一个答是，喝姜枣茶时加罗汉果和牛蒡一起煮。

己亥岁·己巳月

土运不及，风火同德

壬子日

二 运

主 太 火

客 太 金

盈凸月

宜 反思

宫词

〔宋〕杨皇后

落絮蒙蒙立夏天，楼前槐树影初圆。
傅闻紫殿深深处，别有薰风入舜弦。

睡眠	运动	天气 / 物候
昨日________入睡 今日________起床 □ 失眠 □ 多梦		
顺时饮食	**今日待办**	**身体 / 健康**
	□ ________ □ ________ □ ________	

二〇一九年五月
May

十六

星期四

〔农历〕四月十二

〔立夏〕第三候 王瓜生

王瓜
功效：清热，生津，化瘀，通乳。

健康提示

姜枣茶，仅仅用到生姜、大枣这两样食材，但如果喝对了时间、喝对了方法，效果却很神奇。

己亥岁·己巳月

土运不及，风火同德

癸丑日

二之气

主 暑气

客 寒气

盈凸月

宜 煮茶

醉中和王平甫

〔宋〕梅尧臣

王瓜未赤方牵蔓，李子才青已近樽。
我最年高杂年少，风流还有杜陵孙。

睡眠	运动	天气 / 物候
昨日________入睡 今日________起床 ☐ 失眠 ☐ 多梦		
顺时饮食	**今日待办**	**身体 / 健康**
	☐ ________ ☐ ________ ☐ ________	

二〇一九年五月
May

十七

星期五

【农历】四月十三

【立夏】第三候　第二天

全球5月血压测量月
世界高血压日

香蒲
功效：润燥凉血，去脾胃伏火。

健康提示

《伤寒论》中最有名的“桂枝汤”，被尊为古今“群方之首”“调理阴阳第一”“桂枝汤加减治万病”。它的主要作用就是调节阴阳平衡，促进气血畅通。这么神奇的药方，其实总共才五味药，其中两味是生姜和大枣。

己亥岁・己巳月

土运不及，风火同德

甲寅日

二		运
主	太	火
客	太	金

盈凸月

宜 读书

欸乃歌二章戏王稚川

〔宋〕黄庭坚

花上盈盈人不归，枣下纂纂实已垂。

腊雪在时听马嘶，长安城中花片飞。

睡眠	运动	天气 / 物候
昨日________入睡 今日________起床 □ 失眠　□ 多梦		

顺时饮食	今日待办	身体 / 健康
	□ ________ □ ________ □ ________	

二〇一九年五月
May

十八

星期六

农历
四月十四

立夏
第三候 第三天

全国血管健康日
国际博物馆日

乳香
功效：活血行气，通经止痛，消肿生肌。

健康提示

古人于夏季必佩香包，端午节香包就是这种习俗的遗存。夏季病毒活跃，现代研究发现，中药香包的药香味能够刺激鼻黏膜，使鼻黏膜上的抗体含量提高，增强人体的抗病毒能力。

己亥岁·己巳月

土运不及，风火同德

乙卯日

二之气

主 暑气

客 寒气

盈凸月

宜 佩香囊

欸乃歌

〔宋〕黄庭坚

花上盈盈人不归，枣下纂纂实已垂。

腊雪在时听马嘶，长安城中花片飞。

【诗注】欸乃：音同袄矮。

睡眠	运动	天气 / 物候
昨日＿＿＿入睡 今日＿＿＿起床 □ 失眠　□ 多梦		
顺时饮食	**今日待办**	**身体 / 健康**
	□＿＿＿ □＿＿＿ □＿＿＿	

二〇一九年五月

May

十九

星期日

农历

四月十五

立夏

第三候　第四天

全国助残日

薇菜

功效：补肾调经，祛痰止咳。

食材准备

后天进入小满节气。

冰梅酱

原料：黄梅 500 克、黄冰糖 250 克、盐少许。

益肾安心粥（己亥三气保健粥，从小满吃到大暑前日，做法见 2019 年 5 月 22 日）

原料：黑桑葚干、枸杞子、百合、茯苓各 10 克，杂粮适量。

己亥岁·己巳月

土运不及，风火同德

丙辰日

二 运

主 太 火

客 太 金

满 月

05:11 望

宜 步月

初夏即事十二解

〔宋〕杨万里

从教节序暗相催，历日尘生懒看来。

却是石榴知立夏，年年此日一花开。

睡眠	运动	天气 / 物候
昨日________入睡 今日________起床 ☐ 失眠　☐ 多梦		
顺时饮食	**今日待办**	**身体 / 健康**
☐ 核桃壳煮鸡蛋 ☐ 姜枣茶	☐ 提前 24 小时用淡盐水浸泡黄梅，准备熬冰梅酱	

二〇一九年五月
May

二十

星期一

农历 四月十六

立夏 第三候 第五天

全国母乳喂养宣传日

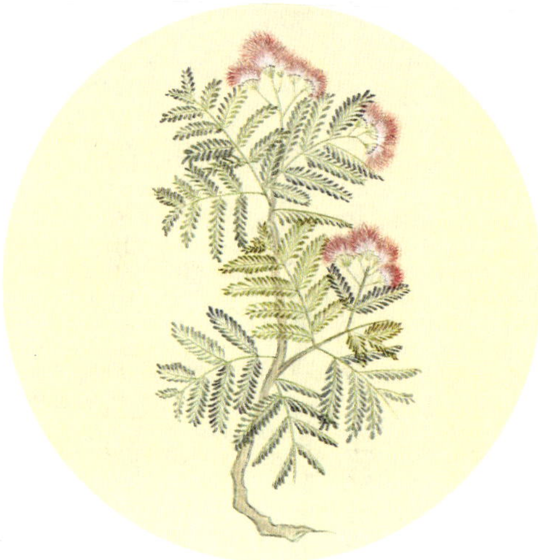

合欢

功效：解郁安神，理气开胃，活络止痛，

节气总结

吃核桃壳煮鸡蛋的次数 ______

吃养血安神膏的次数 ______

喝神仙姜枣茶的次数 ______

身体哪些方面有改善 ______

己亥岁·己巳月

土运不及，风火同德

丁巳日

二　　气

主 暑　气

客 寒　气

亏 凸 月

宜 居家

缺题

〔明〕王野

远游消息断天涯，燕子空能到妾家。
春色不知人独自，庭前开遍合欢花。

睡眠	运动	天气 / 物候
昨日________入睡 今日________起床 ☐ 失眠　☐ 多梦		

顺时饮食	今日待办	身体 / 健康
☐ 姜枣茶 ☐ 养血安神膏 ☐ 核桃壳煮鸡蛋	☐ ________ ☐ ________ ☐ ________	

推荐食方

冰梅酱

原料：新鲜梅子、黄冰糖、盐。

小满

小满

今年小满需特别注意的健康问题：
发炎、淋巴肿大、反胃呕吐

二〇一九年五月
May

廿一

星期二

〔农历〕四月十七

〔小满〕第一候 苦菜秀

世界脊椎健康日

15:59 交小满节气

苦菜
功效：清热解毒，凉血止血。

节气食方

冰梅酱

做法：

1. 将梅子洗干净后，在凉水里加大约 10 克盐，把梅子泡 24 小时，去除涩味。
2. 在锅里加满水，把梅子放进去，用中火煮开，把锅里水倒掉。
3. 用锅铲把梅子压碎，使果肉和果核分离。然后加少量水，放冰糖，再放大约 1 克盐，用小火熬制，一边熬一边用锅铲翻动，注意不要粘锅。一直熬到果肉与冰糖融合，锅里开始冒大泡泡就关火。
4. 把带梅子核的那部分酱挑出来，单独装在瓶子里备用。把剩余的果酱装在玻璃瓶里，晾凉，放冰箱里保存。

扫描二维码，看冰梅酱制作视频

己亥岁·己巳月

土运不及，风火同德

戊午日

二运

主	太	火
客	太	金

15:00 交三气

亏凸月

宜 品梅

与弁山道士饮

〔宋〕周文璞

采茗归来日未斜，更携苦菜入仙家。
后园同坐枯桐树，仰看红桃落涧花。

睡眠

昨日________入睡
今日________起床
□ 失眠 □ 多梦

运动

天气 / 物候

顺时饮食

□ 姜枣茶
□ 益肾安心粥
□ 核桃壳煮鸡蛋
□ 梅子食方

今日待办

□ ________
□ ________
□ ________
□ ________

身体 / 健康

二〇一九年五月
May

廿二

星期三

〔农历〕四月十八

〔小满〕第一候 第二天

茯苓
功效：健脾除湿，宁心安神。

健康提示

益肾安心粥（己亥三气保健粥，小满、芒种、夏至、小暑，1人份）

原料：黑桑葚干、枸杞子、百合、茯苓各10克，杂粮适量。

做法：熬粥食用，不限量。

功效：滋补肝肾、宁心安神。

己亥岁 · 己巳月

土运不及，风火同德

己未日

三 气

主 暑 气

客 风 气

亏凸月

宜 食粥

道室即事四首·其二

〔宋〕陆游

松根茯苓味绝珍，甑中枸杞香动人。

劝君下箸不领略，终作邙山一窖尘。

睡眠	运动	天气 / 物候
昨日________入睡 今日________起床 ☐ 失眠 ☐ 多梦		

顺时饮食	今日待办	身体 / 健康
☐ 姜枣茶 ☐ 益肾安心粥 ☐ 核桃壳煮鸡蛋 ☐ 梅子食方	☐ ________ ☐ ________ ☐ ________ ☐ ________	

二〇一九年五月
May

廿三

星期四

农历 四月十九

小满 第一候 第三天

梅子
功效：除烦静心，敛肺止咳，生津止渴。

健康提示

小满节气的养生功课：补肝、排肝毒。

今年小满特殊的养生重点——

今年小满节气，容易发生传染病、风热感冒和上火现象。

保养重点：淋巴。

防病重点：发炎、淋巴肿大、反胃呕吐。

饮食预防：煮姜枣茶时可以放入罗汉果和牛蒡同煮。

己亥岁 · 己巳月

土运不及，风火同德

庚申日

二运

主	太	火
客	太	金

亏凸月

宜 护肝

三衢道中

〔宋〕曾几

梅子黄时日日晴，小溪泛尽却山行。

绿阴不减来时路，添得黄鹂四五声。

睡眠	运动	天气 / 物候
昨日________入睡 今日________起床 ☐ 失眠 ☐ 多梦		

顺时饮食	今日待办	身体 / 健康
☐ 姜枣茶 ☐ 益肾安心粥 ☐ 核桃壳煮鸡蛋 ☐ 梅子食方	☐ ____________ ☐ ____________ ☐ ____________ ☐ ____________	

二〇一九年五月
May

廿四

星期五

〔农历〕四月二十

〔小满〕第一候　第四天

高良姜
功效：温胃止呕，散寒止痛。

健康提示

己亥年的三之气，从小满开始到大暑前结束。

历时 63 天（2019 年 5 月 21 日 15:00—7 月 23 日 11:00）

主气——暑气，客运——风气。

防病重点：见 2019 年 5 月 27 日。

保健食方：益肾安心粥（做法见 2019 年 5 月 22 日）。

己亥岁 · 己巳月

土运不及，风火同德

辛酉日

三 气

主 暑 气

客 风 气

亏凸月

宜 听琴

自桃川至辰州绝句四十有二

〔宋〕赵蕃

一春多雨慧当悭，今岁还防似去年。

玉历检来知小满，又愁阴久碍蚕眠。

睡眠	运动	天气 / 物候
昨日________入睡 今日________起床 ☐ 失眠 ☐ 多梦		

顺时饮食	今日待办	身体 / 健康
☐ 姜枣茶 ☐ 益肾安心粥 ☐ 核桃壳煮鸡蛋 ☐ 梅子食方	☐ ________ ☐ ________ ☐ ________ ☐ ________	

二〇一九年五月
May

廿五

星期六

〔农历〕四月廿一

〔小满〕第一候　第五天

益智子
功效：温脾，暖肾，固气，涩精。

一候反思

是否正处于以下情况中

内热重（比如上火、口舌生疮、咽喉肿痛等）	□ 是	□ 否
皮肤病发作期（比如湿疹）	□ 是	□ 否
女性孕晚期	□ 是	□ 否
伤口未愈合	□ 是	□ 否

如果是，暂时停喝姜枣茶。

己亥岁·己巳月

土运不及，风火同德

壬戌日

二运

主 太 火

客 太 金

亏凸月

宜 夏游

小满日口号

〔明〕李昌祺

久晴泥路足风沙，杏子生仁楝谢花。

长是江南逢此日，满林烟雨熟枇杷。

睡眠	运动	天气 / 物候
昨日________入睡 今日________起床 □ 失眠 □ 多梦		

顺时饮食	今日待办	身体 / 健康
□ 姜枣茶 □ 益肾安心粥 □ 核桃壳煮鸡蛋 □ 梅子食方	□ ________ □ ________ □ ________ □ ________	

二〇一九年五月 May

廿六

星期日

〔农历〕四月廿二

〔小满〕第二候 靡草死

雀麦

功效：止汗，催产。

养生材料准备

还有一周就进入农历五月（“午月”“恶月”），午月是一年中的卫生保健月，养生需要特别讲究。

午月食养方：角黍香粽、新蒜煮蛋、咸鸭蛋。

午月闲养方：药浴包、香包、菖蒲、艾。

己亥岁·己巳月

土运不及，风火同德

癸亥日

三 气

主 暑 气

客 风 气

亏凸月

宜 闲养

四时田园杂兴·其二

〔宋〕范成大

梅子金黄杏子肥，麦花雪白菜花稀。

日长篱落无人过，惟有蜻蜓蛱蝶飞。

睡眠	运动	天气 / 物候
昨日________入睡 今日________起床 □ 失眠 □ 多梦		

顺时饮食	今日待办	身体 / 健康
□ 姜枣茶 □ 益肾安心粥 □ 核桃壳煮鸡蛋 □ 梅子食方	□ ________ □ ________ □ ________ □ ________	

二〇一九年五月
May

廿七

星期一

〔农历〕四月廿三

〔小满〕第二候 第二天

枇杷

功效：润肺，下气，止渴。用于调理肺燥咳喘。

健康提示

己亥年的三之气，包含小满、芒种、夏至、小暑四个节气。这两个月，人体容易在内分泌、心脑血管、生殖系统、肝、胆发生问题，而且症状会比较明显，好转慢。

常见症状：迎风流泪、肝火、反胃、呕吐、腹胀、耳鸣、头晕、多梦。

重点预防：淋巴炎症、胆病、消化病、月经不调。

保健食方：益肾安心粥（做法见 2019 年 5 月 22 日）。

己亥岁 · 己巳月

土运不及，风火同德

甲子日

二		运
主	太	火
客	太	金

下弦月

宜 防病

初夏游张园

〔宋〕戴复古

乳鸭池塘水浅深，熟梅天气半晴阴。
东园载酒西园醉，摘尽枇杷一树金。

睡眠

昨日________入睡

今日________起床

□ 失眠　□ 多梦

运动

天气 / 物候

顺时饮食

□ 姜枣茶
□ 益肾安心粥
□ 核桃壳煮鸡蛋
□ 梅子食方

今日待办

□ ________
□ ________
□ ________
□ ________

身体 / 健康

二〇一九年五月
May

廿八

星期二

〔农历〕四月廿四

〔小满〕第二候　第三天

栀子

栀子以果入药。功效：泻火除烦，清热利湿，凉血解毒。

健康提示

六一儿童节前后活动多，注意预防儿童传染病。夏季儿童常见的传染病是肠道病毒传染。疱疹性咽峡炎是轻症，发在咽部。手足口病更严重，发在全身，手足口病被国家定为法定传染病，需要上报。

己亥岁 · 己巳月

土运不及，风火同德

乙丑日

三　气

主 暑　气

客 风　气

残　月

宜 教子

栀子花题画

〔明〕丰坊

金鸭香消夏日长，抛书高卧北窗凉。

晚来骤雨山头过，栀子花开满院香。

睡眠	运动	天气 / 物候
昨日________入睡 今日________起床 □ 失眠　□ 多梦		

顺时饮食	今日待办	身体 / 健康
□ 姜枣茶 □ 益肾安心粥 □ 核桃壳煮鸡蛋 □ 梅子食方	□ ________ □ ________ □ ________ □ ________	

二〇一九年五月
May

廿九

星期三

农历 四月廿五

小满 第二候 第四天

世界肠道健康日

马齿苋

功效：清热解毒，凉血止痢，除湿通淋。用于调理泻痢热淋、赤白带下、痔血、疮疡痈疖、丹毒、湿癣、白秃。

健康提示

马齿苋是肠道健康的保护神，它可以帮助人体排出肠道病毒。

手足口病和疱疹性咽峡炎的家庭饮食护理：

1. 新鲜马齿苋榨汁，加蜂蜜饮用。
2. 马齿苋干品 60 克，煮水饮用。

己亥岁 · 己巳月

土运不及，风火同德

乙丑日

三 气

主 暑 气

客 风 气

残 月

宜 教子

栀子花题画

〔明〕丰坊

金鸭香消夏日长，抛书高卧北窗凉。

晚来骤雨山头过，栀子花开满院香。

睡眠	运动	天气 / 物候
昨日________入睡 今日________起床 □ 失眠 □ 多梦		

顺时饮食	今日待办	身体 / 健康
□ 姜枣茶 □ 益肾安心粥 □ 核桃壳煮鸡蛋 □ 梅子食方	□ ________ □ ________ □ ________ □ ________	

二〇一九年五月
May

廿九

星期三

农历 四月廿五

小满 第二候 第四天

世界肠道健康日

马齿苋

功效：清热解毒，凉血止痢，除湿通淋。用于调理泻痢热淋、赤白带下、痔血、疮疡痈疖、丹毒、湿癣、白秃。

健康提示

马齿苋是肠道健康的保护神，它可以帮助人体排出肠道病毒。

手足口病和疱疹性咽峡炎的家庭饮食护理：

1. 新鲜马齿苋榨汁，加蜂蜜饮用。
2. 马齿苋干品 60 克，煮水饮用。

己亥岁 · 己巳月

土运不及，风火同德

丙寅日

二运
主 太 火
客 太 金

残月

宜 采药

客中初夏

〔宋〕司马光

四月清和雨乍晴，南山当户转分明。
更无柳絮随风起，惟有葵花向日倾。

睡眠	运动	天气 / 物候
昨日________入睡 今日________起床 □ 失眠 □ 多梦		
顺时饮食	**今日待办**	**身体 / 健康**
□ 姜枣茶 □ 益肾安心粥 □ 核桃壳煮鸡蛋 □ 梅子食方	□ 准备芒种节气食方食材 □ 准备午月养生材料 □ ________	

二〇一九年五月
May

三十

星期四

农历
四月廿六

小满
第二候 第五天

远志
功效：安神，益智，祛痰止咳。

二候反思

如果自己或家人吸烟

年龄是 ______

今年以来平均每天吸烟的支数是 ______

用年龄乘以吸烟支数，如果结果大于 400，那么得心血管病的风险很高。特别注意预防心脏病或者脑中风。

己亥岁·己巳月

土运不及，风火同德

丁卯日

三 气
主 暑 气
客 风 气

残 月

宜 反思

己亥杂诗·其二九八

〔清〕龚自珍

九边烂熟等雕虫，远志真看小草同。
枉说健儿身手在，青灯夜雪阻山东。

【诗注】远志别名小草。东晋时谢安隐居东山，后来出山为官，时人讥讽他“处则为远志，出则为小草。”

睡眠	运动	天气 / 物候
昨日________入睡 今日________起床 ☐ 失眠 ☐ 多梦		

顺时饮食	今日待办	身体 / 健康
☐ 姜枣茶 ☐ 益肾安心粥 ☐ 核桃壳煮鸡蛋 ☐ 梅子食方	☐ ________ ☐ ________ ☐ ________ ☐ ________	

二〇一九年五月
May

卅一

星期五

〔农历〕四月廿七

〔小满〕第三候　麦秋至

世界无烟日

蕺菜

功效：即鱼腥草。消炎解毒，排脓消痈。用于调理各种炎症、皮肤病。

健康提示

烟民的食疗方

1. 解烟毒：鱼腥草茶。

2. 咽干：莼菜蜂蜜饮。

己亥岁 · 己巳月

土运不及，风火同德

戊辰日

二运

主 太 火

客 太 金

残月

宜 戒烟

齐安郡后池绝句

〔唐〕杜牧

菱透浮萍绿锦池，夏莺千啭弄蔷薇。

尽日无人看微雨，鸳鸯相对浴红衣。

睡眠	运动	天气 / 物候
昨日______入睡 今日______起床 □ 失眠 □ 多梦		
顺时饮食	**今日待办**	**身体 / 健康**
□ 姜枣茶 □ 益肾安心粥 □ 核桃壳煮鸡蛋 □ 梅子食方	□ ______ □ ______ □ ______ □ ______	

二〇一九年六月

June

一日

星期六

农历 四月廿八

小满 第三候 第二天

儿童节

白豆蔻

功效：化湿行气，温中止呕，开胃消食。用于调理湿阻气滞、脾胃不和、脘腹胀满、不思饮食、湿温初起、胸闷不饥、胃寒呕吐、食积不消。

读书

“我跟孩子以一个平等的关系来相处，更确切地说是好朋友的关系，这样一来我们可以互相指出对方的错误，更好地沟通，而且很多东西我们都可以分享。”

——《外公家书》

己亥岁 · 己巳月

土运不及，风火同德

己巳日

二		运
主	太	火
客	太	金

残月

宜 游园

蜀中

〔唐〕方干

游子去游多不归，春风酒味胜余时。
闲来却伴巴儿醉，豆蔻花边唱竹枝。

睡眠

昨日________入睡

今日________起床

□ 失眠 □ 多梦

运动

天气 / 物候

顺时饮食

□ 姜枣茶
□ 益肾安心粥
□ 核桃壳煮鸡蛋
□ 梅子食方

今日待办

□ 给孩子过儿童节
□ ________
□ ________
□ ________

身体 / 健康

二〇一九年六月
June

二日

星期日

〔农历〕四月廿九

〔小满〕第三候　第三天

杏

杏仁的功效：降气，止咳，平喘，润肠，通便。用于调理咳嗽气喘、痰多、肠燥便秘。

健康提示

夏天孩子如果突然咳嗽、发烧、喉咙痛，要注意辨别是感冒还是手足口病或疱疹性咽峡炎。如果是后两种病，不能用治疗感冒的方法，抗生素和感冒药都无效。正确的方法是排出肠道病毒。

己亥岁 · 己巳月

土运不及，风火同德

庚午日

三 气

主 暑 气

客 风 气

残 月

宜 惜花

新蔬

〔宋〕陆游

黄瓜翠苣最相宜，上市登盘四月时。

莫拟将军春荠句，两京名价有谁知。

睡眠	运动	天气 / 物候
昨日________入睡 今日________起床 □ 失眠 □ 多梦		
顺时饮食	**今日待办**	**身体 / 健康**
□ 姜枣茶 □ 益肾安心粥 □ 核桃壳煮鸡蛋 □ 梅子食方	□ ________ □ ________ □ ________ □ ________	

二〇一九年六月
June

三日

星期一

〔农历〕五月初一

〔小满〕第三候 第四天

菖蒲

功效：益智宽胸，聪耳明目，祛湿解毒。

食材准备

今天进入农历五月，这个月内传染病容易流行。古人称为“恶月”，故设端午节来祛邪。端午节的养生不是养一天，而是要持续一整个月。

己亥岁 · 己巳月

土运不及，风火同德

辛未日

二运

主 太 火

客 太 金

朔 月

18:02 朔

宜 挂香包

白云庵

〔宋〕逍遥子

洞底菖蒲绿作坡，松根况有茯苓多。
自能饱饭太平日，不学式微歌浩歌。

睡眠	运动	天气 / 物候
昨日________入睡 今日________起床 ☐ 失眠 ☐ 多梦		

顺时饮食	今日待办	身体 / 健康
☐ 姜枣茶 ☐ 益肾安心粥 ☐ 核桃壳煮鸡蛋 ☐ 梅子食方 ☐ 午月食方	☐ ________ ☐ ________ ☐ ________ ☐ ________ ☐ ________	

二〇一九年六月
June

四日

星期二

农历 五月初二

小满 第三候 第五天

艾

功效：温经，去湿，散寒，止血，消炎，平喘，止咳，安胎，暖宫，抗过敏。

食材准备

后天进入芒种节气。

樱桃鸡蛋汤（做法见 2019 年 6 月 13 日）

原料：樱桃、鸡蛋、醪糟（米酒）。

樱桃酒

原料：毛樱桃 500—1 000 克、低度白酒或黄酒 2 500 克（需用粮食酒）。

益肾安心粥（己亥三气保健粥，从小满吃到大暑前日，做法见 2019 年 5 月 22 日）

原料：黑桑葚干、枸杞子、百合、茯苓各 10 克，杂粮适量。

午月养生方（见 2019 年 5 月 26 日）

胡萝卜番茄汁（夏季防晒食方）

原料：胡萝卜、番茄。

二子延寿茶（父亲节茶礼）

原料：五味子、枸杞子。

己亥岁 · 己巳月

土运不及，风火同德

壬申日

三　　气
主 暑 气
客 风 气

娥眉月

宜 挂艾

端午

〔元〕周权

河上人家插艾蒿，纷纷炊黍荐香醪。
客怀寥落真无那，暮雨孤舟读楚骚。

睡眠	运动	天气 / 物候
昨日________入睡 今日________起床 ☐ 失眠　☐ 多梦		

顺时饮食	今日待办	身体 / 健康
☐ 姜枣茶 ☐ 益肾安心粥 ☐ 核桃壳煮鸡蛋 ☐ 梅子食方 ☐ 午月食方	☐ 门悬艾叶、菖蒲 ☐ ________ ☐ ________ ☐ ________ ☐ ________	

二〇一九年六月
June

五日

星期三

【农历】五月初三

【小满】第三候　第六天

世界环境日

沉香
功效：行气止痛，温中止呕，纳气平喘。
用于调理胸腹胀痛、胃寒呃逆、脾肾久虚。

节气总结

喝姜枣茶的次数 ______

吃梅子食方的次数 ______

喝益肾安心粥的次数 ______

身体哪些方面有改善 ______________________

己亥岁·己巳月
土运不及，风火同德

癸酉日

二运
主 太 火
客 太 金

娥眉月

宜 扫花

临邛怨

〔唐〕李馀

藕花衫子柳花裙，多著沈香慢火熏。
惆怅妆成君不见，空教绿绮伴文君。

【诗评】唐诗选脉会通评林：此亦怀才见弃之词。

睡眠	运动	天气 / 物候
昨日________入睡 今日________起床 □ 失眠 □ 多梦		

顺时饮食	今日待办	身体 / 健康
□ 姜枣茶 □ 益肾安心粥 □ 核桃壳煮鸡蛋 □ 梅子食方 □ 午月食方	□ 包粽子 □ ________ □ ________ □ ________ □ ________	

推荐食方

樱桃鸡蛋汤

原料：樱桃、鸡蛋、醪糟（米酒）。

芒种

仲夏

节气：芒种、夏至

时间：六月六日至七月六日

今年芒种需特别注意的健康问题：

心脑血管病、肝胆病、腹胀

二〇一九年六月
June

六日

星期四

农历 五月初四

芒种 第一候 螳螂生

全国爱眼日

07:06 交芒种节气

苍术

功效：祛风湿。用于调理痰饮。

健康提示

促进睡眠的方法（二）：睡前热敷眼睛

当我们睡觉的时候，全身肌肉放松，但眼部肌肉不会休息，在睡梦中人的眼睛仍然会动。睡眠不好的人，眼部周围的肌肉会更紧张。可以在睡前热敷一会儿眼睛，让眼肌放松。

（方法一：见 2019 年 4 月 25 日）

己亥岁 · 庚午月

土运不及，风火同德

甲戌日

三气

主 暑气

客 风气

娥眉月

宜 辞芳

五月四日与同僚南楼观竞渡

〔宋〕王十朋

黍遇今朝尽生角，艾从何处忽为神。
荷香十里一钩月，定有扁舟归去人。

睡眠	运动	天气 / 物候
昨日________入睡 今日________起床 □ 失眠 □ 多梦		
顺时饮食	**今日待办**	**身体 / 健康**
□ 姜枣茶 □ 益肾安心粥 □ 樱桃食方 □ 午月食方	□ ________ □ ________ □ ________ □ ________	

二〇一九年六月
June

七日

星期五

芒种 第一候 第二天

农历 五月初五

端午节
全国高考日

茅香
功效：清热利尿。用于调理尿血、尿急、慢性肾炎浮肿。

读书

农历五月采集香草来沐浴，是上古时期的礼俗。以香草挂门，使千鬼不窥其户；以兰艾沐浴，使万病不入其身。故端午节又叫作浴兰节。

——《吃法决定活法》

己亥岁 · 庚午月

土运不及，风火同德

乙亥日

二运

主 太火

客 太金

娥眉月

宜 解粽

重午

〔宋〕王镃

丝丝梅雨湿榴花，处处钗符袅鬓鸦。

醉听画楼思远曲，艾枝簪满碧巾纱。

睡眠	运动	天气 / 物候
昨日______入睡 今日______起床 □ 失眠 □ 多梦		
顺时饮食	**今日待办**	**身体 / 健康**
□ 姜枣茶 □ 益肾安心粥 □ 粽子	□ 药浴 □ ______ □ ______	

二〇一九年六月
June

八日

星期六

〔农历〕五月初六

〔芒种〕第一候　第三天

全国高考日
入梅

乌芋
即荸荠。功效：清热止渴，利湿化痰，降血压。

健康提示

今天是传统的入梅日，到 7 月 9 日出梅，这一个月雨水多，家里储藏的陈皮、桑葚、枸杞子、党参、当归、黄芪等中药材需要防潮，避免发霉、生虫。可以喝荷叶茶祛湿。

己亥岁·庚午月

土运不及，风火同德

丙子日

三气

主 暑气

客 风气

娥眉月

宜 药浴

五月六日柬孔倅

〔明〕边贡

艾家河边蒲叶长，扁舟昨日过端阳。
荆南客路千余里，回首铜台亦故乡。

睡眠	运动	天气 / 物候
昨日______入睡 今日______起床 □ 失眠 □ 多梦		

顺时饮食	今日待办	身体 / 健康
□ 姜枣茶 □ 益肾安心粥 □ 樱桃食方 □ 午月食方	□ ______ □ ______ □ ______ □ ______	

二〇一九年六月
June

九日

星期日

〔农历〕五月初七

〔芒种〕第一候　第四天

大麦

功效：和胃，宽肠，利水。用于调理食滞泄泻、小便淋痛、水肿。

健康提示

芒种节气的养生功课：补心气、养心血。

今年芒种特殊的养生重点——

今年芒种节气，湿气重的人要特别注意。

保养重点：肝胆。

防病重点：肝胆病、腹胀、消化不良。

饮食宜忌：宜多吃茯苓、鸡内金。

己亥岁 · 庚午月

土运不及，风火同德

丁丑日

二运

主 太 火

客 太 金

蛾眉月

宜 泡酒

农谣

〔宋〕方岳

小麦青青大麦黄，护田沙径绕羊肠。

秧畦岸岸水初饱，尘甑家家饭已香。

睡眠	运动	天气 / 物候
昨日________入睡 今日________起床 ☐ 失眠 ☐ 多梦		

顺时饮食	今日待办	身体 / 健康
☐ 姜枣茶 ☐ 益肾安心粥 ☐ 樱桃食方 ☐ 午月食方	☐ 父亲节礼物 ☐ ________ ☐ ________ ☐ ________	

二〇一九年六月
June

十日

星期一

农历
五月初八

芒种
第一候　第五天

车前子

功效：清热利尿通淋，渗湿止泻，明目，祛痰。用于调理热淋涩痛、水肿胀满、暑湿泄泻、目赤肿痛、痰热咳嗽。

一候反思

根据性别和年龄选择回答

中老年：腰酸腿软、睡眠不好	□ 是	□ 否
3 岁以上小孩：夜里尿床	□ 是	□ 否
男性：遗精、早泄	□ 是	□ 否
女性：白带多、月经量过多	□ 是	□ 否

出现以上情况，继续吃核桃壳煮鸡蛋。

己亥岁 · 庚午月

土运不及，风火同德

戊寅日

三　　气
主 暑 气
客 风 气

上弦月

宜 待雨

答开州韦使君寄车前子

〔唐〕张籍

开州午日车前子，作药人皆道有神。
惭愧使君怜病眼，三千余里寄闲人。

【诗注】午日：端午日。端午前后是采药的好时候。

睡眠

昨日________入睡
今日________起床
□ 失眠　□ 多梦

运动

天气 / 物候

顺时饮食

□ 姜枣茶
□ 益肾安心粥
□ 樱桃食方
□ 午月食方

今日待办

□ ________
□ ________
□ ________
□ ________

身体 / 健康

二〇一九年六月
June

十一

星期二

〔农历〕五月初九

〔芒种〕第二候　鹃始鸣

五味子

功效：收敛固涩，益气生津，补肾宁心。用于调理久嗽虚喘、梦遗滑精、遗尿、尿频、久泻不止、自汗盗汗、津伤口渴、内热消渴、心悸失眠。

健康提示

本周日父亲节。提前准备健康礼物。

二子延寿茶

原料：枸杞子、五味子各180克（30次量）。

做法：每次各取6克，将五味子捣碎，与枸杞子一起沸水冲泡。

己亥岁·庚午月

土运不及，风火同德

己卯日

二运

主 太 火

客 太 金

盈凸月

宜 思亲

宣城见杜鹃花

〔唐〕李白

蜀国曾闻子规鸟，宣城还见杜鹃花。
一叫一回肠一断，三春三月忆三巴。

【诗注】子规：就是杜鹃鸟，鸣声凄切。

【诗评】《唐宋诗醇》：如谣如谚，却是绝句本色。效之，则痴矣。

睡眠

昨日________入睡

今日________起床

□ 失眠 □ 多梦

运动

天气 / 物候

顺时饮食

□ 姜枣茶

□ 益肾安心粥

□ 樱桃食方

□ 午月食方

今日待办

□ ________

□ ________

□ ________

□ ________

身体 / 健康

二〇一九年六月
June

十二

星期三

〔芒种〕第二候 第二天

〔农历〕五月初十

石斛
功效：益胃生津，滋阴清热。

健康提示

从芒种开始进入夏天的第二个月。

本月养生关键词：修复人体老化。

上半月重点：养心阳。

下半月重点：养心阴。

己亥岁 · 庚午月

土运不及，风火同德

庚辰日

三	气
主	暑 气
客	风 气

盈凸月

宜 食新蒜

雨中漫兴柬泓山中溪洱皋

〔明〕杨慎

风袅芭蕉羽扇斜，云峰苔壁对檐牙。

满城连日黄梅雨，开遍金钗石斛花。

睡眠	运动	天气 / 物候
昨日________入睡 今日________起床 ☐ 失眠 ☐ 多梦		

顺时饮食	今日待办	身体 / 健康
☐ 姜枣茶 ☐ 益肾安心粥 ☐ 樱桃食方 ☐ 午月食方	☐ ________ ☐ ________ ☐ ________ ☐ ________	

二〇一九年六月
June

十三

星期四

〔农历〕五月十一

〔芒种〕第二候　第三天

樱桃
功效：益气，健脾，和胃，祛风湿。

节气食方

樱桃鸡蛋汤

原料：樱桃、鸡蛋、醪糟（米酒）。

做法：

1. 将樱桃用盐水泡 10 分钟，冲洗干净，然后再去掉果柄。
2. 往锅里放清水烧开，舀几勺醪糟放进去，再放樱桃一起煮几分钟，保持大火，不要盖锅盖。
3. 把鸡蛋打散，倒进锅里，用筷子迅速搅散，变成蛋花，关火起锅。

功效：补心血，滋润皮肤，调理气血亏虚、身体虚弱、脸色苍白，改善睡眠。

扫描二维码，
看樱桃鸡蛋汤
制作视频

己亥岁 · 庚午月

土运不及，风火同德

辛巳日

二		运
主	太	火
客	太	金

盈凸月

宜 食樱

访友人幽居

〔唐〕雍陶

落花门外春将尽，飞絮庭前日欲高。
深院客来人未起，黄鹂枝上啄樱桃。

睡眠	运动	天气 / 物候
昨日________入睡 今日________起床 ☐ 失眠　☐ 多梦		

顺时饮食	今日待办	身体 / 健康
☐ 姜枣茶 ☐ 益肾安心粥 ☐ 樱桃食方 ☐ 午月食方	☐ ________ ☐ ________ ☐ ________ ☐ ________	

二〇一九年六月
June

十四

星期五

〔农历〕五月十二

〔芒种〕第二候 第四天

世界献血者日

百劳

百劳即伯劳鸟。

健康提示

从明天开始进入己亥年的第三运

历时 74 天（2019 年 6 月 15 日 23:16—8 月 28 日 00:30）

主运——少土，客运——少水。

己亥岁 · 庚午月

土运不及，风火同德

壬午日

三气

主 暑气

客 风气

盈凸月

宜 静养

春郊游眺寄孙处士

〔唐〕薛涛

低头久立向蔷薇，爱似零陵香惹衣。
何事碧溪孙处士，百劳东去燕西飞。

【诗注】古人用伯劳和燕子飞往不同的方向，来比喻分离，演变为成语『劳燕分飞』。

睡眠	运动	天气 / 物候
昨日________入睡 今日________起床 □ 失眠 □ 多梦		
顺时饮食	**今日待办**	**身体 / 健康**
□ 姜枣茶 □ 益肾安心粥 □ 樱桃食方 □ 午月食方	□ ________ □ ________ □ ________ □ ________	

二〇一九年六月
June

十五

星期六

〔农历〕五月十三

〔芒种〕第二候 第五天

健康素食日

葛根

野葛的根就是药食同源的葛根。

二候反思

平时身体是否有以下问题

1. 经常咽痛 □ 是 □ 否

2. 经常便秘 □ 是 □ 否

3. 血脂超标 □ 是 □ 否

4. 血糖超标 □ 是 □ 否

有任何一个答是，坚持吃（喝）一年牛蒡和罗汉果茶。

己亥岁 · 庚午月

土运不及，风火同德

癸未日

三运

主	少	土
客	少	水

23:16 交三运

盈凸月

宜 反思

初夏三首·其三

〔宋〕王镃

竹鸡啼雨隔林塘，四月山深梅未黄。
水近洞门云气湿，葛花开上石眠床。

睡眠	运动	天气 / 物候
昨日________入睡 今日________起床 ☐ 失眠　☐ 多梦		
顺时饮食	**今日待办**	**身体 / 健康**
☐ 姜枣茶 ☐ 益肾安心粥 ☐ 樱桃食方 ☐ 午月食方	☐ ________ ☐ ________ ☐ ________ ☐ ________	

二〇一九年六月
June

十六

星期日

〔农历〕五月十四

〔芒种〕第三候 反舌无声

父亲节

枸杞子

功效：滋肾，润肺，补肝，明目。用于调理肝肾阴亏、腰膝酸软、头晕、目眩、目昏多泪、虚劳咳嗽、消渴、遗精。

健康提示

父亲节，给父亲奉上一杯二子延寿茶。

功效：益肾，滋肝，养心，补五脏之气，改善视力和听力，延年益寿。

这道茶不仅老年人夏秋季可以常喝，也适合爱出虚汗的人以及普通人群在泡温泉和泡桑拿前饮用。

己亥岁·庚午月

土运不及，风火同德

甲申日

三之气
主 暑气
客 风气

盈凸月

宜 献茶

和黄山谷琼芝诗韵

〔宋〕易袚

千岁蟾蜍犹得仙，百年枸杞足延命。
也须点铁自成金，未信磨砖能作镜。

睡眠	运动	天气 / 物候
昨日________入睡 今日________起床 □ 失眠 □ 多梦		

顺时饮食	今日待办	身体 / 健康
□ 姜枣茶 □ 益肾安心粥 □ 樱桃食方 □ 午月食方	□ ________ □ ________ □ ________ □ ________	

二〇一九年六月
June

十七

星期一

〔农历〕五月十五

〔芒种〕第三候 第二天

苏合香

功效：温通开窍，理气止痛。用于调理冠心病、心绞痛。

健康提示

今年夏季容易发生肝胆和消化问题，长夏时比往年湿热重，今年佩戴香包，可以多用舒肝理气和化湿的中药。

己亥岁 · 庚午月

土运不及，风火同德

乙酉日

三		运
主	少	土
客	少	水

满月

16:31 望

宜 佩香囊

春园夜集

〔清〕戴梓

喜游竟日不忘归，苏合高烧继落晖。
银鹿欲随栖鸟散，金尊偏逐晚花飞。

【诗注】苏合香是一种香料，也是中药。

睡眠	运动	天气 / 物候
昨日________入睡 今日________起床 ☐ 失眠 ☐ 多梦		
顺时饮食	**今日待办**	**身体 / 健康**
☐ 姜枣茶 ☐ 益肾安心粥 ☐ 樱桃食方 ☐ 午月食方	☐ 药浴 ☐ ________ ☐ ________ ☐ ________	

二〇一九年六月
June

十八

星期二

〔农历〕五月十六

〔芒种〕第三候　第三天

茅香

功效：清热利尿。用于调理尿血、尿急、慢性肾炎浮肿。

健康提示

三日后夏至。夏至日及前后各一天（共 3 天），最好是多静养。身体比较虚弱的人，最好连续静养 5—7 天。

己亥岁·庚午月

土运不及，风火同德

丙戌日

三　气

主　暑　气

客　风　气

亏凸月

宜　采桑子

夏昼偶作

〔唐〕柳宗元

南州溽暑醉如酒，隐几熟眠开北牖。
日午独觉无余声，山童隔竹敲茶臼。

睡眠	运动	天气 / 物候
昨日________入睡 今日________起床 ☐ 失眠　☐ 多梦		

顺时饮食	今日待办	身体 / 健康
☐ 姜枣茶 ☐ 益肾安心粥 ☐ 樱桃食方 ☐ 午月食方	☐ ____________ ☐ ____________ ☐ ____________ ☐ ____________	

二〇一九年六月

June

十九

星期三

〔农历〕五月十七

〔芒种〕第三候 第四天

威灵仙

功效：祛风湿，通经络。用于调理风湿痹痛、肢体麻木、筋脉拘挛、屈伸不利。

食材准备

后天进入夏至节气。

桑葚食方

黑桑葚或滋阴养血桑葚膏（新鲜黑桑葚、红糖）。

益肾安心粥（己亥三气保健粥，从小满吃到大暑前日，做法见 2019 年 5 月 22 日）

原料：黑桑葚干、枸杞子、百合、茯苓各 10 克，杂粮适量。

己亥岁 · 庚午月

土运不及，风火同德

丁亥日

三		运
主	少	土
客	少	水

亏凸月

宜 安心

湖上

〔宋〕徐元杰

花开红树乱莺啼，草长平湖白鹭飞。

风日晴和人意好，夕阳箫鼓几船归。

睡眠	运动	天气 / 物候
昨日________入睡 今日________起床 ☐ 失眠 ☐ 多梦		
顺时饮食	**今日待办**	**身体 / 健康**
☐ 姜枣茶 ☐ 益肾安心粥 ☐ 樱桃食方 ☐ 午月食方	☐ ________ ☐ ________ ☐ ________ ☐ ________	

二〇一九年六月
June

二十

星期四

〔芒种〕第三候 第五天

〔农历〕五月十八

离日

菖蒲

功效：清脾胃，清湿热，利尿消肿。

节气总结

喝姜枣茶的次数 ______

吃樱桃食方的次数 ______

喝益肾安心粥的次数 ______

身体哪些方面有改善 ______________________

己亥岁·庚午月

土运不及，风火同德

戊子日

三气
主 暑气
客 风气

亏凸月

宜 静养

曲江春望

〔唐〕卢纶

菖蒲翻叶柳交枝，暗上莲舟鸟不知。
更到无花最深处，玉楼金殿影参差。

【诗注】苜蓿是牧草，也可当作野菜食用和入药。

【诗评】《诗境浅说续编》：此首虽无深意，而当日曲江风景，可想其大概。

睡眠	运动	天气 / 物候
昨日________入睡 今日________起床 □ 失眠 □ 多梦		

顺时饮食	今日待办	身体 / 健康
□ 姜枣茶 □ 益肾安心粥 □ 樱桃食方 □ 午月食方	□ ________ □ ________ □ ________ □ ________	

推荐食方

桑葚膏

原料：新鲜黑桑葚、红糖。

夏至

夏至

今年夏至需特别注意的健康问题：
心脏问题、耳鸣、多梦、眼屎多

二〇一九年六月
June

廿一

星期五

夏至 第一候 鹿角解

农历 五月十九

鹿

鹿以幼角入药。

节气食方

滋阴养血桑葚膏

原料：新鲜黑桑葚、红糖。

做法：

1. 将桑葚打成汁。
2. 放锅内小火熬到浓稠。
3. 加红糖收膏。

吃法：放冰箱冷藏，每天吃两勺。

功效：滋阴，养血，抗衰老。用于调理心悸失眠、头晕耳鸣、更年期综合症，预防须发早白。

扫描二维码，看滋阴养血桑葚膏制作视频

23:54 交夏至节气

己亥岁 · 庚午月

土运不及，风火同德

己丑日

三	运
主 少	土
客 少	水

亏凸月

宜 送日落

山中一绝

〔唐〕卢纶

饥食松花渴饮泉，偶从山后到山前。
阳坡软草厚如织，因与鹿麛相伴眠。

【诗评】载酒园诗话又编：真善写隐沦之趣也。

睡眠

昨日________入睡
今日________起床
□ 失眠 □ 多梦

运动

天气 / 物候

顺时饮食

□ 姜枣茶
□ 益肾安心粥
□ 桑葚食方
□ 午月食方

今日待办

□ 自我体检
□ ________
□ ________
□ ________

身体 / 健康

二〇一九年六月
June

廿二

星期六

〔农历〕五月二十

〔夏至〕第一候　第二天

防风

功效：祛风解表，胜湿止痛。用于调理外感表证、风疹瘙痒、风湿痹痛、脾虚湿盛。

健康提示

夏至前后要安静养心。身体虚弱、敏感或是年纪大的人，本周不要做劳心劳力的事。

己亥岁·庚午月

土运不及，风火同德

庚寅日

三气

主 暑气

客 风气

亏凸月

宜 迎日出

题广福寺

〔宋〕刘一止

山中菘韭厌寒俎，江甲防风手自锄。

一榻北窗听雨睡，全胜白饭与青刍。

睡眠	运动	天气 / 物候
昨日________入睡 今日________起床 ☐ 失眠 ☐ 多梦		

顺时饮食	今日待办	身体 / 健康
☐ 姜枣茶 ☐ 益肾安心粥 ☐ 桑葚食方 ☐ 午月食方	☐ ________ ☐ ________ ☐ ________ ☐ ________	

二〇一九年六月
June

廿三

星期日

〔农历〕五月廿一

〔夏至〕第一候 第三天

国际奥林匹克日

孔雀

〔本草纲目〕：孔，大也。

健康提示

夏至节气的养生功课：养心阴。

今年夏至特殊的养生重点——

今年夏至节气，心血管病人群、中年女性要特别注意保养。

保养重点：心、胆。

容易出现的问题：夜间燥热、失眠、耳鸣、多梦、眼屎多。

己亥岁 · 庚午月

土运不及，风火同德

辛卯日

三		运
主	少	土
客	少	水

亏凸月

宜 居家

宫词·其六十

〔宋〕赵佶

小雨飞轻助燕泥，万花零落柳垂堤。
紫清宫里人稀到，廊外双双孔雀栖。

睡眠	运动	天气 / 物候
昨日________入睡 今日________起床 ☐ 失眠 ☐ 多梦		

顺时饮食	今日待办	身体 / 健康
☐ 姜枣茶 ☐ 益肾安心粥 ☐ 桑葚食方 ☐ 午月食方	☐ ________ ☐ ________ ☐ ________ ☐ ________	

二〇一九年六月
June

廿四

星期一

〔农历〕五月廿二

〔夏至〕第一候 第四天

附子花

以根部入药，有剧毒。功效：回阳救逆，补火助阳，散寒除湿。用于调理亡阳欲脱、肢冷脉微、阳痿宫冷、阴寒水肿、风寒湿痹、阴疽疮疡。

读书

“桑葚分黑白两种，黑桑葚的效果更好。我把它比作水果中的‘乌鸡白凤丸’，可滋阴，可养血。”

——《吃法决定活法》

己亥岁 · 庚午月

土运不及，风火同德

壬辰日

三气

主 暑气

客 风气

亏凸月

宜 静心

有约

〔宋〕赵师秀

黄梅时节家家雨，青草池塘处处蛙。

有约不来过夜半，闲敲棋子落灯花。

睡眠	运动	天气 / 物候
昨日______入睡 今日______起床 □ 失眠 □ 多梦		
顺时饮食	**今日待办**	**身体 / 健康**
□ 姜枣茶 □ 益肾安心粥 □ 桑葚食方 □ 午月食方	□ ______ □ ______ □ ______ □ ______	

二〇一九年六月
June

廿五

星期二

〔农历〕五月廿三

〔夏至〕第一候　第五天

萤火

功效：用于调理小儿火疮伤、青盲。

一候反思

上周是否出现

失眠	□ 是	□ 否
多梦	□ 是	□ 否
脾气急躁	□ 是	□ 否
心烦	□ 是	□ 否
手脚心发热	□ 是	□ 否
耳鸣	□ 是	□ 否

有一个答是，坚持吃半年桑葚和百合。

己亥岁 · 庚午月

土运不及，风火同德

癸巳日

三		运
主	少	土
客	少	水

下弦月

宜 静思

萤火

〔宋末元初〕黄庚

化形腐草暗生光，数点随风过野塘。

窗下久无人夜读，此身不入照书囊。

睡眠

昨日_________入睡

今日_________起床

☐ 失眠 ☐ 多梦

运动

天气 / 物候

顺时饮食

☐ 姜枣茶

☐ 益肾安心粥

☐ 桑葚食方

☐ 午月食方

今日待办

☐ __________

☐ __________

☐ __________

☐ __________

身体 / 健康

二〇一九年六月

June

廿六

星期三

〔农历〕五月廿四

〔夏至〕第二候　蜩始鸣

国际禁毒日

蚱蝉

功效：清热，熄风，镇惊。用于调理小儿发热、惊风抽搐、癫痫、夜啼、偏头痛。

健康提示

平时在做菜的时候，尽量用红糖代替白糖调味，可以摄取到更多微量元素。做红烧的菜品时，用红糖上色效果更好。做凉菜时，用红糖，滋味更鲜香。

己亥岁·庚午月

土运不及，风火同德

甲午日

三气

主 暑气

客 风气

残月

宜 赏味

蝉

〔唐〕罗隐

天地工夫一不遗，与君声调借君緌。

风栖露饱今如此，应忘当年滓浊时。

【诗注】蝉，古名蜩。

睡眠	运动	天气 / 物候
昨日________入睡 今日________起床 □ 失眠　□ 多梦		

顺时饮食	今日待办	身体 / 健康
□ 姜枣茶 □ 益肾安心粥 □ 桑葚食方 □ 午月食方	□ ________ □ ________ □ ________ □ ________	

二〇一九年六月
June

廿七

星期四

〔农历〕五月廿五

〔夏至〕第二候　第二天

土马骔

功效：清热解毒，凉血止血。用于调理久热不退、盗汗、衄血、咯血、吐血、便血、崩漏、跌打损伤、疮疖。

健康提示

古人夏季必佩香包，否则为失礼。香包可以防蚊虫，也可以辟除夏天人体的汗味。可以用不同的中药配方制成香包，达到充养正气，抵抗病邪、提神醒脑等效果。

己亥岁 · 庚午月

土运不及，风火同德

乙未日

三运

主	少	土
客	少	水

残月

宜 闻香

夏至过东市二绝

〔宋〕洪咨夔

涨落平溪水见沙，绿阴两岸市人家。

晚风来去吹香远，蔌蔌冬青几树花。

睡眠	运动	天气 / 物候
昨日________入睡 今日________起床 □ 失眠 □ 多梦		

顺时饮食	今日待办	身体 / 健康
□ 姜枣茶 □ 益肾安心粥 □ 桑葚食方 □ 午月食方	□ ________ □ ________ □ ________ □ ________	

二〇一九年六月
June

廿八

星期五

〔农历〕五月廿六

〔夏至〕第二候 第三天

杏

杏仁功效：降气，止咳，平喘，润肠，通便。用于调理咳嗽气喘、痰多、肠燥便秘。

健康提示

孩子得手足口病或疱疹性咽峡炎后，除了发烧、咳嗽，通常还不愿意吃东西、便秘，口腔或手脚起疹子。不要勉强孩子进食，也不要去治疗皮肤表面的疱疹，病好后会自然消退的。

己亥岁·庚午月

土运不及，风火同德

丙申日

三气

主 暑气

客 风气

宫词·其四十三

〔宋〕赵佶

杏子成丹乳雀飞，柳条摇曳拂涟漪。

瑶宫露井残红满，惆怅晴空欲暮时。

睡眠	运动	天气／物候
昨日________入睡 今日________起床 ☐ 失眠 ☐ 多梦		

顺时饮食	今日待办	身体／健康
☐ 姜枣茶 ☐ 益肾安心粥 ☐ 桑葚食方 ☐ 午月食方	☐ ________ ☐ ________ ☐ ________ ☐ ________	

残月

宜 食苋

二〇一九年六月
June

廿九

星期六

〔农历〕五月廿七

〔夏至〕第二候 第四天

苦瓜

功效：祛暑涤热，明目，解毒。用于调理暑热烦渴、消渴、赤眼疼痛、痢疾、疮痈肿毒。

健康提示

三伏贴是冬病夏治和养生的好方法。对于反复发作的咳嗽、哮喘、慢性支气管炎、关节炎效果尤其好。特别是小孩冬季爱感冒、长期咳喘的，坚持三年下来，就不容易复发。

扫描二维码，发送“三伏贴”，获取《家庭简易三伏贴完整指南》。

扫描二维码，
发送“三伏贴”

己亥岁 · 庚午月

土运不及，风火同德

丁酉日

三运

主 少土

客 少水

残月

宜 防病

北山

〔宋〕王安石

北山输绿涨横陂，直堑回塘滟滟时。
细数落花因坐久，缓寻芳草得归迟。

睡眠	运动	天气 / 物候
昨日________入睡 今日________起床 ☐ 失眠 ☐ 多梦		

顺时饮食	今日待办	身体 / 健康
☐ 姜枣茶 ☐ 益肾安心粥 ☐ 桑葚食方 ☐ 午月食方	☐ ________ ☐ ________ ☐ ________ ☐ ________	

二〇一九年六月
June

三十

星期日

【农历】五月廿八

【夏至】第二候　第五天

绿苋

功效：清热解毒，通利二便。用于调理痢疾、二便不通、蛇虫螫伤、疮毒。

二候反思

夏至自我体检：

1. 前十天身体是否出现不适现象？　□ 是　□ 否

2. 在哪些部位？是每年反复出现的还是今年独有的？

今年新发生 ______________________________

今年再次出现 ____________________________

请翻到 2019 年 11 月 10 日，如果 1 答是，选择“每天喝”，如果 1 答否，选择“隔天喝”。

己亥岁 · 庚午月

土运不及，风火同德

戊戌日

三气

主 暑气

客 风气

残月

宜 察病

梁·蔡撙

〔唐〕孙元晏

紫茄白苋以为珍，守任清真转更贫。

不饮吴兴郡中水，古今能有几多人。

睡眠	运动	天气 / 物候
昨日________入睡 今日________起床 □ 失眠 □ 多梦		

顺时饮食	今日待办	身体 / 健康
□ 姜枣茶 □ 益肾安心粥 □ 桑葚食方 □ 午月食方	□ ________ □ ________ □ ________ □ ________	

二〇一九年七月
July

一日

星期一

〔农历〕五月廿九

〔夏至〕第三候　半夏生

建党节

白芨

功效：敛止血，消肿生肌。

健康提示

对于手足口病和疱疹性咽峡炎，不得病并不表示没有被感染。成年人也可能“隐形感染”。如果家有患儿，建议家长也吃些马齿苋，帮助自身肠道排出病毒。

己亥岁·庚午月

土运不及，风火同德

己亥日

三		运
主	少	土
客	少	水

残月

宜 养阴

夏日幽居

〔清〕黄凯钧

白芨花残半夏生，经时不向市中行。

一双啄木忽飞至，和我山房捣药声。

睡眠

昨日________入睡

今日________起床

☐ 失眠 ☐ 多梦

运动

天气 / 物候

顺时饮食

☐ 姜枣茶

☐ 益肾安心粥

☐ 桑葚食方

☐ 午月食方

今日待办

☐ ________

☐ ________

☐ ________

☐ ________

身体 / 健康

二〇一九年七月

July

二日

星期二

〔农历〕五月三十

〔夏至〕第三候　第二天

菖蒲

功效：清脾胃，清湿热，利尿消肿。

健康提示

哪些人入伏后可以继续喝姜枣茶？

1. 长期待在空调房间。

2. 胃寒怕冷。

3. 胃口不开、恶心反胃。

己亥岁·庚午月

土运不及，风火同德

庚子日

三 气

主 暑 气

客 风 气

残 月

宜 煮茶

己亥杂诗·其三十三

〔清〕龚自珍

少慕颜曾管乐非，胸中海岳梦中飞。
近来不信长安隘，城曲深藏此布衣。

睡眠	运动	天气 / 物候
昨日________入睡 今日________起床 ☐ 失眠 ☐ 多梦		

顺时饮食	今日待办	身体 / 健康
☐ 姜枣茶 ☐ 益肾安心粥 ☐ 桑葚食方 ☐ 午月食方	☐ ________ ☐ ________ ☐ ________ ☐ ________	

二〇一九年七月
July

三日

星期三

〔农历〕六月初一

〔夏至〕第三候　第三天

郁李仁

郁李的种仁就是中药郁李仁，为润肠通便药。

健康提示

今年三伏贴需要做 4—12 次（按照 2019 年 7 月 11 日自查结果来确定次数）。

哪些情况慎贴三伏贴

1. 正在感冒发烧，咳嗽痰黄，等好转后再贴。
2. 急性病期间必须咨询医生意见。
3. 孕妇及两岁以下的孩子慎用。

己亥岁 · 庚午月

土运不及，风火同德

辛丑日

三	运
主	少 土
客	少 水

朔 月

03:16 朔

宜 食桑果

即景

〔宋〕朱淑贞

竹摇清影罩幽窗，两两时禽噪夕阳。
谢却海棠飞尽絮，困人天气日初长。

睡眠	运动	天气 / 物候
昨日________入睡 今日________起床 □ 失眠 □ 多梦		

顺时饮食	今日待办	身体 / 健康
□ 姜枣茶 □ 益肾安心粥 □ 桑葚食方	□ ________ □ ________ □ ________	

二〇一九年七月
July

四日

星期四

〔农历〕六月初二

〔夏至〕第三候　第四天

甜瓜

功效：清暑热，解烦渴，利小便。

养生材料准备

准备下周做三伏贴。

基本材料：伤湿止痛膏或艾灸贴（空调房间、女性生理期、身体局部有寒用艾灸贴）。

辅助材料（不是必须）：生姜片、瓷勺、香油、真空气罐（没有可不用）。

贴伏茶

原料：玫瑰花、红糖。

己亥岁 · 庚午月

土运不及，风火同德

壬寅日

三 气
主 暑 气
客 风 气

娥眉月

宜 观云

乌鲁木齐杂诗之物产·其五

〔清〕纪昀

甘瓜别种碧团栾，错作花门小笠看。
午梦初回微渴后，嚼来真似水晶寒。

【诗注】甘瓜：甜瓜。

睡眠	运动	天气 / 物候
昨日________入睡 今日________起床 □ 失眠 □ 多梦		

顺时饮食	今日待办	身体 / 健康
□ 姜枣茶 □ 益肾安心粥 □ 桑葚食方	□ ________ □ ________ □ ________	

二〇一九年七月
July

五日

星期五

〔农历〕六月初三

〔夏至〕第三候 第五天

红苋

功效：清热解毒，通利二便。用于调理痢疾、二便不通、蛇虫螯伤、疮毒。

食材准备

后天进入小暑节气。

荷叶瘦身茶（见 2019 年 7 月 16 日）

松花蛋红苋汤

原料：红苋菜（嫩的、带根的）1 把、松花蛋 2 只、大蒜 2—3 瓣、油、盐少许。

黄芪祛湿粥（己亥岁配方，从三伏吃到初秋，做法见 2019 年 7 月 7 日）

原料：黄芪、茯苓、赤小豆、白扁豆及杂粮。

扫描二维码，看松花蛋红苋汤的制作视频

己亥岁 · 庚午月

土运不及，风火同德

癸卯日

三		运
主	少	土
客	少	水

娥眉月

宜 安心

红苋

〔宋〕史绳祖

易称红苋美柔英，夬决穷阴日旅辰。

不以色红为贵尚，何因赤苋有仙人。

睡眠	运动	天气 / 物候
昨日________入睡 今日________起床 □ 失眠 □ 多梦		
顺时饮食	**今日待办**	**身体 / 健康**
□ 姜枣茶 □ 益肾安心粥 □ 桑葚食方	□ 准备三伏贴材料 □ 准备荷叶瘦身茶材料 □ 准备黄芪祛湿粥材料	

二〇一九年七月
July

六日

星期六

〔农历〕六月初四

〔夏至〕第三候　第六天

山药

功效：健脾，补肺，固肾，益精。用于调理脾虚泄泻、久痢、虚劳咳嗽、消渴、遗精、带下、小便频数。补脾养胃，生津益肺，补肾涩精。用于调理脾虚食少、久泻不止、肺虚喘咳、肾虚遗精、带下、尿频、虚热消渴。

节气总结

喝姜枣茶的次数 ______

喝百合桑葚羹的次数 ______

喝益肾安心粥的次数 ______

身体哪些方面有改善 ______________________

己亥岁 · 庚午月

土运不及，风火同德

甲辰日

三　气

主　暑　气

客　风　气

娥眉月

宜　静养

从宗伟乞冬笋山药

〔宋〕范成大

竹坞拨沙犀顶锐，药畦粘土玉肌丰。

裹芽束缊能分似，政及莱芜甑釜空。

睡眠	运动	天气 / 物候
昨日________入睡 今日________起床 ☐ 失眠　☐ 多梦		

顺时饮食	今日待办	身体 / 健康
☐ 姜枣茶 ☐ 益肾安心粥 ☐ 桑葚食方	☐ ________ ☐ ________ ☐ ________	

推荐食方

松花蛋红苋汤

原料：红苋菜（嫩的、带根的）、松花蛋、大蒜、油（猪油最好）、盐。

小暑

盛夏

节气

小暑、大暑

时间

七月七日至八月七日

今年小暑需特别注意的健康问题：

头晕、月经不调

二〇一九年七月
July

七日

星期日

〔农历〕六月初五

〔小暑〕第一候 温风至

17:20 交小暑节气

黄芪

功效：补气固表，托毒排脓，利尿，生肌。用于调理气虚乏力、久泻脱肛、自汗、水肿、子宫脱垂、慢性肾炎蛋白尿、糖尿病、疮口久不愈合。

节气食方

三伏到初秋喝两个月：黄芪祛湿粥（2—3 人份）

原料：黄芪 60 克、茯苓 30 克、白扁豆、赤小豆及杂粮。

做法：将黄芪加水煮三次，去掉药渣，用黄芪水加其他粥料一起煮粥。可以一次多煮一些黄芪水，放冰箱每天取用。

简化做法：将黄芪切小片与粥料同煮，食用时挑出黄芪片。

今年湿气重，煮黄芪粥多放祛湿的食材。

己亥岁 · 辛未月

土运不及，风火同德

乙巳日

三		运
主	少	土
客	少	水

娥眉月

题慈溪永安寺

〔明〕胡奎

象外禅师坐月航，迢迢东去水云长。

秋高有约看山去，烂煮茯苓如雪香。

睡眠	运动	天气 / 物候
昨日________入睡 今日________起床 □ 失眠 □ 多梦		

顺时饮食	今日待办	身体 / 健康
□ 姜枣茶 □ 益肾安心粥 □ 松花蛋红苋汤	□ ________ □ ________ □ ________	

宜 居家

二〇一九年七月
July

八日

星期一

〔农历〕六月初六

〔小暑〕第一候　第二天

洗晒节

苜蓿

功效：清脾胃，清湿热，利尿消肿。

健康提示

小暑节气的养生功课：防血毒、火毒、光毒。

今年小暑特殊的养生重点——

今年小暑节气，要注意肝血热和肝火引起的上火现象。

保养重点：肝、皮肤。

容易出现的问题：皮肤红疹、头晕、月经不调。

己亥岁·辛未月

土运不及，风火同德

丙午日

三气

主 暑气

客 风气

娥眉月

宜 晒药

六月六日侄孙辈同食大麦

〔宋〕钱时

大麦新炊苜蓿盘，一壶春酒小团栾。

金丹九死生灵命，莫作寻常粝饭看。

【诗注】江浙人爱吃的野菜“草头”，就是苜蓿的一种。

睡眠	运动	天气 / 物候
昨日________入睡 今日________起床 ☐ 失眠 ☐ 多梦		

顺时饮食	今日待办	身体 / 健康
☐ 姜枣茶 ☐ 益肾安心粥 ☐ 松花蛋红苋汤	☐ 晾晒食材 / 药材 ☐ ________ ☐ ________	

二〇一九年七月
July

九日

星期二

〔农历〕六月初七

〔小暑〕第一候　第三天

出梅

紫苋

功效：清热解毒，通利二便。用于调理痢疾、二便不通、蛇虫螫伤、疮毒。

养生材料准备

从小暑开始进入夏天的第三个月。

本月养生关键词：冬病夏治。

上半月重点：排毒。

下半月重点：清湿热。

己亥岁 · 辛未月

土运不及，风火同德

丁未日

三	运
主	少土
客	少水

上弦月

宜 食瓜

晓出净慈寺送林子方

〔宋〕杨万里

毕竟西湖六月中，风光不与四时同。

接天莲叶无穷碧，映日荷花别样红。

睡眠	运动	天气 / 物候
昨日________入睡 今日________起床 □ 失眠 □ 多梦		

顺时饮食	今日待办	身体 / 健康
□ 姜枣茶 □ 益肾安心粥 □ 松花蛋红苋汤	□ ________ □ ________ □ ________	

二〇一九年七月
July

十日

星期三

农历 六月初八

小暑 第一候 第四天

胡萝卜

功效：健脾和中，滋肝明目，化痰止咳。

健康提示

三伏贴注意事项

1. 贴时避开空调，如果实在不能避开就用自发热艾灸贴。
2. 不能贴在皮肤有创伤、湿疹、过敏的部位。
3. 贴伏贴当天忌吃生冷、海鲜、辛辣的食物。
4. 如遇下雨，则推迟一天贴。

贴伏贴当天喝贴伏茶

做法：沸水冲泡玫瑰花，加红糖饮用。

己亥岁 · 辛未月

土运不及，风火同德

戊申日

三气

主 暑气

客 风气

盈凸月

宜 补气

虚阁晚凉图

〔明〕唐寅

虚阁临溪足晚凉，槛前千斛藕花香。
蔗浆满贮金瓯冷，复有新蒸薄茸霜。

睡眠

昨日________入睡

今日________起床

□ 失眠 □ 多梦

运动

天气 / 物候

顺时饮食

□ 姜枣茶

□ 益肾安心粥

□ 松花蛋红苋汤

今日待办

□ ________

□ ________

□ ________

身体 / 健康

二〇一九年七月
July

十一

星期四

农历 六月初九

小暑 第一候 第五天

世界人口日

黄芪

功效：补气固表，托毒排脓，利尿，生肌。用于调理气虚乏力、久泻脱肛、自汗、水肿、子宫脱垂、慢性肾炎蛋白尿、糖尿病、疮口久不愈合。

一候反思

需要做几次三伏贴?

一、按照《时光知味》2018 年 12 月 11 日自查结果确定次数。

二、翻到 2018 年 12 月 31 日及 2019 年 2 月 3 日，查看当时记录的“每年反复出现的”病症，将他们归类到

1. 呼吸系统问题:________ 2. 腰腿关节问题:________

3. 脾胃问题:____________ 4. 肝胆问题:____________

5. 妇科 / 男科问题:_______ 6. 其他问题:____________

如果有两类出现问题，或者 1 或 2 有任何一个出现问题，每伏做三次伏贴，其余情况每伏做一次。

己亥岁 · 辛未月

土运不及，风火同德

己酉日

三	运
主	少土
客	少水

盈凸月

宜 查病

暑中杂咏

〔宋〕苏舜钦

嘉果浮沉酒半醺，床头书册乱纷纷。

北轩凉吹开疏竹，卧看青天行白云。

睡眠	运动	天气 / 物候
昨日________入睡 今日________起床 ☐ 失眠 ☐ 多梦		
顺时饮食	**今日待办**	**身体 / 健康**
☐ 姜枣茶 ☐ 益肾安心粥 ☐ 松花蛋红苋汤	☐ ________ ☐ ________ ☐ ________	

二〇一九年七月

July

十二

星期五

〔农历〕六月初十

〔小暑〕第二候　蟋蟀居壁

入伏

蘑菇

功效：健脾开胃，平肝提神。

健康提示

今天贴三伏的头伏贴。针对冬季出现的问题重点贴这些穴位。

1. 呼吸系统问题：后背上半部分穴位。
2. 腰腿关节问题：疼痛部位。
3. 脾胃问题：肚脐以上穴位。
4. 肝胆问题：后背下半部分穴位。
5. 妇科 / 男科问题：小腿三阴交、臀部八髎穴。
6. 其他问题：与问题相关的穴位。
7. 保健部位：足三里、后背膀胱经。

（贴敷步骤见下页。）

己亥岁 · 辛未月
土运不及，风火同德

庚戌日

初伏第一天

三		气
主	暑	气
客	风	气

盈凸月

宜 天灸

宿牛群头

〔元〕胡助

荞麦花开草木枯，沙头雨过茁蘑菇。
牧童拾得满筐子，卖与行人供晚厨。

睡眠	运动	天气 / 物候
昨日________入睡 今日________起床 □ 失眠 □ 多梦		
顺时饮食	**今日待办**	**身体 / 健康**
□ 黄芪祛湿粥 □ 贴伏茶	□ 贴头伏贴 □ ________ □ ________	

二〇一九年七月
July

十二

星期六

〔农历〕六月十一

〔小暑〕第二候 第二天

杨梅

功效：生津止渴。用于调理口干、食欲不振。

健康提示

贴三伏贴步骤

1. 拔罐开穴（没有气罐可以不做这一步）。
2. 姜片涂擦穴位。
3. 贴伏贴 2—6 小时。
4. 第二天在贴过发痒的部位刮痧排毒。

己亥岁 · 辛未月

土运不及，风火同德

辛亥日

初伏第二天

三		运
主	少	土
客	少	水

盈凸月

宜 刮痧

杨梅

〔宋〕徐似道

火齐无光荔实圆，未觉先说齿流涎。
唤回天竺三年梦，参透披云一味禅。

睡眠

昨日________入睡
今日________起床
☐ 失眠 ☐ 多梦

运动

天气 / 物候

顺时饮食

☐ 黄芪祛湿粥
☐ 荷叶瘦身茶
☐ 松花蛋红苋汤

今日待办

☐ 伏贴后刮痧（自选）
☐ ____________
☐ ____________

身体 / 健康

二〇一九年七月

July

十四

星期日

〔农历〕六月十二

〔小暑〕第二候　第三天

菴罗果

功效：止渴，通经脉。

健康提示

贴伏贴时，女性如遇生理期也可以贴，但需注意两点：

1. 用自发热的艾灸贴，不用伤湿止痛膏。

2. 贴前不拔罐，贴后不刮痧。

己亥岁·辛未月

土运不及，风火同德

壬子日

初伏第三天

三气

主 暑气

客 风气

盈凸月

宜 赏莲

冷泉亭

〔宋〕林洪

一泓清可沁诗脾，冷暖年来只自知。

流出西湖载歌舞，回头不似在山时。

睡眠	运动	天气 / 物候
昨日________入睡 今日________起床 ☐ 失眠 ☐ 多梦		

顺时饮食	今日待办	身体 / 健康
☐ 黄芪祛湿粥 ☐ 荷叶瘦身茶 ☐ 松花蛋红苋汤	☐ ________ ☐ ________ ☐ ________	

二〇一九年七月
July

十五

星期一

〔农历〕六月十三

〔小暑〕第二候　第四天

河中府连翘
功效：清热解毒，消肿散结。

健康提示

今天贴加强贴。每次贴三伏贴，宜在晴天贴（短时间雷阵雨也可以）。如果遇到整天阴雨，则推迟一天。

己亥岁 · 辛未月

土运不及，风火同德

癸丑日

初伏第四天

三		运
主	少	土
客	少	水

盈凸月

宜 天灸

淳熙丁未初伏奉亲避暑中岩

〔宋〕杨光

伽陀坐断碧岩阴，手眼无非利物心。
借我初庚涤袢暑，泠风美荫木千寻。

睡眠

昨日________入睡
今日________起床
☐ 失眠 ☐ 多梦

运动

天气 / 物候

顺时饮食

☐ 黄芪祛湿粥
☐ 贴伏茶

今日待办

☐ 头伏加强贴
☐ ________
☐ ________

身体 / 健康

二〇一九年七月
July

十六

星期二

农历 六月十四

小暑 第二候 第五天

桃
功效：生津，润肠，活血，消积。

二候反思

今年夏季湿气重，可以多喝荷叶瘦身茶。扫描二维码，进入体质测试小程序，测试需要喝哪一种。

惊鸿茶：消脂瘦身 □

楚腰茶：消肿瘦身 □

飞燕茶：祛湿瘦身 □

绿袖茶：清火瘦身 □

扫描二维码，
进入体质测试小程序

己亥岁 · 辛未月

土运不及，风火同德

甲寅日

初伏第五天

三		气
主	暑	气
客	风	气

盈凸月

宜 品荷

次韵昌龄西园十咏·其五·其一·桃

〔宋〕王十朋

欲留王母盘中核，兼采秦人洞里薪。
此事渺茫花笑我，不如聊赏故园春。

睡眠	运动	天气 / 物候
昨日________入睡 今日________起床 ☐ 失眠 ☐ 多梦		

顺时饮食	今日待办	身体 / 健康
☐ 黄芪祛湿粥 ☐ 荷叶瘦身茶 ☐ 松花蛋红苋汤	☐ 伏贴后刮痧（自选） ☐ ____________ ☐ ____________	

二〇一九年七月
July

十七

星期三

【农历】六月十五

【小暑】第三候　鹰始挚

鹰

鹰爪入药。功效：止血化痔。用于调理痔疮。

健康提示

准备好明天贴头伏的第二次加强贴。需要每伏做 3 次三伏贴的人，可以每隔 3 天做一次加强贴。如果错过当天，可以补贴。

己亥岁·辛未月
土运不及，风火同德

乙卯日

初伏第六天

三	运
主 少	土
客 少	水

满 月

05:38 望

宜 月下纳凉

咏架上鹰

〔唐〕崔铉

天边心胆架头身，欲拟飞腾未有因。
万里碧霄终一去，不知谁是解绦人。

睡眠	运动	天气 / 物候
昨日________入睡 今日________起床 □ 失眠 □ 多梦		

顺时饮食	今日待办	身体 / 健康
□ 黄芪祛湿粥 □ 荷叶瘦身茶 □ 松花蛋红苋汤	□ ____________ □ ____________ □ ____________	

二〇一九年七月

July

十八

星期四

〔农历〕六月十六

〔小暑〕第三候　第二天

甜菜

功效：预防感冒和贫血。

健康提示

如果感觉贴过三伏贴的部位发痒，可以第二天在发痒的部位刮痧（女性生理期不刮），帮助排毒。

己亥岁 · 辛未月

土运不及，风火同德

丙辰日

初伏第七天

三 气

主 暑 气

客 风 气

亏凸月

宜 天灸

清平调

〔唐〕李白

云想衣裳花想容，春风拂槛露华浓。

若非群玉山头见，会向瑶台月下逢。

睡眠	运动	天气 / 物候
昨日＿＿＿＿入睡 今日＿＿＿＿起床 □ 失眠　□ 多梦		

顺时饮食	今日待办	身体 / 健康
□ 黄芪祛湿粥 □ 贴伏茶	□ 头伏加强贴 □ ＿＿＿＿＿＿ □ ＿＿＿＿＿＿	

二〇一九年七月
July

十九

星期五

〔农历〕六月十七

〔小暑〕第三候　第三天

平波（苹果）

功效：益胃，生津，除烦，醒酒。用于调理津少口渴、脾虚泄泻、食后腹胀、饮酒过度。

健康提示

得过手足口病的孩子并非从此高枕无忧，还是要避免再次接触手足口病毒。

原因：病毒一旦变异，免疫力就会失效。

己亥岁·辛未月

土运不及，风火同德

丁巳日

初伏第八天

三		运
主	少	土
客	少	水

亏凸月

宜 刮痧

清平调

〔唐〕李白

一枝红艳露凝香，云雨巫山枉断肠。
借问汉宫谁得似，可怜飞燕倚新妆。

睡眠	运动	天气 / 物候
昨日________入睡 今日________起床 ☐ 失眠　☐ 多梦		

顺时饮食	今日待办	身体 / 健康
☐ 黄芪祛湿粥 ☐ 荷叶瘦身茶 ☐ 松花蛋红苋汤	☐ 伏贴后刮痧（自选） ☐ ____________ ☐ ____________	

二〇一九年七月
July

二十

星期六

〔农历〕六月十八

〔小暑〕第三候　第四天

李子

功效：清热，生津，消积。用于调理虚劳骨蒸、消渴、食积。

健康提示

如果初伏没有贴三伏贴，中伏、末伏仍然可以贴。三伏贴是养生的方法，贴一次就有一次的效果。

己亥岁 · 辛未月

土运不及，风火同德

戊午日

初伏第九天

三气

主 暑气

客 风气

亏凸月

宜 祛湿

李花

〔宋末元初〕方回

仙根判耦得无差，春对夭桃夏对瓜。

此岂轻浮闲果子，白花亦复胜红花。

【诗评】题注：世言桃李、瓜李，予谓李当在桃瓜之上，花白胜红，子沉胜浮也。

睡眠

昨日________入睡

今日________起床

☐ 失眠 ☐ 多梦

运动

天气 / 物候

顺时饮食

☐ 黄芪祛湿粥

☐ 荷叶瘦身茶

☐ 松花蛋红苋汤

今日待办

☐ ________

☐ ________

☐ ________

身体 / 健康

二〇一九年七月
July

廿一

星期日

〔小暑〕第三候　第五天

〔农历〕六月十九

地黄

功效：滋阴补肾。是中成药六味地黄丸的主要成分之一。

食材准备

后天进入大暑节气。

银花甘草茶

原料：金银花干品20—30克、生甘草6克。

荷叶瘦身茶（见2019年7月16日）

黄芪祛湿粥（己亥岁配方，从三伏吃到初秋，做法见2019年7月7日）

原料：黄芪60克、茯苓30克、赤小豆、白扁豆及杂粮。

甘草陈皮梅子汤（己亥四气保健饮，从大暑喝到秋分前日，做法见2019年7月24日）

原料：乌梅6个、大枣6个、甘草3克、川陈皮1/4个、红糖，气虚者加黄芪15—30克。

己亥岁 · 辛未月

土运不及，风火同德

己未日

初伏第十天

三		运
主	少	土
客	少	水

亏凸月

宜 消暑

小室逃暑

〔宋〕陆游

千顷菰蒲万里风，渔翁散发卧孤蓬。
何如此室才寻丈，常在冰壶雪窖中？

睡眠	运动	天气 / 物候
昨日______入睡 今日______起床 ☐ 失眠 ☐ 多梦		

顺时饮食	今日待办	身体 / 健康
☐ 黄芪祛湿粥 ☐ 荷叶瘦身茶 ☐ 松花蛋红苋汤	☐ ______ ☐ ______ ☐ ______	

二〇一九年七月
July

廿二

星期一

〔农历〕六月二十

〔小暑〕第三候　第六天

甘露子

功效：祛风热利湿，活血散瘀。用于调理黄疸、尿路感染、风热感冒、肺结核；外用用于调理疮毒肿痛、蛇虫咬伤。

节气总结

喝排血毒红苋汤的次数 ______

喝荷叶瘦身茶的次数 ______

喝黄芪祛湿粥的次数 ______

身体哪些方面有改善 ______________________________

己亥岁 · 辛未月

土运不及，风火同德

庚申日

中伏第一天

三气

主 暑气

客 风气

亏凸月

宜 天灸

操莲曲

〔唐〕何希尧

锦莲浮处水粼粼，风外香生袜底尘。
荷叶荷裙相映色，闻歌不见采莲人。

睡眠	运动	天气 / 物候
昨日________入睡 今日________起床 □ 失眠 □ 多梦		

顺时饮食	今日待办	身体 / 健康
□ 黄芪祛湿粥 □ 贴伏茶	□ 中伏贴 □ ________ □ ________	

推荐食方

银花甘草茶

原料：金银花、生甘草。

大暑

今年大暑需特别注意的健康问题：

气虚乏力、水肿、虚胖

二〇一九年七月
July

廿三

星期二

〔农历〕六月廿一

〔大暑〕第一候　腐草为萤

10:50 交大暑节气

甘草

功效：益气补中，缓急止痛，润肺止咳。用于调理心悸气短、咳嗽气喘、小儿胎毒，及药物、食物中毒。

节气食方

银花甘草茶

原料：金银花（干品 20—30 克，或鲜品 1 大把）、生甘草 6 克。

做法：沸水冲泡代茶饮。

功效：清凉解暑、清热解毒，调理青春痘，预防小儿传染病。

这道茶是适合全家老小喝的夏季保健茶，整个夏天喝都很不错。

注意：风寒感冒时暂停。

己亥岁 · 辛未月

土运不及，风火同德

辛酉日

中伏第二天

三		运
主	少	土
客	少	水

12:00 交四气

亏凸月

宜 刮痧

少年行

〔唐〕王维

新丰美酒斗十千，咸阳游侠多少年。
相逢意气为君饮，系马高楼垂柳边。

【诗评】唐贤三昧集笺注：豪侠凌励之气，广不可折。

睡眠	运动	天气 / 物候
昨日________入睡 今日________起床 □ 失眠 □ 多梦		
顺时饮食	**今日待办**	**身体 / 健康**
□ 黄芪祛湿粥 □ 荷叶瘦身茶 □ 甘草陈皮梅子汤	□ 伏贴后刮痧（自选） □ ____________ □ ____________	

二〇一九年七月
July

廿四

星期三

〔农历〕六月廿二

〔大暑〕第一候　第二天

苦荬菜

功效：清热解毒，消肿止痛。用于调理痈疖疔毒、乳痈、咽喉肿痛、黄疸、痢疾、淋证、带下、跌打损伤。

健康提示

己亥四气保健饮（大暑、立秋、白露、秋分）

甘草陈皮梅子汤

原料：乌梅 6 个、大枣 6 个、甘草 3 克、川陈皮 1/4 个（注：不用其他陈皮，否则汤味苦）、红糖，气虚者加黄芪 15—30 克。

做法：加冷水下锅煮 20—30 分钟，放红糖。或保温杯沸水焖泡后饮用。

功效：补血养阴，消暑止汗，清虚热，生津止渴，健胃开胃。

己亥岁·辛未月

土运不及，风火同德

壬戌日

中伏第三天

四	气
主 湿	气
客 火	气

亏凸月

宜 煮梅汤

偶见

〔唐〕韩偓

秋千打困解罗裙，指点醍醐索一尊。
见客入来和笑走，手搓梅子映中门。

睡眠	运动	天气 / 物候
昨日________入睡 今日________起床 □ 失眠 □ 多梦		
顺时饮食	**今日待办**	**身体 / 健康**
□ 黄芪祛湿粥 □ 银花甘草茶 □ 甘草陈皮梅子汤	□ ________ □ ________ □ ________	

二〇一九年七月
July

廿五

星期四

〔大暑〕第一候 第三天

〔农历〕六月廿三

肉豆蔻

功效：温中行气，涩肠止泻。用于调理脾胃虚寒、久泻不止、脘腹胀痛、食少呕吐。

健康提示

大暑节气的养生功课：防暑热。

今年大暑特殊的养生重点——

今年大暑节气对于气虚和身体有湿气的人比较难过。

保养重点：补肺气、祛湿热。

容易出现的问题：气虚乏力、水肿、虚胖。

己亥岁 · 辛未月

土运不及，风火同德

癸亥日

中伏第四天

三		运
主	少	土
客	少	水

下弦月

宜 天灸

谢邢少连送葡萄豆蔻栽

〔宋〕张栻

留取园中数亩赊，拟栽灵药谢纷华。

儿童今日知翁喜，移得君家豆蔻花。

睡眠

昨日________入睡

今日________起床

□ 失眠 □ 多梦

运动

天气 / 物候

顺时饮食

□ 黄芪祛湿粥

□ 贴伏茶

今日待办

□ 中伏加强贴

□ ________

□ ________

身体 / 健康

二〇一九年七月
July

廿六

星期五

〔农历〕六月廿四

〔大暑〕第一候　第四天

白芷

功效：解表散寒，祛风止痛，通鼻窍，燥湿止带，消肿排脓，祛风止痒。

健康提示

己亥年的四之气从大暑开始到秋分结束。

历时 62 天（2019 年 7 月 23 日 12:00—9 月 23 日 08:00）

主气——湿气，客气——火气。

防病重点：见 2019 年 7 月 29 日。

保健食方：甘草陈皮梅子汤（做法见 2019 年 7 月 24 日）。

己亥岁 · 辛未月

土运不及，风火同德

甲子日

中伏第五天

四气

主 湿气

客 火气

残月

宜 排毒

闻芷

〔明〕德祥

白芷花开绕屋香，一时秋思入江乡。

云多水阔人难见，楚竹歌声动夕阳。

睡眠	运动	天气 / 物候
昨日________入睡 今日________起床 □ 失眠 □ 多梦		

顺时饮食	今日待办	身体 / 健康
□ 黄芪祛湿粥 □ 荷叶瘦身茶 □ 甘草陈皮梅子汤	□ 伏贴后刮痧（自选） □ ________ □ ________	

二〇一九年七月
July

廿七

星期六

〔农历〕六月廿五

〔大暑〕第一候　第五天

鼠李

功效：清热利湿，消积通便。用于调理水肿腹痛、疝瘕、瘰疬、疮疡、便秘。

一候反思

贴伏贴时是否有以下反应

1. 发冷怕风：贴伏当天吃羊肉。
2. 困倦乏力：三伏每天吃黄芪。
3. 皮肤发痒：贴伏第二天刮痧。
4. 皮肤起泡或红疹：停止敷贴。

己亥岁·辛未月

土运不及，风火同德

乙丑日

中伏第六天

三	运
主 少	土
客 少	水

残月

宜 听蝉

塞下曲

〔唐〕常建

玉帛朝回望帝乡，乌孙归去不称王。
天涯静处无征战，兵气销为日月光。

【诗评】《载酒园诗话又编》：唐三百年，《塞下曲》佳者多矣，昌明博大，无如此篇，出自幽纡之笔，故为尤奇。

睡眠	运动	天气 / 物候
昨日______入睡 今日______起床 □ 失眠 □ 多梦		

顺时饮食	今日待办	身体 / 健康
□ 黄芪祛湿粥 □ 银花甘草茶 □ 甘草陈皮梅子汤	□ ______ □ ______ □ ______	

二〇一九年七月
July

廿八

星期日

〔农历〕六月廿六

〔大暑〕第二候　土润溽暑

世界肝炎日

青芝
功效：补肝明目。用于调理肝炎。

健康提示

今天可以贴中伏第二次加强贴。冬季容易发生感冒、咳嗽的人，特别是小孩，可以每伏（每 10 天）期间贴两次加强贴。

己亥岁 · 辛未月

土运不及，风火同德

丙寅日

中伏第七天

四气

主 湿气

客 火气

残月

宜 天灸

药圃

〔宋〕李纲

病翁饵药欲扶衰，自劚霜根种种移。

端为出山成小草，白云深处养青芝。

【诗注】小草：这里指中药远志。

睡眠	运动	天气 / 物候
昨日________入睡 今日________起床 □ 失眠　□ 多梦		
顺时饮食	**今日待办**	**身体 / 健康**
□ 黄芪祛湿粥 □ 贴伏茶	□ 中伏加强贴 □ ________ □ ________	

二〇一九年七月
July

廿九

星期一

【农历】六月廿七

【大暑】第二候 第二天

葫芦

葫芦以子入药。葫芦子的功效：止泻，引吐。用于调理热痢、肺病、皮疹。

健康提示

己亥年的四之气包含大暑、立秋、处暑、白露四个节气。

这两个月比往年的湿热更重。

养生重点：心、脾、肺。

容易发生的问题：浮肿、黄疸、肝炎、呕吐、皮肤病。

保健食方：甘草陈皮梅子汤（做法见 2019 年 7 月 24 日）。

己亥岁·辛未月

土运不及，风火同德

丁卯日

中伏第八天

三运

主	少	土
客	少	水

残月

宜 饮梅汤

刘道士赠小葫芦

〔宋〕陆游

葫芦虽小藏天地，伴我云山万里身。
收起鬼神窥不见，用时能与物为春。

睡眠	运动	天气 / 物候
昨日________入睡 今日________起床 □ 失眠 □ 多梦		
顺时饮食	**今日待办**	**身体 / 健康**
□ 黄芪祛湿粥 □ 荷叶瘦身茶 □ 甘草陈皮梅子汤	□ 伏贴后刮痧（自选） □ ____________ □ ____________	

二〇一九年七月
July

三十

星期二

〔农历〕六月廿八

〔大暑〕第二候 第三天

五味子

功效：收敛固涩，益气生津，补肾宁心。用于调理久嗽虚喘、梦遗滑精、遗尿、尿频、久泻不止、自汗盗汗、津伤口渴、内热消渴、心悸失眠。

健康提示

三伏贴的一个疗程是三年，坚持三年贴三伏贴，冬季哮喘、咳嗽、慢性支气管炎、关节炎，特别是冬季爱生病的儿童病就不容易复发。

己亥岁 · 辛未月

土运不及，风火同德

戊辰日

中伏第九天

四气

主 湿气

客 火气

残月

宜 制酒酿

明妃曲

〔唐〕储光羲

日暮惊沙乱雪飞，傍人相劝易罗衣。

强来前殿看歌舞，共待单于夜猎归。

【诗评】

《批点唐音》：咏明妃者多矣，惟此篇与明妃传神。直将不对景语，形出凄凉。

睡眠	运动	天气 / 物候
昨日________入睡 今日________起床 □ 失眠　□ 多梦		
顺时饮食	**今日待办**	**身体 / 健康**
□ 黄芪祛湿粥 □ 银花甘草茶 □ 甘草陈皮梅子汤	□ ________ □ ________ □ ________	

二〇一九年七月
July

卅一

星期三

【农历】六月廿九

【大暑】第二候 第四天

青小豆

即绿豆。功效：清热利水。用于调理药物及食物中毒。

健康提示

三伏的长度在每一个年份不同，有的年份三个伏，共30天；有的年份四个伏，共40天，多一个闰中伏。今年的三伏有40天。明天进入闰中伏，贴闰中伏贴。

己亥岁·辛未月

土运不及，风火同德

己巳日

中伏第十天

三		运
主	少	土
客	少	水

残月

宜 食藕

元宫词

〔明〕朱有燉

瑞气氤氲万岁山，碧池一带水潺湲。

殿傍种得青青豆，要识民生稼穑艰。

睡眠	运动	天气 / 物候
昨日________入睡 今日________起床 ☐ 失眠 ☐ 多梦		

顺时饮食	今日待办	身体 / 健康
☐ 黄芪祛湿粥 ☐ 荷叶瘦身茶 ☐ 甘草陈皮梅子汤	☐ 准备立秋食方食材 ☐ 准备七夕礼物 ☐ ____________	

二〇一九年八月
August

一日

星期四

农历 七月初一

大暑 第二候 第五天

建军节

世界母乳喂养宣传周

木兰

功效：利尿消肿，润肺止咳。用于调理肺虚咳嗽、痰中带血、酒疸、重舌、痈肿。

健康提示

进入农历七月，是阴气生长的时候，古人认为鬼神是属“阴”的，所以把本月称为“鬼月”，并设置七月十五中元节。

中元节前后的养生重点：清热利湿、补气。

宜吃面食补身。

己亥岁·辛未月

土运不及，风火同德

中伏第十一天

庚午日

三 运
主 少 土
客 少 水

朔 月

11:12 朔

宜 天灸

题木兰院

〔唐〕王播

三十年前此院游，木兰花发院新修。

如今再到经行处，树老无花僧白头。

【诗评】唐摭言：王播少孤贫，尝客扬州惠昭寺木兰院，随僧斋餐。诸僧厌怠，播至，已饭矣。后一一纪，播自重位出镇是邦，因访旧游，向之题已皆碧纱幕其上。播继以二绝句。

睡眠	运动	天气 / 物候
昨日________入睡 今日________起床 □ 失眠 □ 多梦		

顺时饮食	今日待办	身体 / 健康
□ 黄芪祛湿粥 □ 贴伏茶	□ 闰中伏贴 □ ________ □ ________	

二〇一九年八月
August

二日

星期五

〔农历〕七月初二

〔大暑〕第三候　大雨时行

山药

功效：健脾，补肺，固肾，益精。用于调理脾虚泄泻、久痢、虚劳咳嗽、消渴、遗精、带下、小便频数。补脾养胃，生津益肺，补肾涩精。用于调理脾虚食少、久泻不止、肺虚喘咳、肾虚遗精、带下、尿频、虚热消渴。

健康提示

农历七月阴气回升，而天气还很闷热，湿气尤重，所以容易出现便秘腹泻交替、肠胃型感冒、皮肤过敏等疾病。

己亥岁 · 辛未月

土运不及，风火同德

辛未日

中伏第十二天

四之气

主 湿土

客 火气

娥眉月

宜 祛湿

次韵答石室元晦一

〔元〕大欣

不审往来相熟未，青衣迎棹惯看人。
糗糍分饷家家似，薯蓣炊香顿顿新。

【诗注】薯蓣，即山药。

睡眠	运动	天气 / 物候
昨日________入睡 今日________起床 ☐ 失眠 ☐ 多梦		
顺时饮食	**今日待办**	**身体 / 健康**
☐ 黄芪祛湿粥 ☐ 荷叶瘦身茶 ☐ 甘草陈皮梅子汤	☐ 伏贴后刮痧（自选） ☐ ________ ☐ ________	

二〇一九年八月
August

三日

星期六

农历 七月初三

大暑 第三候 第二天

茅根
功效：清热生津，利尿通淋。

食材准备

四日后七夕节。

相思长生粥

原料：红小豆、绿豆、花生、大米各 50 克。

注意：今年湿气重，花生可以少放。

己亥岁 · 辛未月

土运不及，风火同德

壬申日

中伏第十三天

三		运
主	少	土
客	少	水

娥眉月

宜 食粥

夏日题悟空上人院

〔唐〕杜荀鹤

三伏闭门披一衲，兼无松竹荫房廊。
安禅不必须山水，灭得心中火自凉。

睡眠

昨日________入睡
今日________起床
□ 失眠　□ 多梦

运动

天气 / 物候

顺时饮食

□ 黄芪祛湿粥
□ 银花甘草茶
□ 甘草陈皮梅子汤

今日待办

□ ________
□ ________
□ ________

身体 / 健康

二〇一九年八月
August

四日

星期日

【农历】七月初四

【大暑】第三候　第三天

茴香

功效：温肾暖肝，行气止痛，和胃。用于调理寒疝腹痛、睾丸偏坠、脘腹冷痛、食少吐泻、胁痛、肾虚腰痛、痛经。

食材准备

四日后立秋。

荷叶瘦身茶见 2019 年 7 月 16 日

黄芪祛湿粥（己亥岁配方，从三伏吃到初秋，做法见 2019 年 7 月 7 日）

原料：黄芪 60 克、茯苓 30 克、赤小豆、白扁豆及杂粮。

体虚、瘦弱的人吃十全大补酒糟鸡

原料：柴鸡、酒酿、油、盐。

甘草陈皮梅子汤（己亥四气保健饮，从大暑喝到秋分前日，做法见 2019 年 7 月 24 日）

原料：乌梅 6 个、大枣 6 个、甘草 3 克、川陈皮 1/4 个、红糖，气虚者加黄芪 15—30 克。

己亥岁 · 辛未月

土运不及，风火同德

癸酉日

中伏第十四天

四　气
主　湿　气
客　火　气

娥眉月

宜　待秋

茴香

〔宋〕黄庶

邻家争插红紫归，诗人独行嗅芳草。
丛边幽蠹更不凡，蝴蝶纷纷逐花老。

睡眠	运动	天气 / 物候
昨日________入睡 今日________起床 ☐ 失眠　☐ 多梦		

顺时饮食	今日待办	身体 / 健康
☐ 黄芪祛湿粥 ☐ 贴伏茶	☐ 闰中伏加强贴 ☐ ____________ ☐ ____________	

二〇一九年八月
August

五日

星期一

农历 七月初五

大暑 第三候 第四天

白术

功效：健脾益气，燥湿利水，止汗，安胎。用于调理脾虚食少、腹胀泄泻、痰饮眩悸、水肿、自汗、胎动不安。土白术功效：健脾，和胃，安胎。用于调理脾虚食少、泄泻便溏、胎动不安。

节气总结

喝银花甘草茶的次数 ______

喝黄芪祛湿粥的次数 ______

喝甘草陈皮梅子汤的次数 ______

贴三伏贴的次数 ______

身体哪些方面有改善 ______________________________

己亥岁 · 辛未月

土运不及，风火同德

甲戌日

中伏第十五天

三		运
主	少	土
客	少	水

娥眉月

宜 观星

己亥杂诗·其一四九

〔清〕龚自珍

只将愧汗湿莱衣，悔极堂堂岁月违。
世事沧桑心事定，此生一跌莫全非。

【诗评】自注：于七月初九日到杭州，家大人时年七十有三，倚门望久矣。

睡眠	运动	天气 / 物候
昨日______入睡 今日______起床 □ 失眠 □ 多梦		
顺时饮食	**今日待办**	**身体 / 健康**
□ 黄芪祛湿粥 □ 荷叶瘦身茶 □ 甘草陈皮梅子汤	□ 伏贴后刮痧（自选） □ ______ □ ______	

二〇一九年八月
August

六日

星期二

农历 七月初六

大暑 第三候 第五天

忍冬

功效：清热解毒。用于调理温病发热、热毒血痢、痈肿疔疮、喉痹及多种感染性疾病。

夏季回顾

6 个节气中有 ______ 个节气坚持了节气饮食

夏季的养生功课还做了（请打勾）

养心 □ 早起床 □ 远离空调 □

补气 □ 冬病夏治 □

身体哪些方面有改善 ______________________________

是否生过病 ______________________________

我给自己的夏季养生功课打 ______ 分

己亥岁 · 辛未月

土运不及，风火同德

乙亥日

中伏第十六天

四		气
主	湿	气
客	火	气

娥眉月

宜 反思

金银花

〔清〕蔡淳

金银赚尽世人忙，花发金银满架香。

蜂蝶纷纷成队过，始知物态也炎凉。

【诗注】忍冬花即金银花。

睡眠	运动	天气 / 物候
昨日________入睡 今日________起床 □ 失眠　□ 多梦		

顺时饮食	今日待办	身体 / 健康
□ 黄芪祛湿粥 □ 银花甘草茶 □ 甘草陈皮梅子汤	□ ________ □ ________ □ ________	

二〇一九年八月
August

七日

星期三

农历 七月初七

大暑 第三候 第六天

七夕

柴胡

功效：和解表里，疏肝解郁，升阳举陷，退热截疟。用于调理感冒发热、寒热往来、胸胁胀痛、月经不调、子宫脱垂、脱肛。

健康提示

七夕节，古代女性会采摘柏叶，用来煮水洗头。柏叶有生发乌发的作用，是中国人千年来的实践经验。

己亥岁 · 辛未月

土运不及，风火同德

丙子日

中伏第十七天

三	运
主 少	土
客 少	水

娥眉月

宜 沐发

秋夕

〔唐〕杜牧

银烛秋光冷画屏，轻罗小扇扑流萤。
天阶夜色凉如水，卧看牵牛织女星。

睡眠	运动	天气 / 物候
昨日________入睡 今日________起床 □ 失眠 □ 多梦		

顺时饮食	今日待办	身体 / 健康
□ 相思长生粥 □ 贴伏茶	□ 闰中伏加强贴 □ ________ □ ________	

推荐食方

补气黄芪粥

原料：黄芪、大米。

立秋

初秋

节气 立秋、处暑

时间 八月八日至九月七日

今年立秋需特别注意的健康问题：

皮肤病、肠胃感冒

二〇一九年八月
August

八日

星期四

〔农历〕七月初八

〔立秋〕第一候　凉风至

03:12 交立秋节气

黄瓜

功效：清热，利水，解毒。用于调理热病口渴、小便短赤、汗斑、痱疮。

节气食方

十全大补酒糟鸡

原料：柴鸡、醪糟、油、盐。

做法：

1. 将整只柴鸡切块，加少许盐腌 30 分钟入味。
2. 放油锅炸熟捞出。
3. 另用一锅放入醪糟，不要加水，把鸡块放进去，煮开后、起锅。

注意：今年湿气重，酒糟鸡不要吃太多。

己亥岁　壬申月

土运不及，风火同德

丁丑日

中伏第十八天

四之气

主　湿气

客　火气

上弦月

宜　进补

秋怀

〔宋〕陆游

园丁傍架摘黄瓜，村女沿篱采碧花。

城市尚余三伏热，秋光先到野人家。

睡眠	运动	天气 / 物候
昨日________入睡 今日________起床 □ 失眠　□ 多梦		
顺时饮食	**今日待办**	**身体 / 健康**
□ 黄芪祛湿粥 □ 荷叶瘦身茶 □ 甘草陈皮梅子汤 □ 酒糟鸡	□ 伏贴后刮痧（自选） □ ________ □ ________ □ ________	

二〇一九年八月
August

九日

星期五

〔农历〕七月初九

〔立秋〕第一候　第二天

生瓜菜

功效：用于调理风痹导致的头面四肢疼痛以及阳毒伤寒、壮热头痛、心神烦燥。

健康提示

立秋节气的养生功课：补脾气、祛脾湿。

今年立秋特殊的养生重点——

保养重点：心、肺、胃。

防病重点：皮肤病、肠胃感冒。

饮食宜忌：坚持祛湿饮食。

己亥岁　壬申月

土运不及，风火同德

戊寅日

中伏第十九天

三运

主　少　土

客　少　水

盈凸月

宜　减凉增热

立秋后一日与朱舍人同直

〔唐末宋初〕徐铉

一宿秋风未觉凉，数声宫漏日犹长。

林泉无计消残暑，虚向华池费稻粱。

睡眠	运动	天气 / 物候
昨日________入睡 今日________起床 □ 失眠　□ 多梦		
顺时饮食	**今日待办**	**身体 / 健康**
□ 黄芪祛湿粥 □ 荷叶瘦身茶 □ 甘草陈皮梅子汤 □ 酒糟鸡	□ ____________ □ ____________ □ ____________ □ ____________	

二〇一九年八月
August

十日

星期六

〔农历〕七月初十

〔立秋〕第一候　第三天

白苣

功效：清热消肿，生津止渴。

健康提示

闰中伏结束，明天进入三伏的最后一伏。还有 10 天的机会进行冬病夏治。之前没有贴仍然可以补贴。

己亥岁　壬申月

土运不及，风火同德

己卯日

中伏第二十天

四　气

主　湿　气

客　火　气

盈　凸　月

宜　数伏

新秋示盛伯宣

〔明〕刘泰

暑退新凉透碧纱，砧声不断是谁家。

酒醒小立残阳里，闲数篱边紫豆花。

睡眠	运动	天气 / 物候
昨日________入睡 今日________起床 □ 失眠　□ 多梦		
顺时饮食	**今日待办**	**身体 / 健康**
□ 黄芪祛湿粥 □ 荷叶瘦身茶 □ 甘草陈皮梅子汤 □ 酒糟鸡	□ ________ □ ________ □ ________ □ ________	

二〇一九年八月
August

十一

星期日

〔农历〕七月十一

〔立秋〕第一候 第四天

葡萄

功效：补气血，益肝肾，生津液，强筋骨，止咳除烦，通利小便。

健康提示

从立秋开始进入秋天的第一个月。

养生关键词：补气祛湿。

上半月重点：祛除脾胃湿气。

下半月重点：祛除下焦湿气。

今年初秋这一个月，人体容易被湿热所困。

己亥岁　壬申月

土运不及，风火同德

庚辰日

末伏第一天

三	运
主　少	土
客　少	水

盈凸月

宜　天灸

凉州词二首·其一

〔唐〕王翰

葡萄美酒夜光杯，欲饮琵琶马上催。
醉卧沙场君莫笑，古来征战几人回。

【诗评】唐人万首绝句选评：气格俱胜，盛唐绝作。

睡眠	运动	天气 / 物候
昨日________入睡 今日________起床 □ 失眠　□ 多梦		
顺时饮食	**今日待办**	**身体 / 健康**
□ 黄芪祛湿粥 □ 贴伏茶	□ 末伏加强贴 □ ________ □ ________	

二〇一九年八月
August

十二

星期一

〔农历〕七月十二

〔立秋〕第一候　第五天

绿豆

功效：清热利水，用于调理药物及食物中毒。

一候反思

根据 5 月 4 日立夏前测量记录的结果对比

立夏前体重 ______ 千克　　现在体重 ______ 千克

立夏前腰围 ______ 厘米　　现在腰围 ______ 厘米

比较结果（符合则打勾）及饮食对策

体重明显增加	□ 喝冬瓜皮荷叶茶
体重明显减少	□ 吃十全大补酒糟鸡
体重增加不多但腰围变大	□ 喝黄芪祛湿粥

己亥岁　壬申月

土运不及，风火同德

辛巳日

末伏第二天

四之气
主 湿气
客 火气

盈凸月

宜 称重

访龙井山中村叟

〔宋〕叶绍翁

雨打荒篱豆荚垂，柴门未启立多时。
客来自掘蹲鸱煮，旋拾枯松三数枝。

睡眠	运动	天气 / 物候
昨日________入睡 今日________起床 □ 失眠　□ 多梦		

顺时饮食	今日待办	身体 / 健康
□ 黄芪祛湿粥 □ 荷叶瘦身茶 □ 甘草陈皮梅子汤	□ 伏贴后刮痧（自选） □ ________ □ ________	

二〇一九年八月
August

十二

星期二

〔农历〕七月十三

〔立秋〕第二候　白露降

国际左利手日

折伤木

功效：用于调理折伤筋骨疼痛、用于调理产伤血痫。

健康提示

家长不需要刻意纠正孩子用左手吃饭、做事等习惯。左利手的人具有大脑右半球优势（想象、创意、灵感和超高速反应）。

己亥岁　壬申月

土运不及，风火同德

壬午日

末伏第三天

三运

主　少　土

客　少　水

盈凸月

宜　食粥

宫词·其四十一

〔宋〕王仲修

殿阁新秋气象清，玉阶露冷半雕甍。

六宫最重中元节，院院烧香读道经。

睡眠	运动	天气 / 物候
昨日________入睡 今日________起床 ☐ 失眠　☐ 多梦		
顺时饮食	**今日待办**	**身体 / 健康**
☐ 黄芪祛湿粥 ☐ 荷叶瘦身茶 ☐ 甘草陈皮梅子汤	☐ ________ ☐ ________ ☐ ________	

二〇一九年八月
August

十四

星期三

〔农历〕七月十四

〔立秋〕第二候 第二天

芭蕉花

功效：化痰软坚，平肝，和瘀，通经。用于调理胸膈饱胀、脘腹痞疼、吞酸反胃、呕吐痰涎、头目昏眩、心痛怔忡、妇女经行不畅。

健康提示

农历七月的地支是“申”。申，就是“神”的本字。古人在七月祭祀鬼神，演变为中元节。

民俗：放河灯、祭鬼神、捏面人。

饮食：面食。

己亥岁 壬申月

土运不及，风火同德

癸未日

末伏第四天

四气

主 湿气

客 火气

盈凸月

宜 和面

未展芭蕉

〔唐〕钱珝

冷烛无烟绿蜡乾，芳心犹卷怯春寒。

一缄书劄藏何事，会被东风暗拆看。

【诗评】《网师园唐诗笺》：韵极（末二句下）。徐文长曰：贺知章《咏柳诗》：『不知细叶谁裁出，二月春风似剪刀。』与此诗后二句相似。

睡眠	运动	天气 / 物候
昨日________入睡 今日________起床 □ 失眠 □ 多梦		

顺时饮食	今日待办	身体 / 健康
□ 黄芪祛湿粥 □ 贴伏茶	□ 末伏加强贴 □ ________ □ ________	

二〇一九年八月
August

十五

星期四

〔农历〕七月十五

〔立秋〕第二候　第三天

中元节

蒲公英

功效：清热解毒，利尿散结。用于调理急性乳腺炎、淋巴腺炎、瘰疬、疔毒疮肿、急性结膜炎、感冒发热、急性扁桃体炎、急性支气管炎、胃炎、肝炎、胆囊炎、尿路感染。

健康提示

中元节比佛教的盂兰盆节历史更久。早在佛教传入中国之前，我们的祖先就已经设置了每年七月祭祀鬼神的礼俗。

祭祀鬼神就是祭祀祖先。中元节传承数千年不衰，体现了中国人对“孝道”的重视。

己亥岁 壬申月

土运不及，风火同德

甲申日

末伏第五天

三	运
主 少	土
客 少	水

满月

20:29 望

宜 食面

初秋戏作山居杂兴俳体十二解·其十二

〔宋〕杨万里

月色如霜不粟肌，月光如水不沾衣。
一年没赛中元节，政是初凉未冷时。

睡眠	运动	天气 / 物候
昨日________入睡 今日________起床 □ 失眠 □ 多梦		

顺时饮食	今日待办	身体 / 健康
□ 黄芪祛湿粥 □ 荷叶瘦身茶 □ 甘草陈皮梅子汤	□ 伏贴后刮痧（自选） □ ________ □ ________	

二〇一九年八月
August

十六

星期五

〔农历〕七月十六

〔立秋〕第二候　第四天

黍米

功效：益气补中，除烦止渴，解毒。用于调理烦渴、泻痢、吐逆、咳嗽、胃痛、小儿鹅口疮、疮痈、烫伤。

健康提示

明天贴末伏第二次加强贴（需要的人）。今年贴伏的功课就此结束。贴得好不好，冬天就可以见到效果。

己亥岁　壬申月

土运不及，风火同德

乙酉日

末伏第六天

四　气

主　湿　气

客　火　气

亏　凸　月

宜　饮荷叶

题劳劳亭

〔宋〕胡仲弓

流水无情去不还，白杨青草满前山。
古今多少兴亡事，人自劳劳亭自闲。

睡眠	运动	天气 / 物候
昨日________入睡 今日________起床 ☐ 失眠　☐ 多梦		
顺时饮食	**今日待办**	**身体 / 健康**
☐ 黄芪祛湿粥 ☐ 荷叶瘦身茶 ☐ 甘草陈皮梅子汤	☐ ________ ☐ ________ ☐ ________	

二〇一九年八月
August

十七

星期六

【农历】七月十七

【立秋】第二候　第五天

人参

功效：大补元气。用于调理体虚肢冷、脾热消渴、久病虚羸、惊悸失眠、阳痿宫冷、心力衰竭、心原性休克。

三伏总结

做了 ______ 次三伏贴，做了 ______ 次刮痧。

贴后的感觉：发冷 □　发热 □　发痒 □

出疹 □　困倦 □

吃了多少次三伏食方（打勾）

黄芪祛湿粥　□ 20 次以上

甘草陈皮梅子汤　□ 20 次以上

贴伏茶　□ 4 次以上

己亥岁 · 壬申月

土运不及，风火同德

丙戌日

末伏第七天

三运

主	少	土
客	少	水

亏凸月

宜 反思

华师

〔唐〕李商隐

孤鹤不睡云无心，衲衣筇杖来西林。

院门昼锁回廊静，秋日当阶柿叶阴。

睡眠	运动	天气 / 物候
昨日________入睡 今日________起床 ☐ 失眠 ☐ 多梦		
顺时饮食	**今日待办**	**身体 / 健康**
☐ 黄芪祛湿粥 ☐ 贴伏茶	☐ 末伏加强贴 ☐ ____________ ☐ ____________	

二〇一九年八月
August

十八

星期日

农历 七月十八

立秋 第三候 寒蝉鸣

泽州连翘
功效：清热解毒，消肿散结。

健康提示

甘草陈皮梅子汤是酸梅汤的一种，但它并不寒凉，而是清补的。主要功效——

清补：清虚热、补阴虚。

止汗：防止出汗过多伤气。

健胃：调理食欲不振、消化不良。

己亥岁　壬申月

土运不及，风火同德

丁亥日

末伏第八天

四　气

主　湿　气

客　火　气

亏凸月

宜　饮梅汤

宿巾子山禅寺

〔唐〕任翻

绝顶新秋生夜凉，鹤翻松露滴衣裳。
前峰月映半江水，僧在翠微开竹房。

【诗评】《唐诗选脉会通评林》：清机隽气逼人。

睡眠	运动	天气 / 物候
昨日______入睡 今日______起床 □ 失眠　□ 多梦		
顺时饮食	**今日待办**	**身体 / 健康**
□ 黄芪祛湿粥 □ 荷叶瘦身茶 □ 甘草陈皮梅子汤	□ 伏贴后刮痧（自选） □ ______ □ ______	

二〇一九年八月
August

十九

星期一

〔农历〕七月十九

〔立秋〕第三候　第二天

藿香

功效：化湿醒脾，辟秽和中，解暑，发表。用于调理湿阻脾胃、脘腹胀满、湿温初起、呕吐、泄泻、暑湿、发热恶寒、胸脘满闷等症。

健康提示

秋冬经常咳嗽的人，从现在起一定要停止西瓜、冷饮等寒湿的食物。

己亥岁　壬申月

土运不及，风火同德

戊子日

末伏第九天

三		运
主	少	土
客	少	水

亏凸月

宜 防冬病

西宫秋怨

〔唐〕王昌龄

芙蓉不及美人妆，水殿风来珠翠香。

谁分含啼掩秋扇，空悬明月待君王。

【诗评】《唐诗归》：语意浑稚。妙悟求诸言外。

睡眠	运动	天气 / 物候
昨日________入睡 今日________起床 □ 失眠　□ 多梦		
顺时饮食	**今日待办**	**身体 / 健康**
□ 黄芪祛湿粥 □ 荷叶瘦身茶 □ 甘草陈皮梅子汤	□ ________ □ ________ □ ________	

二〇一九年八月
August

二十

星期二

〔农历〕七月二十

〔立秋〕第三候 第三天

林檎

功效：下气宽胸，生津止渴，和中止痛。用于调理痰饮积食、胸膈痞塞、消渴、霍乱、吐泻腹痛、痢疾。

三伏总结

今天结束三伏。九尽寒尽，伏尽热尽。暑热逐渐退去，早晚注意加衣。

己亥岁　壬申月

土运不及，风火同德

己丑日

末伏第十天

四之气
主　湿气
客　火气

亏凸月

宜　送伏

林檎

〔明〕曹义

异种相传蜀郡生，老僧何事独留情。
也知不是贪滋味，爱此累累果实成。

睡眠	运动	天气 / 物候
昨日______入睡 今日______起床 □ 失眠　□ 多梦		

顺时饮食	今日待办	身体 / 健康
□ 黄芪祛湿粥 □ 荷叶瘦身茶 □ 甘草陈皮梅子汤	□ ______ □ ______ □ ______	

二〇一九年八月

August

廿一

星期三

〔农历〕七月廿一

〔立秋〕第三候 第四天

胡麻

功效：润燥滑肠，滋养肝肾。

食材准备

后天进入处暑节气。

出伏送暑汤

原料：豆腐、豇豆角、空心菜、胡椒粉、油、盐。

荷叶瘦身茶（见 2019 年 7 月 16 日）

黄芪祛湿粥（己亥岁配方，从三伏喝到初秋，做法见 2019 年 7 月 7 日）

原料：黄芪 60 克、茯苓 30 克、赤小豆、白扁豆及杂粮

甘草陈皮梅子汤（己亥四气保健饮，从大暑喝到秋分前日，做法见 2019 年 7 月 24 日）

原料：乌梅 6 个、大枣 6 个、甘草 3 克、川陈皮 1/4 个、红糖，气虚者加黄芪 15—30 克。

己亥岁　壬申月

土运不及，风火同德

庚寅日

三 运

主 少 土

客 少 水

亏凸月

宜 食藕

怀良人

〔唐〕葛鸦儿

蓬鬓荆钗世所稀，布裙犹是嫁时衣。

胡麻好种无人种，正是归时不见归。

睡眠	运动	天气 / 物候
昨日________入睡 今日________起床 □ 失眠　□ 多梦		

顺时饮食	今日待办	身体 / 健康
□ 黄芪祛湿粥 □ 荷叶瘦身茶 □ 甘草陈皮梅子汤	□ ________ □ ________ □ ________	

二〇一九年八月
August

廿二

星期四

〔农历〕七月廿二

〔立秋〕第三候　第五天

香蒲

蒲黄的功效：止血，化瘀，通淋。用于调理各种出血、胸腹刺痛、跌扑肿痛、血淋涩痛。

节气总结

喝黄芪祛湿粥的次数 ______

喝荷叶瘦身茶的次数 ______

喝甘草陈皮梅子汤的次数 ______

身体哪些方面有改善 ______________________________

己亥岁　壬申月

土运不及，风火同德

辛卯日

四　　气

主　湿　气

客　火　气

下　弦　月

宜　静养

长信秋词

〔唐〕王昌龄

金井梧桐秋叶黄，珠帘不卷夜来霜。
熏笼玉枕无颜色，卧听南宫清漏长。

【诗评】《诗薮》：优柔婉丽，意味无穷，风骨内含，精芒外隐，如清庙朱弦，一唱三叹。

睡眠	运动	天气 / 物候
昨日________入睡 今日________起床 □ 失眠　□ 多梦		
顺时饮食	**今日待办**	**身体 / 健康**
□ 黄芪祛湿粥 □ 荷叶瘦身茶 □ 甘草陈皮梅子汤	□ ____________ □ ____________ □ ____________	

推荐食方

出伏送暑补肾汤

原料：豆腐、豇豆角、空心菜。

调料：胡椒粉、油、盐。

处暑

今年处暑需特别注意的健康问题:

肝炎、蛋白尿

二〇一九年八月
August

廿三

星期五

〔农历〕七月廿三

〔处暑〕第一候　鹰乃祭鸟

18:01 交处暑节气

酸枣

功效：补肝，宁心，敛汗，生津。用于调理虚烦不眠、惊悸多梦、体虚多汗、津虚口渴。

节气食方

出伏送暑汤

做法：

1. 将豆腐切小方块，豇豆角切约 6 厘米的段，空心菜取嫩茎叶。
2. 在锅内放清水，水开后放少许盐和植物油，再放入豆腐和豇豆角煮熟。
3. 将豇豆熟透后，加入空心菜，此时不要盖锅盖。
4. 待锅内汤再次沸腾后，洒胡椒粉起锅。

己亥岁　壬申月
土运不及，风火同德

壬辰日

三运
主 少 土
客 少 水

残月

宜 送暑

秋暑夜起追凉

〔宋〕陆游

漱罢寒泉弄月明，浩然风露欲三更。
曲阑干畔踟躇久，静听空廊络纬声。

睡眠

昨日________入睡
今日________起床
□ 失眠　□ 多梦

运动

天气 / 物候

顺时饮食

□ 黄芪祛湿粥
□ 荷叶瘦身茶
□ 甘草陈皮梅子汤
□ 出伏送暑汤

今日待办

□ ________
□ ________
□ ________
□ ________

身体 / 健康

二〇一九年八月
August

廿四

星期六

〔农历〕七月廿四

〔处暑〕第一候　第二天

远志

功效：安神，益智，祛痰，止咳。

健康提示

处暑节气的养生功课：补脾肾气、祛下焦湿气。

今年处暑特殊的养生重点——

今年处暑节气，湿热容易伤到肝和脾，引起人体的消化和代谢失常。

养生重点：清热祛湿。

防病重点：肝炎、黄疸、蛋白尿。

己亥岁 · 壬申月

土运不及，风火同德

癸巳日

四之气

主 湿气

客 火气

残月

宜 祛湿

长信秋词

〔唐〕王昌龄

奉帚平明金殿开，暂将团扇共徘徊。
玉颜不及寒鸦色，犹带昭阳日影来。

【诗评】唐风定：一片神工，非从锻炼而成，神韵干云，绝无烟火，深衷隐厚，妙协箫韶，此评庶近之矣。

睡眠	运动	天气 / 物候
昨日________入睡 今日________起床 □ 失眠　□ 多梦		

顺时饮食	今日待办	身体 / 健康
□ 黄芪祛湿粥 □ 荷叶瘦身茶 □ 甘草陈皮梅子汤 □ 出伏送暑汤	□ ________ □ ________ □ ________ □ ________	

二〇一九年八月
August

廿五

星期日

〔农历〕七月廿五

〔处暑〕第一候　第三天

附子

以根部入药，有剧毒。功效：回阳救逆，补火助阳，散寒除湿。用于调理亡阳欲脱、肢冷脉微、阳痿宫冷、阴寒水肿、风寒湿痹、阴疽疮疡。

健康提示

经过今年 40 天的三伏，人体湿气较重，也容易脾虚。阳虚气虚的人继续喝黄芪，同时湿气重的人坚持喝对应自己体质的荷叶瘦身茶（见 2019 年 7 月 16 日）。

己亥岁　壬申月

土运不及，风火同德

甲午日

三运

主 少 土

客 少 水

残月

宜 补虚

秋思

〔唐〕张籍

洛阳城里见秋风，欲作家书意万重。

复恐匆匆说不尽，行人临发又开封。

睡眠	运动	天气 / 物候
昨日________入睡 今日________起床 □ 失眠　□ 多梦		

顺时饮食	今日待办	身体 / 健康
□ 黄芪祛湿粥 □ 荷叶瘦身茶 □ 甘草陈皮梅子汤 □ 出伏送暑汤	□ ________ □ ________ □ ________ □ ________	

二〇一九年八月
August

廿六

星期一

〔农历〕七月廿六

〔处暑〕第一候　第四天

石榴

石榴以皮入药。石榴皮的功效：涩肠止泻，驱虫。

健康提示

今年的天时属“土”，而且是“土运不及”，在人体五脏中，脾属土。因此今年人体容易脾虚，引起湿气重和血虚。

己亥岁　壬申月

土运不及，风火同德

乙未日

四气

主　湿气

客　火气

残月

宜　健脾

江陵道中

〔唐〕王建

菱叶参差萍叶重，新蒲半折夜来风。

江村水落平地出，溪畔渔船青草中。

【诗评】唐人绝句精华：此两首（按：指本诗及《雨过山村》）皆诗人就道路即目所见人物风俗，各以二十八字记之，遂觉千载犹新。

睡眠	运动	天气 / 物候
昨日________入睡 今日________起床 ☐ 失眠　☐ 多梦		
顺时饮食	**今日待办**	**身体 / 健康**
☐ 黄芪祛湿粥 ☐ 荷叶瘦身茶 ☐ 甘草陈皮梅子汤 ☐ 出伏送暑汤	☐ ________ ☐ ________ ☐ ________ ☐ ________	

二〇一九年八月
August

廿七

星期二

〔农历〕七月廿七

〔处暑〕第一候 第五天

胡桃

功效：补肾固精，温肺定喘，润肠通便。用于调理腰痛脚弱、尿频、遗尿、阳痿、遗精、久咳喘促、肠燥便秘、石淋及疮疡瘰疬。

一候反思

从大暑到现在是否出现过（一次也算）

半夜冷醒　　□ 是　□ 否

受凉引起腹泻　□ 是　□ 否

翻到 2019 年 12 月 28 日，根据以上结果记录。

有一个答是，在“我需要再喝一周补心养阳汤”勾选“是”；

两个都为否，在“从明天起喝银耳枸杞羹”勾选“是”。

己亥岁　壬申月

土运不及，风火同德

丙申日

三	运
主 少	土
客 少	水

残月

宜 静养

胡桃

〔宋〕释普济

枝头叶底不能藏，独脱无依未厮当。

一击浑身如粉碎，不堪收拾始馨香。

睡眠	运动	天气 / 物候
昨日________入睡 今日________起床 □ 失眠　□ 多梦		

顺时饮食	今日待办	身体 / 健康
□ 黄芪祛湿粥 □ 荷叶瘦身茶 □ 甘草陈皮梅子汤 □ 出伏送暑汤	□ ________ □ ________ □ ________ □ ________	

二〇一九年八月
August

廿八

星期三

〔农历〕七月廿八

〔处暑〕第二候　天地始肃

茄子

功效：清热，活血，消肿。用于调理肠风下血、热毒疮痈、皮肤溃疡。

健康提示

从今天开始进入己亥年的第四运

历时 73 天（2019 年 8 月 28 日 00:31—11 月 9 日 01:44）

主运——太金，客运——太木。

己亥岁 壬申月

土运不及，风火同德

丁酉日

四气

主 湿气

客 火气

00:31 交四运

残月

宜 静养

茄

〔明〕曹义

本草名传是落苏，个中滋味胜膻腴。
老僧也爱田家好，写作山林野趣图。

睡眠	运动	天气 / 物候
昨日________入睡 今日________起床 □ 失眠 □ 多梦		

顺时饮食	今日待办	身体 / 健康
□ 黄芪祛湿粥 □ 荷叶瘦身茶 □ 甘草陈皮梅子汤 □ 出伏送暑汤	□ ________ □ ________ □ ________ □ ________	

二〇一九年八月

August

廿九

星期四

〔农历〕七月廿九

〔处暑〕第二候　第二天

秫米

功效：祛风除湿，和胃安神，解毒敛疮。用于调理泄泻痢疾、夜寐不安、肿毒、漆疮、冻疮、犬咬伤。

健康提示

药用枸杞子与食用枸杞子的区别

食用枸杞子：很甜，单糖含量高，枸杞多糖含量低。

药用枸杞子：不是很甜，单糖含量低，枸杞多糖含量高，后味有点苦，苦味来自于甜菜碱。

己亥岁　壬申月

土运不及，风火同德

戊戌日

四	运
主 太	金
客 太	木

残月

宜 补虚

荆溪杂曲四首·其三

〔明〕王叔承

卖残竹菌笋还来，收罢兰花蕙又开。
但使山田饶秫米，何妨虎迹遍莓苔。

睡眠	运动	天气／物候
昨日＿＿＿＿入睡 今日＿＿＿＿起床 □ 失眠　□ 多梦		

顺时饮食	今日待办	身体／健康
□ 黄芪祛湿粥 □ 荷叶瘦身茶 □ 甘草陈皮梅子汤 □ 出伏送暑汤	□ ＿＿＿＿ □ ＿＿＿＿ □ ＿＿＿＿ □ ＿＿＿＿	

二〇一九年八月
August

三十

星期五

〔农历〕八月初一

〔处暑〕第二候　第三天

龙眼

功效：益智宁心，养血安神，健脾润肺，壮阳补气。用于调理心悸、失眠、健忘。

健康提示

肺统管人一身之气。若肺气虚，人会感觉精神不振、易疲劳、皮肤松弛。将植物的种仁比如莲子、杏仁之类，加工成精细粉末儿搭配食用，拌以蜂蜜，补益肺气最佳，中秋节吃月饼的养生意义也在于此。

己亥岁　壬申月

土运不及，风火同德

己亥日

四　　气

主　湿　气

客　火　气

朔　　月

18:37 朔

宜　补气

暮立

〔唐〕白居易

黄昏独立佛堂前，满地槐花满树蝉。

大抵四时心总苦，就中肠断是秋天。

睡眠	运动	天气 / 物候
昨日________入睡 今日________起床 □ 失眠　□ 多梦		
顺时饮食	**今日待办**	**身体 / 健康**
□ 黄芪祛湿粥 □ 荷叶瘦身茶 □ 甘草陈皮梅子汤 □ 出伏送暑汤	□ ____________ □ ____________ □ ____________ □ ____________	

二〇一九年八月

August

卅一

星期六

〔农历〕八月初二

〔处暑〕第二候 第四天

粳米

功效：补气健脾，除烦渴，止泻痢。用于调理脾胃气虚、食少纳呆、倦怠乏力、心烦口渴、泻下痢疾。

节日食方

现代改良的月饼只能浅尝辄止。其实月饼的传统做法本来是有养生意义的，例如莲蓉月饼。将上好的莲子制成细蓉，拌以纯正的蜂蜜，正适合秋季补益肺气的需要。

己亥岁　壬申月

土运不及，风火同德

庚子日

四		运
主	太	金
客	太	木

娥眉月

宜 食莲

渔父

〔宋〕李龏

罢钓归来不系船，坐看秋水落红莲。

江鲜野菜桃花饭，高唱夕阳孤岛边。

睡眠	运动	天气／物候
昨日________入睡 今日________起床 □ 失眠　□ 多梦		

顺时饮食	今日待办	身体／健康
□ 黄芪祛湿粥 □ 荷叶瘦身茶 □ 甘草陈皮梅子汤 □ 出伏送暑汤	□ ________ □ ________ □ ________ □ ________	

二〇一九年九月
September

一日

星期日

〔农历〕八月初三

〔处暑〕第二候　第五天

全民健康生活方式行动日

茅根
功效：清热生津，利尿通淋。

二候反思

上个月是否出现

睡觉流口水　□ 是　□ 否

大便不成形　□ 是　□ 否

皮肤红疹 / 痱子　□ 是　□ 否

发胖　□ 是　□ 否

女性白带　□ 是　□ 否

任何一个答是，今年白露节气不吃红酒炖梨，喝荷叶瘦身茶（见 2019 年 7 月 16 日）。

己亥岁　壬申月

土运不及，风火同德

辛丑日

四	运
主 太	金
客 太	木

娥眉月

宜 饮荷叶

江南行

〔唐〕张潮

茨菰叶烂别西湾，莲子花开犹未还。

妾梦不离江水上，人传郎在凤凰山。

【诗评】唐诗选脉会通评林：曲折玲珑，写意宛然，当是绝唱。

睡眠

昨日________入睡

今日________起床

☐ 失眠　☐ 多梦

运动

天气 / 物候

顺时饮食

☐ 黄芪祛湿粥

☐ 荷叶瘦身茶

☐ 甘草陈皮梅子汤

☐ 出伏送暑汤

今日待办

☐ ____________

☐ ____________

☐ ____________

☐ ____________

身体 / 健康

二〇一九年九月
September

二日

星期一

〔农历〕八月初四

〔处暑〕第三候　禾乃登

穬麦

功效：消食和中。用于调理食积胀满、食欲不振、呕吐泄泻。

健康提示

枸杞多糖是枸杞子的主要补益成分。甜菜碱是枸杞子的主要药效成分，有降血糖、降脂的作用，因此纯正的药用枸杞子对于糖尿病人有保健作用，同时还能温和地减肥。

己亥岁　壬申月

土运不及，风火同德

壬寅日

四之气

主 湿气

客 火气

娥眉月

宜 进补

禾熟

〔宋〕孔平仲

百里西风禾黍香，鸣泉落窦谷登场。

老牛粗了耕耘债，啮草坡头卧夕阳。

睡眠	运动	天气 / 物候
昨日________入睡 今日________起床 ☐ 失眠　☐ 多梦		
顺时饮食	**今日待办**	**身体 / 健康**
☐ 黄芪祛湿粥 ☐ 荷叶瘦身茶 ☐ 甘草陈皮梅子汤 ☐ 出伏送暑汤	☐ ________ ☐ ________ ☐ ________ ☐ ________	

二〇一九年九月

September

三日

星期二

〔农历〕八月初五

〔处暑〕第三候　第二天

松脂

功效：祛风，杀虫外用药。用于调理疥疮、皮癣。

节日食方

下周教师节，送老师一份健康礼物。

橘红开音饮（20 日量）

原料：干山楂 600 克、陈皮 20 个、红糖 400 克。

做法：分为 20 份，装入茶包袋中，饮用前放入保温杯用沸水焖泡。

适合说话过多引起长期声音嘶哑、声带小结或息肉的人日常调理。

己亥岁　壬申月

土运不及，风火同德

癸卯日

四运

主　太　金

客　太　木

娥眉月

宜　食粥

送畅当还旧山

〔唐〕卢纶

常逢明月马尘间，是夜照君归处山。
山中松桂花尽发，头白属君如等闲。

【诗评】《唐诗归》：调古甚，入绝句尤难。

睡眠	运动	天气 / 物候
昨日________入睡 今日________起床 ☐ 失眠　☐ 多梦		
顺时饮食	**今日待办**	**身体 / 健康**
☐ 黄芪祛湿粥 ☐ 荷叶瘦身茶 ☐ 甘草陈皮梅子汤 ☐ 出伏送暑汤	☐ ________ ☐ ________ ☐ ________ ☐ ________	

二〇一九年九月
September

四日

星期三

【农历】八月初六

【处暑】第三候　第三天

大枣

功效：补脾和胃，益气生津。用于调理胃虚食少、脾弱便溏、气血津液不足、心悸怔忡、妇人脏躁。

节日食方

下周中秋节。初夏泡的青梅酒，从中秋节开始喝正好。秋冬季喝青梅酒，对秋天的失眠和关节炎都有帮助。青梅既可以增添酒的风味，又有保肝解酒的作用。

己亥岁　壬申月

土运不及，风火同德

甲辰日

四　气

主 湿　气

客 火　气

娥　眉　月

宜 试酒

惠州一绝

〔宋〕苏轼

罗浮山下四时春，卢橘杨梅次第新。

日啖荔枝三百颗，不辞长作岭南人。

睡眠	运动	天气 / 物候
昨日________入睡 今日________起床 ☐ 失眠　☐ 多梦		
顺时饮食	**今日待办**	**身体 / 健康**
☐ 黄芪祛湿粥 ☐ 荷叶瘦身茶 ☐ 甘草陈皮梅子汤 ☐ 出伏送暑汤	☐ ________ ☐ ________ ☐ ________ ☐ ________	

二〇一九年九月
September

五日

星期四

〔农历〕八月初七

〔处暑〕第三候 第四天

皂荚

功效：祛痰止咳，开窍通闭，杀虫散结。用于调理痰咳喘满、中风口噤、痰涎壅盛、神昏不语、癫痫、喉痹、二便不通、痈肿疥癣。

中秋养生

女子以血为主，“其血上应太阴，下应海潮”。太阴就是月亮。月有盈亏，潮有涨落，女性的生理期与之相应，所以称为“月事”。

己亥岁　壬申月

土运不及，风火同德

乙巳日

四	运
主 太	金
客 太	木

娥眉月

宜 食藕

对食戏作六首·其四

〔宋〕陆游

栟榈子嫩供香饭，皂荚芽新簇冷淘。

常使先生饱扪腹，其余万事一秋毫。

睡眠

昨日________入睡

今日________起床

□ 失眠　□ 多梦

运动

天气 / 物候

顺时饮食

□ 黄芪祛湿粥

□ 荷叶瘦身茶

□ 甘草陈皮梅子汤

□ 出伏送暑汤

今日待办

□ ____________

□ ____________

□ ____________

□ ____________

身体 / 健康

二〇一九年九月
September

六日

星期五

〔农历〕八月初八

〔处暑〕第三候　第五天

芝麻

功效：补肝肾，益精血，润肠燥，通乳。用于调理身体虚弱、头晕耳鸣、高血压、高血脂、咳嗽、身体虚弱、头发早白、贫血萎黄、津液不足、大便燥结、乳少、尿血。

食材准备

后天进入白露节气。

根据 2019 年 9 月 1 日自测选择

红酒炖梨

原料：梨、红酒、丁香粉。

或荷叶瘦身茶（见 2019 年 7 月 16 日）

甘草陈皮梅子汤（己亥四气保健饮，从大暑喝到秋分前日，做法见 2019 年 7 月 24 日）

原料：乌梅 6 个、大枣 6 个、甘草 3 克、川陈皮 1/4 个、红糖，气虚者加黄芪 15—30 克。

己亥岁 壬申月

土运不及，风火同德

丙午日

四之气

主 湿气

客 火气

上弦月

宜 备月饼

阳关曲 中秋月

〔宋〕苏轼

暮云收尽溢清寒，银汉无声转玉盘。

此生此夜不长好，明月明年何处看。

睡眠	运动	天气 / 物候
昨日________入睡 今日________起床 □ 失眠 □ 多梦		

顺时饮食	今日待办	身体 / 健康
□ 黄芪祛湿粥 □ 荷叶瘦身茶 □ 甘草陈皮梅子汤 □ 出伏送暑汤	□ ________ □ ________ □ ________ □ ________	

二〇一九年九月
September

七日

星期六

〔农历〕八月初九

〔处暑〕第三候　第六天

梨

功效：生津，润燥，清热，化痰。用于调理热病津伤烦渴、消渴、热咳、痰热惊狂、噎膈、便秘。

节气总结

喝出伏送暑汤的次数 ______

喝荷叶瘦身茶的次数 ______

喝黄芪祛湿粥的次数 ______

喝甘草陈皮梅子汤的次数 ______

身体哪些方面有改善 ______________________________

己亥岁　壬申月

土运不及，风火同德

丁未日

四	运
主 太	金
客 太	木

盈凸月

宜 静养

招友人宿

〔唐〕贯休

银地无尘金菊开，紫梨红枣堕莓苔。
一泓秋水一轮月，今夜故人来不来。

睡眠

昨日________入睡
今日________起床
☐ 失眠　☐ 多梦

运动

天气 / 物候

顺时饮食

☐ 黄芪祛湿粥
☐ 荷叶瘦身茶
☐ 甘草陈皮梅子汤
☐ 出伏送暑汤

今日待办

☐ ____________
☐ ____________
☐ ____________
☐ ____________

身体 / 健康

推荐食方

红酒炖梨

原料：梨、红酒。

白露

白露

仲秋

节气　白露、秋分

时间　九月八日至十月七日

今年白露需特别注意的健康问题：

黄疸、流鼻血、月经不调

二〇一九年九月
September

八日

星期日

〔农历〕八月初十

〔白露〕第一候 鸿雁来

06:16 交白露节气

雁

功效：祛风，壮筋骨。用于调理顽麻风痹。

节气食方

做法：

1. 把梨用面粉水泡 15 分钟后洗净，连皮带核一起切成小块（核、皮不要扔）。
2. 往锅内放入梨块，洒点丁香粉，倒入少量红酒，到淹没梨块一半的位置，红酒量不要多。
3. 不要盖锅盖，用小火炖煮。煮到梨块变红，锅内还剩一点点汁的时候，马上关火起锅。

功效：润肺、美肤。

己亥岁　癸酉月

土运不及，风火同德

戊申日

四　气

主　湿　气

客　火　气

盈凸月

宜　煮梨

瑶瑟怨

〔唐〕温庭筠

冰簟银床梦不成，碧天如水夜云轻。

雁声远过潇湘去，十二楼中月自明。

睡眠	运动	天气 / 物候
昨日________入睡 今日________起床 □ 失眠　□ 多梦		
顺时饮食	**今日待办**	**身体 / 健康**
□ 荷叶瘦身茶 □ 红酒炖梨 □ 甘草陈皮梅子汤	□ ________ □ ________ □ ________	

二〇一九年九月
September

九日

星期一

【农历】八月十一

【白露】第一候　第二天

威灵仙

功效：祛风湿，通经络。用于调理风湿痹痛、肢体麻木、筋脉拘挛、屈伸不利。

健康提示

白露节气的养生功课：清肺润肺。

今年白露特殊的养生重点——

今年白露节气，是夏秋换季的关键时期，人体容易产生“上燥下湿”的现象。口鼻干燥，而脾胃却仍然湿热重。

防病重点：肝炎、黄疸、流鼻血、月经不调。

己亥岁　癸酉月

土运不及，风火同德

己酉日

四	运
主 太	金
客 太	木

盈凸月

宜 添衣

嫦娥

〔唐〕李商隐

云母屏风烛影深，长河渐落晓星沉。
嫦娥应悔偷灵药，碧海青天夜夜心。

睡眠

昨日________入睡
今日________起床
□ 失眠　□ 多梦

运动

天气 / 物候

顺时饮食

□ 荷叶瘦身茶
□ 红酒炖梨
□ 甘草陈皮梅子汤

今日待办

□ ____________
□ ____________
□ ____________

身体 / 健康

二〇一九年九月
September

十日

星期二

〔农历〕八月十二

〔白露〕第一候　第三天

教师节

世界预防自杀日

槟榔

功效：驱虫，破积，降气化痰。

感恩老师！

读书

明师之恩，诚为过于天地，重于父母多矣。

——葛洪《勤求》

己亥岁　癸酉月

土运不及，风火同德

庚戌日

四　气

主　湿　气

客　火　气

盈凸月

宜　谢师

次秀野杂诗韵

〔宋〕朱熹

暮年药裹关身切，此外翛然百不贪。

薏苡载来缘下气，槟榔收得为祛痰。

【诗注】薏苡就是薏米。薏苡和槟榔都有下气祛痰的作用。

睡眠	运动	天气 / 物候
昨日______入睡 今日______起床 □ 失眠　□ 多梦		

顺时饮食	今日待办	身体 / 健康
□ 荷叶瘦身茶 □ 红酒炖梨 □ 甘草陈皮梅子汤	□ ________ □ ________ □ ________	

二〇一九年九月

September

十一

星期三

〔农历〕八月十三

〔白露〕第一候　第四天

人参

功效：大补元气。用于调理体虚肢冷、脾热消渴、久病虚羸、惊悸失眠、阳痿宫冷、心力衰竭、心原性休克。

健康提示

从白露开始进入秋天的第二个月。

养生关键词："滋阴润肺"。

上半月清"温燥"，重点是清肺润肺。

下半月防"凉燥"，重点是滋阴润燥。

己亥岁　癸酉月

土运不及，风火同德

辛亥日

四　运

主　太　金

客　太　木

盈　凸　月

宜　润肺

秋词

〔唐〕刘禹锡

自古逢秋悲寂寥，我言秋日胜春朝。
晴空一鹤排云上，便引诗情到碧霄。

【诗评】《阳关曲·中秋月》宋朝，苏轼「暮云收尽溢清寒，银汉无声转玉盘。此生此夜不长好，明月明年何处看。」

睡眠	运动	天气 / 物候
昨日________入睡 今日________起床 □ 失眠　□ 多梦		
顺时饮食	**今日待办**	**身体 / 健康**
□ 荷叶瘦身茶 □ 红酒炖梨 □ 甘草陈皮梅子汤	□ ________ □ ________ □ ________	

二〇一九年九月

September

十二

星期四

〔农历〕八月十四

〔白露〕第一候　第五天

中国预防出生缺陷日

螃蟹

功效：滋阴，清热，散血，续绝伤。用于调理筋骨损伤、疥癣、漆疮、烫伤。

一候反思

前两个月是否经常出现

下午和傍晚脸色变差	□ 是	□ 否
白天爱打瞌睡	□ 是	□ 否
很容易感到累	□ 是	□ 否
手脚心有脱皮现象	□ 是	□ 否

有任何一个答是——

1. 继续吃祛湿的食方：荷叶瘦身茶（见 2019 年 7 月 16 日），茯苓粥或黄芪茯苓粥。
2. 翻到 2019 年 12 月 28 日，在“我需要再喝一周补心养阳汤 " 后面勾选“是”。

己亥岁　癸酉月

土运不及，风火同德

壬子日

四　气

主 湿　气

客 火　气

盈　凸　月

宜 待月

咏蟹

〔唐〕皮日休

未游沧海早知名，有骨还从肉上生。

莫道无心畏雷电，海龙王处也横行。

睡眠	运动	天气 / 物候
昨日________入睡 今日________起床 □ 失眠　□ 多梦		
顺时饮食	**今日待办**	**身体 / 健康**
□ 荷叶瘦身茶 □ 红酒炖梨 □ 甘草陈皮梅子汤	□ ________ □ ________ □ ________	

二〇一九年九月
September

十三

星期五

〔农历〕八月十五

〔白露〕第二候　玄鸟归

中秋节

桂花

功效：温肺化饮，散寒止痛。用于调理痰饮咳喘、脘腹冷痛、肠风血痢、经闭痛经、寒疝腹痛、牙痛、口臭。

中秋养生

中秋时节，月亮对人体的影响力最大。这个影响力主要作用在人体的“水”，引起人体水液的波动。因此，仲秋这个月，人体的水液调节最容易出现不均衡的现象。

己亥岁　癸酉月

土运不及，风火同德

癸丑日

四运

主　太　金

客　太　木

盈凸月

宜　团圆

十五夜望月寄杜郎中

〔唐〕王建

中庭地白树栖鸦，冷露无声湿桂花。

今夜月明人尽望，不知秋思在谁家。

【诗评】《唐诗摘钞》：《秋思》，琴曲名。通首平仄相叶，无一字参差，实为七言绝之正调。凡音律谐，便使人诵之有一唱三叹之意。

睡眠	运动	天气 / 物候
昨日________入睡 今日________起床 □ 失眠　□ 多梦		

顺时饮食	今日待办	身体 / 健康
□ 荷叶瘦身茶 □ 月饼 □ 甘草陈皮梅子汤	□ ________ □ ________ □ ________	

二〇一九年九月
September

十四

星期六

〔农历〕八月十六

〔白露〕第二候 第二天

木兰

功效：利尿消肿，润肺止咳。用于调理肺虚咳嗽、痰中带血、酒疸、重舌、痈肿。

脑健康日专题（一）

我们的大脑只有 1 000 多克的重量，但人体 1/4 的能量都要供应给它。它每天都在高强度地工作，因此会产生大量垃圾蛋白和生物废物。如果大脑排毒不畅，就会生病。

己亥岁　癸酉月

土运不及，风火同德

甲寅日

四　气

主　湿　气

客　火　气

满　月

12:33 望

宜　望月

酬曹侍御过象县见寄

〔唐〕柳宗元

破额山前碧玉流，骚人遥驻木兰舟。
春风无限潇湘意，欲采蘋花不自由。

【诗注】木兰舟的典故出自《述异记》：“七里州中有鲁班刻木兰为舟，至今在洲中。”

【诗评】《唐人万首绝句选评》：风人骚思，百读而味不穷，真绝作也。

睡眠	运动	天气 / 物候
昨日________入睡 今日________起床 □ 失眠　□ 多梦		
顺时饮食	**今日待办**	**身体 / 健康**
□ 荷叶瘦身茶 □ 红酒炖梨 □ 甘草陈皮梅子汤	□ ________ □ ________ □ ________	

二〇一九年九月
September

十五

星期日

【农历】八月十七

【白露】第二候　第三天

世界淋巴瘤宣传日

榅桲

功效：祛湿解暑，舒筋活络。用于调理伤暑、呕吐、腹泻、消化不良、关节疼痛、腓肠肌痉挛。

脑健康日专题（二）

大脑每天需要清除 7 克垃圾蛋白，用新生的蛋白来替换，这个工作只有通过良好的睡眠才能完成。

己亥岁　癸酉月

土运不及，风火同德

乙卯日

四运

主 太 金

客 太 木

亏凸月

宜 早睡

重别李评事

〔唐〕王昌龄

莫道秋江离别难，舟船明日是长安。

吴姬缓舞留君醉，随意青枫白露寒。

睡眠	运动	天气 / 物候
昨日______入睡 今日______起床 □ 失眠　□ 多梦		

顺时饮食	今日待办	身体 / 健康
□ 荷叶瘦身茶 □ 红酒炖梨 □ 甘草陈皮梅子汤	□ ______ □ ______ □ ______	

二〇一九年九月
September

十六

星期一

〔农历〕八月十八

〔白露〕第二候 第四天

中国脑健康日

椰子

功效：补虚，生津，利尿，杀虫。用于调理心脏病水肿、口干烦渴、姜片虫。果壳的功效：祛风，利湿，止痒。

脑健康日专题（三）

大脑排毒是在睡眠时进行的。如果睡眠不好，脑部的垃圾蛋白就不能及时排出，会形成团块，产生毒性，引发各种脑健康问题：

记忆力减退

阿尔茨海默病（老年痴呆症）

帕金森病

其他神经退行性疾病

己亥岁　癸酉月

土运不及，风火同德

丙辰日

四气

主 湿气

客 火气

亏凸月

宜 防病

赋椰子吸月杯

〔宋〕连文凤

壳似悬匏护玉房，谁人剖玉注天浆。

有时吞却杯中兔，带得长生药气香。

睡眠	运动	天气 / 物候
昨日______入睡 今日______起床 □ 失眠　□ 多梦		

顺时饮食	今日待办	身体 / 健康
□ 荷叶瘦身茶 □ 红酒炖梨 □ 甘草陈皮梅子汤	□ ______ □ ______ □ ______	

二〇一九年九月
September

十七

星期二

农历 八月十九

白露 第二候 第五天

榆树
功效：消水肿，利小便。

二候反思

检查家里孩子是否经常这样

吃得太饱 □ 是 □ 否

甜食过量 □ 是 □ 否

不吃早饭 □ 是 □ 否

睡眠不足 □ 是 □ 否

这些习惯会使大脑发育不良、变小，智力下降。从今天起逐步纠正。

己亥岁　癸酉月

土运不及，风火同德

丁巳日

四运

主	太	金
客	太	木

亏凸月

宜 教子

襄邑道中

〔宋〕陈与义

飞花两岸照船红，百里榆堤半日风。

卧看满天云不动，不知云与我俱东。

睡眠

昨日________入睡

今日________起床

□ 失眠　□ 多梦

运动

天气 / 物候

顺时饮食

□ 荷叶瘦身茶

□ 红酒炖梨

□ 甘草陈皮梅子汤

今日待办

□ ____________

□ ____________

□ ____________

身体 / 健康

二〇一九年九月
September

十八

星期三

〔农历〕八月二十

〔白露〕第三候 群鸟养羞

秋社日

天竺桂

功效：温中散寒，理气止痛。用于调理胃痛、腹痛、风湿关节痛；外用治跌打损伤。

健康提示

古人讲究“春祈秋报”，每年有春秋两个社日。春天祈求风调雨顺，秋天报告土地的收成。今天是秋社日，是聚会的好日子。

己亥岁　癸酉月

土运不及，风火同德

戊午日

四气

主 湿气

客 火气

亏凸月

宜 会友

秋日行村路

〔宋〕乐雷发

儿童篱落带斜阳，豆荚姜芽社肉香。
一路稻花谁是主，红蜻蛉伴绿螳螂。

睡眠	运动	天气 / 物候
昨日________入睡 今日________起床 □ 失眠　□ 多梦		

顺时饮食	今日待办	身体 / 健康
□ 荷叶瘦身茶 □ 红酒炖梨 □ 甘草陈皮梅子汤	□ ________ □ ________ □ ________	

二〇一九年九月

September

十九

星期四

【农历】八月廿一

【白露】第三候 第二天

桂花

功效：温肺化饮，散寒止痛。用于调理痰饮咳喘、脘腹冷痛、肠风血痢、经闭痛经、寒疝腹痛、牙痛、口臭。

健康提示

生吃干莲子补胃，是古人的秘法。

选鲜嫩莲子晒制的红莲，细细地生嚼后咽下，坚持一段时间，对于脾胃不足的人很有好处。用古人的话说就是：比吃什么药都强。

己亥岁　癸酉月

土运不及，风火同德

己未日

四　运

主　太　金

客　太　木

亏凸月

宜　食莲

送宋处士归山

〔唐〕许浑

卖药修琴归去迟，山风吹尽桂花枝。

世间甲子须臾事，逢著仙人莫看棋。

【诗评】唐诗摘钞：诗人言隐者，多用『桂花』事，本楚辞·招隐士云『桂花丛生兮山之幽』来，意言『后会难期』耳，却见立言之妙。

睡眠	运动	天气 / 物候
昨日________入睡 今日________起床 □ 失眠　□ 多梦		
顺时饮食	**今日待办**	**身体 / 健康**
□ 荷叶瘦身茶 □ 红酒炖梨 □ 甘草陈皮梅子汤	□ ________ □ ________ □ ________	

二〇一九年九月
September

二十

星期五

〔农历〕八月廿二

〔白露〕第三候　第三天

全国爱牙日

扁豆

功效：健脾和中，消暑化湿。用于调理暑湿吐泻、脾虚呕逆、食少久泄、水停消渴、赤白带下、小儿疳积。

健康提示

枸杞子滋补肝肾，但并不会引起儿童性早熟。儿童常吃枸杞子，有助于牙齿和骨骼的发育，对眼睛也有好处。

己亥岁　癸酉月

土运不及，风火同德

庚申日

四　气

主　湿　气

客　火　气

亏　凸　月

宜　叩齿

赠齿医鲁生

〔宋〕刘宰

曾过当湖好事家，园池仿佛记豪华。
老来只欲甘藜藿，乞我仙方固齿牙。

睡眠	运动	天气 / 物候
昨日________入睡 今日________起床 □ 失眠　□ 多梦		
顺时饮食	**今日待办**	**身体 / 健康**
□ 荷叶瘦身茶 □ 红酒炖梨 □ 甘草陈皮梅子汤	□ ________ □ ________ □ ________	

二〇一九年九月
September

廿一

星期六

农历 八月廿三

白露 第三候 第四天

国际失智症日

芭蕉花

功效：化痰软坚，平肝，和瘀，通经。用于调理胸膈饱胀、脘腹痞疼、吞酸反胃、呕吐痰涎、头目昏眩、心痛怔忡、妇女经行不畅。

食材准备

后天进入秋分节气。

银耳枸杞羹

原料：银耳、枸杞子。

送子蟹汤（每周一次）

原料：小螃蟹 250 克、冬瓜 250 克、生地 30 克、生姜、黄酒、肥肉 1 小块。

茱萸梅子汤（己亥五气保健饮，从秋分喝到立冬，做法见 2019 年 9 月 24 日）

原料：山茱萸 10 克、乌梅 6 个、大枣 6 个、甘草 3 克、川陈皮 1/4 个（注：不用其他陈皮，否则汤味苦）、红糖，气虚者加黄芪 15—30 克。

己亥岁　癸酉月

土运不及，风火同德

辛酉日

四	运
主 太	金
客 太	木

亏凸月

宜 秋宴

寄贺方回

〔宋〕某女

独倚危阑泪满襟，小园春色懒追寻。
深恩纵似丁香结，难展芭蕉一寸心。

【诗注】贺方回：北宋著名词人贺铸，字方回。

【诗评】《能改斋漫录》：方回眷一姝，别久，姝寄诗云云。贺因所寄诗成《柳色黄》词。

睡眠	运动	天气 / 物候
昨日______入睡 今日______起床 □ 失眠　□ 多梦		
顺时饮食	**今日待办**	**身体 / 健康**
□ 荷叶瘦身茶 □ 红酒炖梨 □ 甘草陈皮梅子汤	□ ______ □ ______ □ ______	

二〇一九年九月
September

廿二

星期日

〔农历〕八月廿四

〔白露〕第三候 第五天

离日

国际聋人节

冬瓜

冬瓜的皮、瓤、肉、子都可以入药。功效：利水，消痰，清热，解毒。用于调理水肿、胀满、脚气、淋病、痰吼、咳喘、暑热烦闷、消渴、泻痢、痈肿、痔漏、解鱼毒、酒毒。

节气总结

根据自己身体情况选择的白露食方:

红酒炖梨 ______ 次

荷叶瘦身茶 ______ 次

甘草陈皮梅子汤 ______ 次

身体哪些方面有改善 ______________________________

己亥岁　癸酉月

土运不及，风火同德

壬戌日

四　气

主　湿　气

客　火　气

下　弦　月

宜　静养

答僧问

〔宋〕释如珏

如何是佛烂冬瓜，咬著冰霜透齿牙。

根蒂虽然无窖子，一年一度一开花。

睡眠	运动	天气 / 物候
昨日________入睡 今日________起床 □ 失眠　□ 多梦		
顺时饮食	**今日待办**	**身体 / 健康**
□ 荷叶瘦身茶 □ 红酒炖梨 □ 甘草陈皮梅子汤	□ ________ □ ________ □ ________	

推荐食方

送子蟹汤

主料：小螃蟹、冬瓜、生地。

配料：生姜、黄酒、肥肉。

秋分

今年秋分需特别注意的健康问题：

皮肤缺水、秋乏、痔疮

二〇一九年九月
September

廿三

星期一

〔农历〕八月廿五

〔秋分〕第一候　雷始收声

15:50 交秋分节气

螃蟹

功效：滋阴，清热，散血，续绝伤。用于调理筋骨损伤、疥癣、漆疮、烫伤。

节气食方

送子蟹汤

主料：小螃蟹 250 克、冬瓜 250 克、生地 30 克。

配料：生姜、黄酒、肥肉 1 小块。

做法：

1. 螃蟹的处理：换几次水吐净脏污，用醋水泡 30 分钟。
2. 用加醋的热水将螃蟹洗干净，去掉腮和内脏。
3. 将生地用清水泡 1 个小时，下锅和肥肉一起熬 30 分钟。
4. 放入螃蟹、冬瓜、生姜、黄酒煮 30 分钟。

功效：滋阴清热、调肝肾，预防皮肤病。

己亥岁 癸酉月

土运不及，风火同德

癸亥日

四	运
主 太	金
客 太	木

09:00 交五气

残月

宜 食银耳

次韵客馕鲈蟹

〔宋〕方岳

江鲈淮蟹不论钱，肯到湖边明月船。
玉鲙雪螯新煮酒，桂花香后菊花前。

睡眠

昨日________入睡

今日________起床

□ 失眠 □ 多梦

运动

天气／物候

顺时饮食

□ 银耳枸杞羹

□ 茱萸梅子汤

□ 送子蟹汤

今日待办

□ ________

□ ________

□ ________

身体／健康

二〇一九年九月
September

廿四

星期二

〔农历〕八月廿六

〔秋分〕第一候　第二天

山茱萸

功效：益元阳，补元气，固元精，补益肝肾。用于调理眩晕耳鸣、腰膝酸痛、阳痿遗精、遗尿尿频、崩漏带下、大汗虚脱。

健康提示

茱萸梅子汤（己亥五气保健饮，秋分、寒露、霜降、立冬）

原料：山茱萸10克、乌梅6个、大枣6个、甘草3克、川陈皮1/4个（注：不用其他陈皮，否则汤味苦）、红糖，气虚者加黄芪15—30克。

做法：加冷水下锅煮20—30分钟，放红糖。或保温杯沸水焖泡后饮用。

（功效见下页。）

己亥岁　癸酉月
土运不及，风火同德

甲子日

五气
主 燥气
客 湿气

残月

宜 品茱萸

秋园

〔唐〕司空曙

伤秋不是惜年华，别忆春风碧玉家。
强向衰丛见芳意，茱萸红实似繁花。

睡眠
昨日________入睡
今日________起床
□ 失眠　□ 多梦

运动

天气 / 物候

顺时饮食
□ 银耳枸杞羹
□ 茱萸梅子汤

今日待办
□ ________
□ ________
□ ________

身体 / 健康

二〇一九年九月
September

廿五

星期三

〔农历〕八月廿七

〔秋分〕第一候　第三天

白豆

白豆就是饭豇豆。功效：调中益气，健脾益肾。

健康提示

茱萸梅子汤补肝的作用很强。

功效：补肝固精，止虚汗，平补阴阳。

适合虚不受补、肝肾虚、腰酸腿软、头晕耳鸣、清晨腹泻、遗精的人，和脾虚、面黄肌瘦、遗尿的儿童日常保健食用。

注意：儿童积食、痰多时去掉山茱萸。

己亥岁 癸酉月

土运不及，风火同德

乙丑日

四		运
主	太	金
客	太	木

残月

宜 饮梅汤

偶睡

〔明〕高启

竹间门掩似僧居，白豆花开片雨余。

一榻茶烟成偶睡，觉来犹把读残书。

睡眠	运动	天气／物候
昨日________入睡 今日________起床 □ 失眠 □ 多梦		
顺时饮食	**今日待办**	**身体／健康**
□ 银耳枸杞羹 □ 茱萸梅子汤	□ ________ □ ________ □ ________	

二〇一九年九月

September

廿六

星期四

〔农历〕八月廿八

〔秋分〕第一候　第四天

世界避孕日

冬瓜

冬瓜皮的功效：清热利水，消肿。用于调理水肿、小便不利、泄泻、疮肿。

健康提示

秋分节气的养生功课：滋阴润燥。

今年秋分特殊的养生重点——

今年比往年更容易出现上燥下湿的现象，注意补“好水”（滋阴润肺）排“浊水”（祛湿）同步进行。

防病重点：皮肤缺水、秋乏、痔疮。

己亥岁　癸酉月

土运不及，风火同德

丙寅日

五气
主 燥气
客 湿气

残月

宜 煮冬瓜

冬瓜

〔宋〕郑清之

剪剪黄花秋后春，霜皮露叶护长身。
生来笼统君休笑，腹里能容数百人。

睡眠	运动	天气 / 物候
昨日________入睡 今日________起床 □ 失眠　□ 多梦		

顺时饮食	今日待办	身体 / 健康
□ 银耳枸杞羹 □ 茱萸梅子汤	□ ________ □ ________ □ ________	

二〇一九年九月
September

廿七

星期五

〔农历〕八月廿九

〔秋分〕第一候　第五天

世界旅游日

大枣

功效：补脾和胃，益气生津。用于调理胃虚食少、脾弱便溏、气血津液不足、心悸怔忡、妇人脏躁。

一候反思

你适合吃哪种莲子

肥胖　　☐ 多吃红莲

瘦弱　　☐ 多吃白莲

不胖不瘦——

偏于血虚　☐ 多吃红莲

偏于气虚　☐ 多吃白莲

难以判断　☐ 红白都吃

关于红莲和白莲的功效区别，见 2019 年 10 月 4 日。

己亥岁　癸酉月

土运不及，风火同德

丁卯日

四运

主	太金
客	太木

残月

宜 品莲

扑枣呈莲北司城

〔明〕石宝

东厢扑枣及秋分，露颗风枝喜共君。
明岁却烦君扑枣，可能迢递寄溪云。

睡眠

昨日________入睡
今日________起床
□ 失眠　□ 多梦

运动

天气 / 物候

顺时饮食

□ 银耳枸杞羹
□ 茱萸梅子汤

今日待办

□ ________
□ ________
□ ________

身体 / 健康

二〇一九年九月
September

廿八

星期六

【农历】八月三十

【秋分】第二候　蛰虫坯户

孔子诞辰日
世界狂犬病日

木瓜
功效：舒筋活络，和胃化湿。用于调理湿痹拘挛、腰膝关节酸重疼痛、暑湿吐泻。注意：中药木瓜不是我们平常吃的水果木瓜。

今天是至圣先师孔子诞辰 2570 周年。

读书

“肉虽多，不使胜食气。”——《论语》

食气，就是五谷之气。孔子说这句话，是强调吃主食的重要性。

己亥岁　癸酉月

土运不及，风火同德

戊辰日

五　气

主　燥　气

客　湿　气

残　月

宜　读书

木瓜

〔宋〕张舜民

古言疾疠由卑湿，木实能医见药书。

有力与人销患难，无心望尔报琼琚。

【诗注】诗的第四句所用典故出自《诗经》：投我以木瓜，报之以琼琚，匪报也，永以为好也。

睡眠	运动	天气／物候
昨日________入睡 今日________起床 □ 失眠　□ 多梦		

顺时饮食	今日待办	身体／健康
□ 银耳枸杞羹 □ 茱萸梅子汤	□ ________ □ ________ □ ________	

二〇一九年九月
September

廿九

星期日

〔农历〕九月初一

〔秋分〕第二候　第二天

世界心脏日

百合

功效：养阴润肺，清心安神。用于调理阴虚燥咳、劳嗽咳血、虚烦惊悸、失眠多梦、精神恍惚。

健康提示

己亥年的五之气（第五气）从秋分开始到小雪结束

历时 60 天（2019 年 9 月 23 日 09:00—11 月 22 日 05:00）

主气——燥气，客气——湿气。

防病重点：见下页。

保健食方：茱萸梅子汤（做法见 2019 年 9 月 24 日）。

己亥岁　癸酉月

土运不及，风火同德

己巳日

四	运
主 太	金
客 太	木

朔　月

02:26 朔

宜 补水

种菜

〔宋〕陆游

白苣黄瓜上市稀，盘中顿觉有光辉。

时清闾里俱安业，殊胜周人咏采薇。

【诗注】白苣就是我们现在常吃的白莴苣。

睡眠	运动	天气 / 物候
昨日________入睡 今日________起床 □ 失眠　□ 多梦		

顺时饮食	今日待办	身体 / 健康
□ 银耳枸杞羹 □ 茱萸梅子汤 □ 送子蟹汤	□ ________ □ ________ □ ________	

二〇一九年九月
September

二十三

星期一

〔农历〕九月初二

〔秋分〕第二候　第三天

东风菜

功效：清热解毒，明目利咽。用于调理咽喉肿痛、急性肾炎、蛇咬伤。

健康提示

己亥年的五之气包含秋分、寒露、霜降、立冬四个节气。这两个月比往年多风雨，人体容易受到寒湿影响。

养生重点：大肠、脾。

容易发生的问题：脱发、感冒咳嗽、腹泻、痔疮、过敏性鼻炎。

己亥岁　癸酉月

土运不及，风火同德

庚午日

五　气

主　燥　气

客　湿　气

娥　眉　月

宜　问安

山居

〔宋〕释元肇

欲向西山学采薇，可怜身瘦得名肥。

天边多少能鸣雁，不到衡阳不肯归。

【诗注】薇菜就是野豌豆。采薇指的是伯夷、叔齐义不食周粟，隐居山中，采薇而食的典故。

睡眠	运动	天气 / 物候
昨日________入睡 今日________起床 ☐ 失眠　☐ 多梦		
顺时饮食	**今日待办**	**身体 / 健康**
☐ 银耳枸杞羹 ☐ 茱萸梅子汤	☐ ________ ☐ ________ ☐ ________	

二〇一九年十月
October

一日

星期二

〔农历〕九月初三

〔秋分〕第二候　第四天

国庆节
世界乳腺癌防治日

薄荷
功效：疏散风热，清咽利喉，舒肝解郁。

节日准备

一周后是重阳节。

1. 茱萸香囊：用中药吴茱萸做成香囊佩戴。
2. 山茱萸强筋壮骨汤（见 2019 年 10 月 8 日）。
3. 赏菊花。
4. 登山秋游计划。

己亥岁　癸酉月

土运不及，风火同德

辛未日

四　运

主　太　金

客　太　木

娥眉月

宜　闲坐

暮江吟

〔唐〕白居易

一道残阳铺水中，半江瑟瑟半江红。
可怜九月初三夜，露似真珠月似弓。

睡眠

昨日________入睡
今日________起床
□ 失眠　□ 多梦

运动

天气 / 物候

顺时饮食

□ 银耳枸杞羹
□ 茱萸梅子汤

今日待办

□ ________
□ ________
□ ________

身体 / 健康

二〇一九年十月
October

二日

星期三

〔农历〕九月初四

〔秋分〕第二候 第五天

薏苡仁

功效：利水渗湿，健脾止泻，除痹排脓，解毒散结。用于调理水肿、脚气、小便不利、脾虚泄泻、湿痹拘挛、肺痈、肠痈、赘疣、癌肿。

二候反思

是否经常出现以下问题

舌头长疮	□ 是	□ 否
口腔溃疡	□ 是	□ 否
牙龈肿痛	□ 是	□ 否
半夜做梦醒来	□ 是	□ 否
血压高	□ 是	□ 否

任何一个答是，每晚用吴茱萸粉调和醋或香油敷脚心涌泉穴。

己亥岁　癸酉月

土运不及，风火同德

壬申日

五　气

主　燥　气

客　湿　气

娥　眉　月

宜　祭病

夜雨

〔宋〕陆游

藩篱处处蔓牵牛，薏苡丛深稗穗抽。
只道物生常茂遂，一宵风雨又成秋。

睡眠

昨日________入睡
今日________起床
□ 失眠　□ 多梦

运动

天气 / 物候

顺时饮食

□ 银耳枸杞羹
□ 茱萸梅子汤

今日待办

□ ____________
□ ____________
□ ____________

身体 / 健康

二〇一九年十月

October

三日

星期四

〔农历〕九月初五

〔秋分〕第三候　水始涸

蛤蜊

功效：滋阴，利水，化痰，软坚。

健康提示

红莲子很补人，民间把它称为“养生莲”。但市面上红莲少，原因是多用老莲子晒制，不容易炖烂。

其实，上等的红莲应该是用鲜嫩的莲子晒制。熟吃、生吃味道都不错（生吃红莲的方法见 2019 年 9 月 19 日）。

己亥岁　癸酉月

土运不及，风火同德

癸酉日

四运
主 太 金
客 太 木

娥眉月

宜 赏秋

亡友潘邠老有满城风雨近重阳之句今去重阳四日而风雨大作遂用邠老之句广为三绝·其一

〔宋〕谢逸

满城风雨近重阳，无奈黄花恼意香。
雪浪翻天迷赤壁，令人西望忆潘郎。

【诗注】成语『满城风雨』即是出自潘大临的这一句诗。

【诗评】谢逸写信问潘大临：「近新作诗否？」潘回信说：『昨日清卧，闻搅林风雨声，遂起题壁曰：满城风雨近重阳。忽催租人至，遂败意。只此一句奉寄。』

睡眠	运动	天气 / 物候
昨日________入睡 今日________起床 ☐ 失眠　☐ 多梦		
顺时饮食	**今日待办**	**身体 / 健康**
☐ 银耳枸杞羹 ☐ 茱萸梅子汤	☐ ________ ☐ ________ ☐ ________	

二〇一九年十月
October

四日

星期五

【农历】九月初六

【秋分】第三候 第二天

菊花

功效：散风清热，平肝明目，清热解毒。用于调理高血压、头痛眩晕目赤肿痛、眼目昏花、疮痈肿毒。

健康提示

红莲和白莲的功效区别：

红莲偏于和血、补心肾，肾虚、血虚、心悸失眠、女性白带多、男性遗精早泄、肥胖的人群日常保健可以多吃红莲。

白莲偏于益气、补脾肺，脾虚、气虚、瘦弱的人群日常保健可以多吃白莲。

己亥岁　癸酉月

土运不及，风火同德

甲戌日

五　　气

主　燥　气

客　湿　气

娥　眉　月

宜　会友

菊花

〔唐〕元稹

秋丛绕舍似陶家，遍绕篱边日渐斜。

不是花中偏爱菊，此花开尽更无花。

睡眠	运动	天气 / 物候
昨日________入睡 今日________起床 □ 失眠　□ 多梦		

顺时饮食	今日待办	身体 / 健康
□ 银耳枸杞羹 □ 茱萸梅子汤	□ ________ □ ________ □ ________	

二〇一九年十月
October

五日

星期六

农历 九月初七

秋分 第三候 第三天

榛子

功效：健脾和胃，润肺止咳。用于调理病后体弱、脾虚泄泻、食欲不振、咳嗽。

健康提示

莲子生吃与熟吃的功效区别：

莲子煮熟吃，主要作用于心脾，补益的作用很好，体虚的人宜长期食用。

莲子生嚼吃，可以作用于肝肾，对于女性可以和血，对于男性可以固精。

己亥岁　癸酉月

土运不及，风火同德

乙亥日

四运

主　太　金

客　太　木

娥眉月

宜　山行

登楼寄王卿

〔唐〕韦应物

踏阁攀林恨不同，楚云沧海思无穷。
数家砧杵秋山下，一郡荆榛寒雨中。

【诗评】唐诗摘钞：章法倒叙，以三、四为一、二……山长水远，悠悠我思，亦与俱无穷耳。

睡眠	运动	天气 / 物候
昨日________入睡 今日________起床 □ 失眠　□ 多梦		
顺时饮食	**今日待办**	**身体 / 健康**
□ 银耳枸杞羹 □ 茱萸梅子汤	□ ________ □ ________ □ ________	

二〇一九年十月
October

六日

星期日

〔农历〕九月初八

〔秋分〕第三候 第四天

瓜蒂

功效：催吐，退黄疸。用于调理食积不化、食物中毒、癫痫痰盛；外用治急、慢性肝炎，肝硬化。

食材准备

后天进入寒露节气。

银耳莲子羹

原料：银耳、莲子。

桂子暖香茶

原料：干桂花3克、枸杞子。

山茱萸强筋壮骨汤

原料：茱萸（山萸肉）、茯苓、熟地、淮山药各30克、牛骨髓250—500克。

茱萸梅子汤（己亥五气保健饮，从秋分喝到立冬，做法见2019年9月24日）

原料：山茱萸10克、乌梅6个、大枣6个、甘草3克、川陈皮1/4个（注：不用其他陈皮，否则汤味苦）、红糖，气虚者加黄芪15—30克。

己亥岁 癸酉月

土运不及，风火同德

丙子日

五气

主 燥气

客 湿气

上弦月

宜 赏菊

九月八日送萧少府归洪州

〔唐〕皎然

明日重阳今日归，布帆丝雨望霏霏。

行过鹤渚知堪住，家在龙沙意有违。

睡眠	运动	天气／物候
昨日________入睡 今日________起床 □ 失眠 □ 多梦		

顺时饮食	今日待办	身体／健康
□ 银耳枸杞羹 □ 茱萸梅子汤 □ 送子蟹汤	□ 登山 □ ____________ □ ____________	

二〇一九年十月
October

七日

星期一

【农历】九月初九

【秋分】第三候　第五天

重阳节

吴茱萸

功效：散寒止痛，疏肝降压，温中燥湿。用于调理脘腹冷痛、厥阴头痛、疝痛、脚气肿痛、呕吐吞酸。

节气总结

银耳枸杞羹 ______ 次

送子蟹汤 ______ 次

茱萸梅子汤 ______

五气保健饮 ______ 次

身体哪些方面有改善 ________________________

己亥岁　癸酉月

土运不及，风火同德

丁丑日

四运
主 太 金
客 太 木

盈凸月

宜 佩茱萸

九月九日忆山东兄弟

〔唐〕王维

独在异乡为异客，每逢佳节倍思亲。
遥知兄弟登高处，遍插茱萸少一人。

【诗注】王维做此诗时年仅17岁。诗中所说的是吴茱萸。

【诗评】《诗境浅说续编》：此诗尤万口流传。诗到真切动人处，一字不可移易也。

睡眠	运动	天气／物候
昨日________入睡 今日________起床 □ 失眠　□ 多梦		

顺时饮食	今日待办	身体／健康
□ 银耳枸杞羹 □ 茱萸梅子汤	□ ________ □ ________ □ ________	

推荐食方

桂子暖香茶

原料：干桂花、枸杞子。

寒露

深秋

节气 寒露、霜降

时间 十月八日至十一月七日

今年寒露需特别注意的健康问题：

过敏性鼻炎、咳嗽、脱发

二〇一九年十月
October

八日

星期二

〔农历〕九月初十

〔寒露〕第一候 鸿雁来宾

全国高血压日

22:05 交寒露节气

山茱萸

茱萸有三种，山茱萸与吴茱萸是不同的药材。

节气食方

山茱萸强筋壮骨汤

原料：山茱萸（山萸肉）、茯苓、熟地、淮山药各 30 克、牛骨髓 250—500 克。

做法：将四味药材用冷水泡 30 分钟，然后用纱布包包起，放入锅中，加水煮开，放入牛骨髓，一起煲 1 小时。

功效：益精血、壮骨髓、补肝肾、强筋壮骨。老年人喝这个汤，腰腿就有力了，不容易酸软、疼痛。

己亥岁　甲戌月

土运不及，风火同德

戊寅日

五　气

主　燥　气

客　湿　气

盈凸月

宜　进补

蜀中九日

〔唐〕王勃

九月九日望乡台，他席他乡送客杯。
人情已厌南中苦，鸿雁那从北地来。

【诗评】《唐诗解》：唐人绝句类于无情处生情，此联是其鼻祖。

睡眠	运动	天气 / 物候
昨日________入睡 今日________起床 ☐ 失眠　☐ 多梦		
顺时饮食	**今日待办**	**身体 / 健康**
☐ 银耳莲子羹 ☐ 桂子暖香茶 ☐ 山茱萸强筋壮骨汤	☐ ________ ☐ ________ ☐ ________	

二〇一九年十月

October

九日

星期三

〔农历〕九月十一

〔寒露〕第一候 第二天

威灵仙

功效：祛风湿，通经络。用于调理风湿痹痛、肢体麻木、筋脉拘挛、屈伸不利。

健康提示

寒露节气的养生功课：滋养肝血，理血活血。

今年寒露特殊的养生重点——

今年寒露节气，脾虚、血虚、阳虚、湿气重的人容易出现亚健康问题。

防病重点：过敏性鼻炎、咳嗽、脱发。

己亥岁　甲戌月

土运不及，风火同德

己卯日

四运

主　太　金

客　太　木

盈凸月

宜　赏桂

秋夜曲

〔唐〕王维

桂魄初生秋露微，轻罗已薄未更衣。

银筝夜久殷勤弄，心怯空房不忍归。

【诗评】《唐诗选脉会通评林》：闺情正调，雅而不纤。

睡眠	运动	天气 / 物候
昨日________入睡 今日________起床 □ 失眠　□ 多梦		
顺时饮食	**今日待办**	**身体 / 健康**
□ 银耳莲子羹 □ 茱萸梅子汤 □ 桂子暖香茶	□ ________ □ ________ □ ________	

二〇一九年十月
October

十日

星期四

〔农历〕九月十二

〔寒露〕第一候　第三天

世界居室卫生日
世界精神卫生日
世界视力日

荞麦

功效：开胃宽肠，下气消积。

健康提示

从寒露开始进入秋天的第三个月，养生的关键词是“滋养肝血”。前半月重点是理血活血，后半月重点是暖血补血。

己亥岁 甲戌月

土运不及，风火同德

庚辰日

五 气

主 燥 气

客 湿 气

盈凸月

宜 扫除

村夜

〔唐〕白居易

霜草苍苍虫切切，村南村北行人绝。

独出门前望野田，月明荞麦花如雪。

【诗注】带经堂诗话：稻花、豆花、安秀、黍离，皆以入诗。荞麦为五谷最下之品，而其花殊娇艳。

【诗评】唐宋诗醇：一味真朴，不假装点，自具苍老之至，七绝中之近古者。

睡眠

昨日________入睡

今日________起床

☐ 失眠 ☐ 多梦

运动

天气 / 物候

顺时饮食

☐ 银耳莲子羹

☐ 桂子暖香茶

☐ 山茱萸强筋壮骨汤

今日待办

☐ ________

☐ ________

☐ ________

身体 / 健康

二〇一九年十月
October

十一

星期五

〔农历〕九月十三

〔寒露〕第一候 第四天

世界镇痛日

红豆蔻
功效：散寒燥湿，醒脾消食。

健康提示

梅子汤也有止胃痛的功效，对于消化不良、生气等原因引起的胃气痛、腹泻有很好的效果。

己亥岁　甲戌月

土运不及，风火同德

辛巳日

四运

主　太　金

客　太　木

盈凸月

宜　煮梅汤

九月

〔唐〕章孝标

徙倚仙居绕翠楼，分明宫漏静兼秋。

长安夜夜家家月，几处笙歌几处愁。

睡眠	运动	天气／物候
昨日________入睡 今日________起床 □ 失眠　□ 多梦		

顺时饮食	今日待办	身体／健康
□ 银耳莲子羹 □ 茱萸梅子汤 □ 桂子暖香茶	□ __________ □ __________ □ __________	

二〇一九年十月
October

十二

星期六

【农历】九月十四

【寒露】第一候　第五天

世界关节炎日

青粱米

粱的一种。功效：健脾益气，涩精止泻，利尿通淋。用于调理脾虚食少、烦热、消渴、泄精、泻痢、淋证。

健康提示

初夏泡的青梅酒和樱桃酒现在都可以喝，对于关节炎都有调理作用。樱桃酒还可以外擦。

己亥岁　甲戌月

土运不及，风火同德

壬午日

五　气

主　燥　气

客　湿　气

盈凸月

宜　品酒

豫州耆老为祖逖歌

〔魏晋〕无名氏

幸哉遗黎免俘虏，三辰既朗遇慈父。
玄酒忘劳甘瓠脯，何以咏恩歌且舞。

睡眠	运动	天气 / 物候
昨日________入睡 今日________起床 □ 失眠　□ 多梦		
顺时饮食	**今日待办**	**身体 / 健康**
□ 银耳莲子羹 □ 桂子暖香茶 □ 山茱萸强筋壮骨汤	□ ________ □ ________ □ ________	

二〇一九年十月
October

十二

星期日

〔农历〕九月十五

〔寒露〕第二候　雀入水为蛤

世界保健日

紫苏

功效：宣肺化痰，止咳平喘。

一候反思

询问家里的老年人是否有这些问题:

腿脚无力　□ 是　□ 否

经常腰酸　□ 是　□ 否

长期耳鸣　□ 是　□ 否

听力减退　□ 是　□ 否

经常在早起时拉肚子　□ 是　□ 否

有一个以上答是，在立春之前可以常喝山茱萸强筋壮骨汤。

己亥岁　甲戌月

土运不及，风火同德

癸未日

四　运

主　太　金

客　太　木

盈凸月

宜　玩月

和知己秋日伤怀

〔唐〕郑谷

流水歌声共不回，去年天气旧亭台。

梁尘寂寞燕归去，黄蜀葵花一朵开。

睡眠	运动	天气 / 物候
昨日________入睡 今日________起床 □ 失眠　□ 多梦		

顺时饮食	今日待办	身体 / 健康
□ 银耳莲子羹 □ 茱萸梅子汤 □ 桂子暖香茶	□ ________ □ ________ □ ________	

二〇一九年十月
October

十四

星期一

〔农历〕九月十六

〔寒露〕第二候　第二天

黄粱米

功效：和中，益气，利湿。用于调理霍乱、呕吐泄泻、下痢、骨湿痹痛。

健康提示

《本草纲目》称莲子为“脾之果”，这其实只是熟吃的功效。莲子不仅调理脾的问题，它也调理心、肝、肾。

己亥岁　甲戌月

土运不及，风火同德

甲申日

五气

主 燥气

客 湿气

满月

05:08 望

宜 养脾

万事

〔宋〕王安石

万事黄粱欲熟时，世间谈笑漫追随。

鸡虫得失何须算，鹏鹍逍遥各自知。

【诗注】黄粱一梦的典故，说的就是一场人生大梦醒来，灶上煮的黄粱米饭还没有熟呢。

睡眠	运动	天气 / 物候
昨日________入睡 今日________起床 □ 失眠　□ 多梦		
顺时饮食	**今日待办**	**身体 / 健康**
□ 银耳莲子羹 □ 桂子暖香茶 □ 山茱萸强筋壮骨汤	□ ________ □ ________ □ ________	

二〇一九年十月
October

十五

星期二

〔农历〕九月十七

〔寒露〕第二候　第三天

全球洗手日
白手杖节（国际盲人节）

赤瓜木

山楂树的木材。功效：用于调理水痢、头风、身痒。

健康提示

教孩子养成习惯：回到家第一件事就是好好清洁双手，然后用流水冲洗干净。每次一分钟，就能够避免一半以上的肺炎、肠炎和其他传染病。

己亥岁 甲戌月

土运不及，风火同德

乙酉日

四		运
主	太	金
客	太	木

亏凸月

宜 洗手

白云深山掘芝者

〔明〕徐渭

天外白云必尔家，微红双颊饱朱砂。
神仙岂是灵芝得，枉用锹锄坏紫霞。

睡眠	运动	天气 / 物候
昨日________入睡 今日________起床 ☐ 失眠 ☐ 多梦		
顺时饮食	**今日待办**	**身体 / 健康**
☐ 银耳莲子羹 ☐ 茱萸梅子汤 ☐ 桂子暖香茶	☐ ________ ☐ ________ ☐ ________	

二〇一九年十月
October

十六

星期三

〔农历〕九月十八

〔寒露〕第二候　第四天

世界脊椎日

桂花

功效：温肺化饮，散寒止痛。用于调理痰饮咳喘、脘腹冷痛、肠风血痢、经闭痛经、寒疝腹痛、牙痛、口臭。

健康提示

每年 10 月是世界乳腺癌宣传月。在中国，乳腺癌已经超过肺癌，上升到女性患癌的首位。女性要坚持每个月在家自己检查乳腺。

己亥岁　甲戌月

土运不及，风火同德

丙戌日

五　气

主 燥　气

客 湿　气

亏 凸 月

宜 查病

桂花

〔宋〕吴锡畴

许多香却不多花，灏气浮空月满家。

明日石坛金屑富，旋收剩馥入龙茶。

【诗注】这首诗讲的是用桂花窨茶。

睡眠

昨日________入睡

今日________起床

□ 失眠　□ 多梦

运动

天气 / 物候

顺时饮食

□ 银耳莲子羹

□ 桂子暖香茶

□ 山茱萸强筋壮骨汤

今日待办

□ ________

□ ________

□ ________

身体 / 健康

二〇一九年十月

October

十七

星期四

〔农历〕九月十九

〔寒露〕第二候 第五天

桂花

功效：温肺化饮，散寒止痛。用于调理痰饮咳喘、脘腹冷痛、肠风血痢、经闭痛经、寒疝腹痛、牙痛、口臭。

二候反思

自查是否具备患乳腺癌危险因素

35 岁以后初次生育或者未生育	□ 是	□ 否
初潮年龄小于 12 岁	□ 是	□ 否
绝经年龄超过 55 岁	□ 是	□ 否
家族遗传	□ 是	□ 否
服用雌激素	□ 是	□ 否
长期乳腺增生	□ 是	□ 否

己亥岁　甲戌月

土运不及，风火同德

丁亥日

四　运

主　太　金

客　太　木

亏凸月

宜　反思

岩桂花

〔宋〕方岳

谁遣秋风开此花，天香来自玉皇家。

郁金裳浥蔷薇露，知是仙人萼绿华。

睡眠	运动	天气 / 物候
昨日＿＿＿＿入睡 今日＿＿＿＿起床 □ 失眠　□ 多梦		
顺时饮食	**今日待办**	**身体 / 健康**
□ 银耳莲子羹 □ 茱萸梅子汤 □ 桂子暖香茶	□ ＿＿＿＿ □ ＿＿＿＿ □ ＿＿＿＿	

二〇一九年十月
October

十八

星期五

〔农历〕九月二十

〔寒露〕第三候　菊有黄华

世界更年期关怀日
粉红丝带关爱日

菊花
功效：散风清热，平肝明目，清热解毒。用于调理高血压、头痛眩晕、目赤肿痛、眼目昏花、疮痈肿毒。

健康提示

粉红丝带是乳腺癌防治运动的标志。女性乳腺癌高发的年龄段是45—55岁、65—75岁。更年期以后的女性也要预防乳腺癌。

己亥岁　甲戌月

土运不及，风火同德

戊子日

五　气

主 燥　气

客 湿　气

亏 凸 月

宜 问安

菊花

〔明〕唐寅

故园三径吐幽丛，一夜玄霜坠碧空。

多少天涯未归客，尽借篱落看秋风。

睡眠	运动	天气 / 物候
昨日________入睡 今日________起床 □ 失眠　□ 多梦		
顺时饮食	**今日待办**	**身体 / 健康**
□ 银耳莲子羹 □ 桂子暖香茶 □ 山茱萸强筋壮骨汤	□ 女性：学习乳腺自检的方法 □ ____________	

二〇一九年十月
October

十九

星期六

〔农历〕九月廿一

〔寒露〕第三候　第二天

稷米

即小米。功效：和中益气，凉血解暑。

健康提示

红莲的三种吃法

1. 生嚼：细细地嚼碎以后咽下去。每天可以吃两次。
2. 泡茶：取十几粒用开水焖泡 30 分钟，喝水吃莲子。
3. 炖煮：煲汤、炖甜品、炖银耳。

己亥岁 甲戌月

土运不及，风火同德

己丑日

四运
主 太 金
客 太 木

亏凸月

宜 食莲

桃花扇题词

〔清〕吕敦礼

舞衫歌扇话南朝，兵气销沉粉黛娇。
一局残棋明社稷，千秋评论付渔樵。

【诗注】社为土地神，稷为谷神，古人以社稷代指国家。

睡眠	运动	天气 / 物候
昨日＿＿＿＿入睡 今日＿＿＿＿起床 □ 失眠 □ 多梦		
顺时饮食	**今日待办**	**身体 / 健康**
□ 银耳莲子羹 □ 茱萸梅子汤 □ 桂子暖香茶	□ ＿＿＿＿ □ ＿＿＿＿ □ ＿＿＿＿	

二〇一九年十月
October

二十

星期日

〔农历〕九月廿二

〔寒露〕第三候 第三天

世界骨质疏松日

何首乌

功效：补肝，益肾，养血，祛风。用于调理肝肾阴亏、发须早白、血虚头晕、腰膝软弱、筋骨酸痛、遗精。

健康提示

在中国骨质疏松症人群是全世界最多的，有不少孩子也出现骨量不足的现象。平时可以多吃这些食物来帮助：

主食：藜麦

干果：枸杞子

水果：葡萄

蔬菜：苦藠

补药：山茱萸

己亥岁　甲戌月

土运不及，风火同德

庚寅日

五　气

主 燥　气

客 湿　气

亏凸月

宜 赏秋

峨眉山月歌

〔唐〕李白

峨眉山月半轮秋，影入平羌江水流。
夜发清溪向三峡，思君不见下渝州。

睡眠	运动	天气 / 物候
昨日________入睡 今日________起床 □ 失眠　□ 多梦		

顺时饮食	今日待办	身体 / 健康
□ 银耳莲子羹 □ 桂子暖香茶 □ 山茱萸强筋壮骨汤	□ ________ □ ________ □ ________	

二〇一九年十月
October

廿一

星期一

〔农历〕九月廿三

〔寒露〕第三候 第四天

椰子

功效：补虚，生津，利尿，杀虫。用于调理心脏病水肿、口干烦渴。

健康提示

莲子补心气，桂圆补心血，它们一起吃，养心的效果更好。莲子心还能平衡桂圆的温性，防止上火。

己亥岁　甲戌月
土运不及，风火同德

辛卯日

四	运
主 太	金
客 太	木

下弦月

宜 养心

以椰子小冠送子予

〔宋〕黄庭坚

浆成乳酒醺人醉，肉载鹅肪上客盘。
有核如匏可雕琢，道装宜作玉人冠。

睡眠

昨日________入睡
今日________起床
□ 失眠　□ 多梦

运动

天气 / 物候

顺时饮食

□ 银耳莲子羹
□ 茱萸梅子汤
□ 桂子暖香茶

今日待办

□ ________
□ ________
□ ________

身体 / 健康

二〇一九年十月
October

廿二

星期二

〔农历〕九月廿四

〔寒露〕第三候　第五天

世界传统医药日

荆芥

功效：解表散风，透疹。用于调理感冒、头痛、麻疹、风疹、疮疡初起。

食材准备

后天进入霜降节气。

银耳桂圆羹

原料：银耳、桂圆。

双莲墨鱼汤

原料：墨鱼1—2只、肥肉50克（今年最好用鸡肉）、莲藕250克、莲子20粒、枸杞子20粒、陈皮半个、生姜（带皮）3片。

茱萸梅子汤（己亥五气保健饮，从秋分喝到立冬，做法见2019年9月24日）

原料：山茱萸10克、乌梅6个、大枣6个、甘草3克、川陈皮1/4个（注：不用其他陈皮，否则汤味苦）、红糖，气虚者加黄芪15—30克。

己亥岁　甲戌月

土运不及，风火同德

壬辰日

五　气

主　燥　气

客　湿　气

残　月

宜　辞青

新秋杂题

〔唐〕陆龟蒙

橘下凝情香染巾，竹边留思露摇身。
背烟垂首尽日立，忆得山中无事人。

睡眠	运动	天气 / 物候
昨日________入睡 今日________起床 □ 失眠　□ 多梦		

顺时饮食	今日待办	身体 / 健康
□ 银耳莲子羹 □ 桂子暖香茶 □ 山茱萸强筋壮骨汤	□ ________ □ ________ □ ________	

二〇一九年十月
October

廿三

星期三

〔农历〕九月廿五

〔寒露〕第三候　第六天

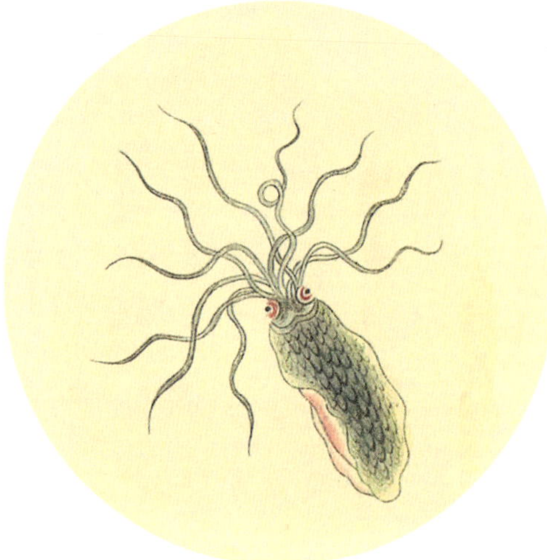

墨鱼

功效：养血滋阴，补心通脉，和血清肾，去热保精，明目去热，滋肝肾，利胎产，调经带，最益妇人。

节气总结

银耳莲子羹 ______ 次

桂子暖香茶 ______ 次

五气保健饮 ______ 次

茱萸梅子汤 ______ 次

山茱萸强筋壮骨汤 ______ 次

身体哪些方面有改善 ______________________________

己亥岁　甲戌月

土运不及，风火同德

癸巳日

四	运
主 太	金
客 太	木

残月

宜 静养

送墨鱼巩大监

〔宋〕姜特立

底事呼为海里羊，陀尼为背锦为裳。
殷勤送似曲湖老，要荐君家玳瑁觞。

【诗注】这首诗描写墨鱼的美味和珍贵。

睡眠	运动	天气 / 物候
昨日________入睡 今日________起床 ☐ 失眠　☐ 多梦		
顺时饮食	**今日待办**	**身体 / 健康**
☐ 银耳莲子羹 ☐ 茱萸梅子汤 ☐ 桂子暖香茶	☐ ________ ☐ ________ ☐ ________	

推荐食方

双莲墨鱼汤

原料：墨鱼、肥肉或鸡肉、莲藕、莲子、枸杞子、陈皮、生姜（带皮）。

霜降

今年霜降需特别注意的健康问题：
腹泻、腹胀、脱发

二〇一九年十月
October

廿四

星期四

〔农历〕九月廿六

〔霜降〕第一候　豺乃祭兽

01:19 交霜降节气

豺

功效：补虚消积，散瘀消肿。用于调理虚劳体弱、食积。

节气食方

双莲墨鱼汤

原料：墨鱼1—2只、肥肉50克（今年最好用鸡肉）、莲藕250克、莲子20粒、枸杞子20粒、陈皮半个、生姜（带皮）3片。

做法：

1. 提前几小时用冷水泡发墨鱼干和莲子。墨鱼不要拆骨，要连骨一起炖。莲藕切段。
2. 全部原料一起放锅内加冷水，大火烧开后，转小火炖40分钟至1小时。
3. 加少许盐，关火。
4. 起锅后将墨鱼骨取出。

己亥岁　甲戌月

土运不及，风火同德

甲午日

五　气

主 燥　气

客 湿　气

残　月

宜 进补

忍俊

〔明末清初〕王夫之

豺祭羔豚獭祭鲜，不须欣享且争妍。

王唐瞿薛当年盛，又束潘妃步步莲。

【诗注】第一句引用节气物候：雨水第一候，獭祭鱼；霜降第一候，豺乃祭兽。

睡眠	运动	天气 / 物候
昨日________入睡 今日________起床 □ 失眠　□ 多梦		

顺时饮食	今日待办	身体 / 健康
□ 银耳桂圆羹 □ 茱萸梅子汤 □ 双莲墨鱼汤	□ ________ □ ________ □ ________	

二〇一九年十月
October

廿五

星期五

〔农历〕九月廿七

〔霜降〕第一候　第二天

山楂

功效：消食健胃，行气散瘀。用于肉食积滞、胃脘胀满、泻痢腹痛、瘀血闭经、产后瘀阻、心腹刺痛、疝气疼痛、高脂血症。

健康提示

霜降节气的养生功课：滋养肝血、暖血补血。

今年霜降特殊的养生重点——

今年霜降节气，除了像平常年份一样养肝血，还要注意健脾。

需特别注意的健康问题：腹泻、腹胀、脱发。

己亥岁　甲戌月

土运不及，风火同德

乙未日

四运

主　太　金

客　太　木

残月

宜　候霜

题韦云叟草堂

〔唐〕贾岛

新起此堂开北窗，当窗山隔一重江。
白茅草苫重重密，爱此秋天夜雨淙。

【诗注】白茅草的根就是中药茅根。

睡眠	运动	天气 / 物候
昨日________入睡 今日________起床 ☐ 失眠　☐ 多梦		
顺时饮食	**今日待办**	**身体 / 健康**
☐ 银耳桂圆羹 ☐ 茱萸梅子汤 ☐ 双莲墨鱼汤	☐ ________ ☐ ________ ☐ ________	

二〇一九年十月
October

廿六

星期六

〔农历〕九月廿八

〔霜降〕第一候　第三天

杜若
古代的一种香草。

健康提示

今年是土年，而且是土不足之年，脾属土，莲子是“脾之果”，补脾的效果特别好，今年可以尽量多吃。

己亥岁　甲戌月

土运不及，风火同德

丙申日

五　气

主　燥气

客　湿气

残　月

宜　赏秋

忆溪居

〔唐〕李中

竹轩临水静无尘，别后凫鹥入梦频。
杜若菰蒲烟雨歇，一溪春色属何人。

【诗评】《唐诗快》：如此溪居，岂可轻别！

睡眠	运动	天气 / 物候
昨日________入睡 今日________起床 □ 失眠　□ 多梦		
顺时饮食	**今日待办**	**身体 / 健康**
□ 银耳桂圆羹 □ 茱萸梅子汤 □ 双莲墨鱼汤	□ ________ □ ________ □ ________	

二〇一九年十月
October

廿七

星期日

〔农历〕九月廿九

〔霜降〕第一候　第四天

兰草

功效：滋阴清肺，化痰止咳。用于调理百日咳、肺结核咳嗽、咯血、神经衰弱、头晕腰痛、尿路感染、白带。

健康提示

明天寒衣节，它原本是秦朝时的“元旦”。古代改朝换代要“改正朔、易服色”。秦始皇称帝，服装崇尚黑色，并将一岁之首改到十月初一，在这一天庆贺新年。

己亥岁　甲戌月

土运不及，风火同德

丁酉日

四运
主 太 金
客 太 木

残月

宜 远望

湘中弦（节选）

〔唐〕崔涂

烟愁雨细云冥冥，杜兰香老三湘清。
故山望断不知处，鶗鴂隔花时一声。

【诗评】

《诗境浅说续编》：歌谣与《竹枝》《水调》相类，重在音节入古，而用意则超于象外，斯为合作。此诗前二句写景，而已含愁思。三句表怀乡之意，四句言隔花鶗鴂，催换芳年，益复动人归思。悠然有弦外之音。

睡眠	运动	天气 / 物候
昨日________入睡 今日________起床 ☐ 失眠　☐ 多梦		

顺时饮食	今日待办	身体 / 健康
☐ 银耳桂圆羹 ☐ 茱萸梅子汤 ☐ 双莲墨鱼汤	☐ ________ ☐ ________ ☐ ________	

二〇一九年十月
October

廿八

星期一

〔农历〕十月初一

〔霜降〕第一候 第五天

全国男性健康日
寒衣节

五味子

功效：收敛固涩，益气生津，补肾宁心。用于调理久嗽虚喘、梦遗滑精、遗尿、尿频、久泻不止、自汗盗汗、津伤口渴、内热消渴、心悸失眠。

一候反思

提醒家里老人注意以下现象

突然四肢无力	□ 是	□ 否
身体局部麻	□ 是	□ 否
突然间口齿不清	□ 是	□ 否
失去平衡力	□ 是	□ 否
眼睛蒙黑	□ 是	□ 否

如果出现任何一个，即使只有几分钟就好转，也要注意检查是否是小中风。

己亥岁　甲戌月

土运不及，风火同德

戊戌日

五气

主 燥气

客 湿气

朔月

11:38 朔

宜 思亲

燕子楼

〔唐〕白居易

满窗明月满帘霜，被冷灯残拂卧床。
燕子楼中霜月夜，秋来只为一人长。

睡眠	运动	天气 / 物候
昨日________入睡 今日________起床 ☐ 失眠　☐ 多梦		
顺时饮食	**今日待办**	**身体 / 健康**
☐ 银耳桂圆羹 ☐ 茱萸梅子汤 ☐ 双莲墨鱼汤	☐ ________ ☐ ________ ☐ ________	

二〇一九年十月
October

廿九

星期二

〔农历〕十月初二

〔霜降〕第二候 草木黄落

世界卒中日

山药

功效：健脾，补肺，固肾，益精。用于调理脾虚泄泻、久痢、虚劳咳嗽、消渴、遗精、带下、小便频数。补脾养胃，生津益肺，补肾涩精。用于调理脾虚食少、久泻不止、肺虚喘咳、肾虚遗精、带下、尿频、虚热消渴。

健康提示

卒中就是中风，分为大中风和小中风。大中风很严重，多数是脑梗死。小中风时症状相对轻，脑血管并没有完全被血栓堵塞，而只是短暂性脑血管缺血。几分钟或几小时症状会好转。但这种微小栓塞是脑梗死的预警信号，一定要及时治疗。

己亥岁　甲戌月

土运不及，风火同德

己亥日

四　运

主　太　金

客　太　木

娥　眉　月

宜　问安

己亥杂诗·其五

〔清〕龚自珍

浩荡离愁白日斜，吟鞭东指即天涯。

落红不是无情物，化作春泥更护花。

睡眠	运动	天气／物候
昨日________入睡 今日________起床 □ 失眠　□ 多梦		

顺时饮食	今日待办	身体／健康
□ 银耳桂圆羹 □ 茱萸梅子汤 □ 双莲墨鱼汤	□ ________ □ ________ □ ________	

二〇一九年十月
October

三十

星期三

〔农历〕十月初三

〔霜降〕第二候　第二天

皂荚

功效：祛痰止咳，开窍通闭，杀虫散结。用于调理痰咳喘满、中风口噤、痰涎壅盛、神昏不语、癫痫、喉痹、二便不通、痈肿疥癣。

读书

“莲之味甘，气温而性涩，禀清芳之气，得稼穑之味，乃脾之果也。”

——李时珍《本草纲目》

己亥岁　甲戌月

土运不及，风火同德

庚子日

五气

主 燥气

客 湿气

娥眉月

宜 读书

东斋杂咏（皂荚）

〔宋〕张耒

畿县尘埃不可论，故山乔木尚能存。
不缘去垢须青荚，自爱苍鳞百岁根。

睡眠	运动	天气 / 物候
昨日________入睡 今日________起床 □ 失眠　□ 多梦		
顺时饮食	**今日待办**	**身体 / 健康**
□ 银耳桂圆羹 □ 茱萸梅子汤 □ 双莲墨鱼汤	□ ________ □ ________ □ ________	

二〇一九年十月
October

卅一

星期四

〔农历〕十月初四

〔霜降〕第二候 第三天

菊花水

传说南阳郦县北潭，崖上有菊，水有菊花香。

健康提示

莲子心的功效：

清心火

平肝火

泻脾火

降肺火

生津止渴

消除眼睛红肿

己亥岁　甲戌月

土运不及，风火同德

辛丑日

四运

主　太　金

客　太　木

娥眉月

宜　清心

寿歌三章为松鹤翁作·其二

〔明〕边贡

西园十月菊花黄，花底流泉水亦香。
汲水采花宵酿酒，晓筵倾入万年觞。

睡眠	运动	天气 / 物候
昨日________入睡 今日________起床 □ 失眠　□ 多梦		
顺时饮食	**今日待办**	**身体 / 健康**
□ 银耳桂圆羹 □ 茱萸梅子汤 □ 双莲墨鱼汤	□ ________ □ ________ □ ________	

二〇一九年十一月
November

一日

星期五

〔农历〕十月初五

〔霜降〕第二候 第四天

万圣节

括楼

功效：清热化痰，宽胸散结，润燥滑肠。用于调理肺热咳嗽、胸痹、结胸、消渴、便秘、痈肿疮毒。

健康提示

莲子心虽然寒凉，却不凉脾胃，而是专门去心火。莲子心清心火并不像一盆冰水将火扑灭，而是由心走肾，引火下行，起到固肾的作用；同时又将肾水上引到心，从而平息心火。

己亥岁　甲戌月

土运不及，风火同德

壬寅日

四	运
主 太	金
客 太	木

娥眉月

宜 回家吃饭

食莲子

〔宋〕杨万里

绿玉蜂房白玉蜂，折来带露复含风。
玻璃盆面冰浆底，醉嚼新莲一百蓬。

睡眠	运动	天气 / 物候
昨日________入睡 今日________起床 ☐ 失眠　☐ 多梦		
顺时饮食	**今日待办**	**身体 / 健康**
☐ 银耳桂圆羹 ☐ 茱萸梅子汤 ☐ 双莲墨鱼汤	☐ ________ ☐ ________ ☐ ________	

二〇一九年十一月
November

二日

星期六

农历 十月初六

霜降 第二候 第五天

薏苡仁

功效：利水渗湿，健脾止泻，除痹排脓，解毒散结。用于调理水肿、脚气、小便不利、脾虚泄泻、湿痹拘挛、肺痈、肠痈、赘疣、癌肿。

二候反思

秋分以后到现在是否出现

晚上睡不着 □ 是 □ 否

半夜醒来 □ 是 □ 否

经常做梦 □ 是 □ 否

任何一个答是，喝银耳羹时加入莲子（带心）和百合。在明年的日历的春分节气开篇页标注“春分到谷雨重点养生”。

己亥岁　甲戌月

土运不及，风火同德

癸卯日

五　气

主　燥　气

客　湿　气

娥　眉　月

宜　茶会

陌上赠美人

〔唐〕李白

骏马骄行踏落花，垂鞭直拂五云车。
美人一笑褰珠箔，遥指红楼是妾家。

睡眠	运动	天气 / 物候
昨日________入睡 今日________起床 □ 失眠　□ 多梦		
顺时饮食	**今日待办**	**身体 / 健康**
□ 银耳桂圆羹 □ 茱萸梅子汤 □ 双莲墨鱼汤	□ ________ □ ________ □ ________	

二〇一九年十一月
November

三日

星期日

〔农历〕十月初七

〔霜降〕第三候　蛰虫咸俯

柴胡

功效：和解表里，疏肝解郁，升阳举陷，退热截疟。用于调理感冒发热、寒热往来、胸胁胀痛、月经不调、子宫脱垂、脱肛。

健康提示

古人美称莲子为“水中灵芝”。认为莲子可以补脾胃、补气养神，祛除各种疾病；长期服用，可使人体态轻盈、保持青春、不易饥饿、延年益寿。

己亥岁　甲戌月

土运不及，风火同德

甲辰日

四		运
主	太	金
客	太	木

娥眉月

宜 进补

暮秋独游曲江

〔唐〕李商隐

荷叶生时春恨生，荷叶枯时秋恨成。
深知身在情长在，怅望江头江水声。

睡眠	运动	天气 / 物候
昨日________入睡 今日________起床 □ 失眠　□ 多梦		
顺时饮食	**今日待办**	**身体 / 健康**
□ 银耳桂圆羹 □ 茱萸梅子汤 □ 双莲墨鱼汤	□ ________ □ ________ □ ________	

二〇一九年十一月

November

四日

星期一

〔农历〕十月初八

〔霜降〕第三候　第二天

橄榄

功效：清肺利咽，生津止渴，解毒。用于调理咳嗽痰血、咽喉肿痛、暑热烦渴、醉酒、鱼蟹中毒。

食材准备

立冬当日食方（吃 1—3 天）

羊肉汤

原料：羊肉、胡椒粉。

凉拌茴香菜

原料：新鲜茴香菜、豆瓣酱、油。

己亥岁　甲戌月

土运不及，风火同德

乙巳日

五　气

主　燥　气

客　湿　气

上　弦　月

宜　惜秋

橄榄

〔宋〕苏轼

纷纷青子落红盐，正味森森苦且严。
待得微甘回齿颊，已输崖蜜十分甜。

【诗注】橄榄的味道初尝酸苦，却有回甘。

睡眠	运动	天气 / 物候
昨日________入睡 今日________起床 □ 失眠　□ 多梦		
顺时饮食	**今日待办**	**身体 / 健康**
□ 银耳桂圆羹 □ 茱萸梅子汤 □ 双莲墨鱼汤	□ ________ □ ________ □ ________	

二〇一九年十一月
November

五日

星期二

〔农历〕十月初九

〔霜降〕第三候 第三天

茵陈蒿

功效：清热利湿，退黄。用于调理黄疸、湿疮瘙痒。

食材准备

立冬节气食方

白果墨鱼汤（1 人量）

原料：白果 7 粒、墨鱼干 1 只、肥肉或鸡肉、枸杞子 30 粒、生姜 3 片、川陈皮 1 个。

银耳莲子羹

原料：银耳、莲子。

山茱萸强筋壮骨汤（老年人喝）

茱萸梅子汤（己亥五气保健饮，从秋分喝到立冬，做法见 2019 年 9 月 24 日）

原料：山茱萸 10 克、乌梅 6 个、大枣 6 个、甘草 3 克、川陈皮 1/4 个（注：不用其他陈皮，否则汤味苦）、红糖，气虚者加黄芪 15—30 克。

己亥岁　甲戌月

土运不及，风火同德

丙午日

四运

主 太 金

客 太 木

盈凸月

宜 反思

甘州歌

〔唐〕符载

月里嫦娥不画眉，只将云雾作罗衣。

不知梦逐青鸾去，犹把花枝盖面归。

睡眠	运动	天气 / 物候
昨日________入睡 今日________起床 □ 失眠　□ 多梦		
顺时饮食	**今日待办**	**身体 / 健康**
□ 银耳桂圆羹 □ 茱萸梅子汤 □ 双莲墨鱼汤	□ ________ □ ________ □ ________	

二〇一九年十一月

November

六日

星期三

农历 十月初十

霜降 第三候 第四天

杜仲

功效：补肝肾，强筋骨，安胎。用于调理腰脊酸疼、足膝痿弱、小便余沥、阴下湿痒、胎漏欲堕、胎动不安、高血压。

节气总结

银耳桂圆羹 ______ 次

双莲墨鱼汤 ______ 次

山茱萸强筋壮骨汤 ______ 次

茱萸梅子汤 ______ 次

白菊降脂饮 ______ 次

身体哪些方面有改善 ________________________________

己亥岁　甲戌月

土运不及，风火同德

丁未日

五　气

主 燥　气

客 湿　气

盈凸月

宜 送秋

拨棹歌

〔唐〕德诚

千尺丝纶直下垂，一波才动万波随。
夜静水寒鱼不食，满船空载月明归。

睡眠	运动	天气 / 物候
昨日______入睡 今日______起床 □ 失眠　□ 多梦		
顺时饮食	**今日待办**	**身体 / 健康**
□ 银耳桂圆羹 □ 茱萸梅子汤 □ 双莲墨鱼汤	□ ______ □ ______ □ ______	

二〇一九年十一月
November

七日

星期四

〔农历〕十月十一

〔霜降〕第三候 第五天

银杏

功效：敛肺定喘，止带缩尿。用于调理哮喘痰嗽、白带、白浊、遗精、尿频。

秋季回顾

6 个节气中有 ______ 个节气坚持了节气饮食

秋季的养生功课还做了（请打勾）:

常吃银耳 □

常吃莲子 □

佩戴茱萸香囊 □

登山秋游 □

了解各种健康日普及的健康知识 □

身体哪些方面有改善 ________________________

是否生过病 ________________________

我给自己的秋季养生功课打 ______ 分

己亥岁　甲戌月

土运不及，风火同德

戊申日

四		运
主	太	金
客	太	木

盈凸月

宜　静养

晨兴书所见

〔宋〕葛绍体

等闲日月任西东，不管霜风着鬓蓬。

满地翻黄银杏叶，忽惊天地告成功。

睡眠	运动	天气 / 物候
昨日________入睡 今日________起床 □ 失眠　□ 多梦		
顺时饮食	**今日待办**	**身体 / 健康**
□ 银耳桂圆羹 □ 茱萸梅子汤 □ 双莲墨鱼汤	□ ________ □ ________ □ ________	

推荐食方

凉拌茴香菜

原料：新鲜茴香菜、豆瓣酱、植物油。

立冬

初冬

节气

立冬、小雪

时间

十一月八日至十二月六日

今年立冬需特别注意的健康问题：

受寒、感冒、身体冷痛、小腿浮肿

二〇一九年十一月
November

八日

星期五

〔农历〕十月十二

〔立冬〕第一候 水始冰

01:24 交立冬节气

昆布

功效：用于调理甲状腺肿、慢性气管炎、咳嗽。

节气食方

白果墨鱼汤（1 人量）

原料：白果 7 粒（儿童 3 粒）、墨鱼干 1 只、肥肉或鸡肉（今年用鸡肉更好）、枸杞子 30 粒、生姜 3 片、川陈皮 1 个。

做法：提前一两小时用冷水泡发墨鱼干和白果，放入锅内，再加入其他配料注入冷水，炖上 1 个小时就可以喝了。

己亥岁·乙亥月

土运不及，风火同德

己酉日

五 气

主 燥 气

客 湿 气

盈凸月

宜 补冬

立冬即事二首·其一

〔宋末元初〕仇远

细雨生寒未有霜，庭前木叶半青黄。
小春此去无多日，何处梅花一绽香。

睡眠

昨日________入睡
今日________起床
□ 失眠 □ 多梦

运动

天气 / 物候

顺时饮食

□ 羊肉汤
□ 凉拌茴香菜

今日待办

□ ________
□ ________
□ ________

身体 / 健康

二〇一九年十一月
November

九日

星期六

〔农历〕十月十三

〔立冬〕第一候　第三天

消防宣传日

槐豆

功效：清热，润肝，凉血，止血。

健康提示

从今天开始进入己亥年的第五运（终运）

历时 73 天（2019 年 11 月 9 日 01:45—2020 年 1 月 21 日 03:00）

主运——少水，客运——少火。

己亥岁 · 乙亥月

土运不及，风火同德

庚戌日

终		运
主	少	水
客	少	火

01:45 交终运

盈凸月

宜 居家

又用韵

〔宋〕李曾伯

雪凝霜降不肯春，花神岂类妇人仁。

肯留年后供清思，分付东风与主人。

睡眠

昨日________入睡

今日________起床

☐ 失眠 ☐ 多梦

运动

天气 / 物候

顺时饮食

☐ 银耳莲子羹

☐ 茱萸梅子汤

☐ 白果墨鱼汤

今日待办

☐ ____________

☐ ____________

☐ ____________

身体 / 健康

二〇一九年十一月
November

十日

星期日

农历 十月十四

立冬 第一候 第三天

芋

功效：宽胃肠，破宿血，去死肌，调中补虚，行气消胀，壮筋骨，益气力。用于调理血热烦渴，头上软疖。

健康提示

根据 2019 年 6 月 30 日结果，选择喝白果墨鱼汤的次数

每天喝 □

隔天喝 □

己亥岁·乙亥月

土运不及，风火同德

辛亥日

五气

主 燥气

客 湿气

盈凸月

过子忽出新意，以山芋作玉糁羹，色香味皆奇绝。天上酥陀则不可知，人间决无此味也

〔宋〕苏轼

香似龙涎仍酽白，味如牛乳更全清。
莫将南海金齑脍，轻比东坡玉糁羹。

睡眠	运动	天气 / 物候
昨日________入睡 今日________起床 □ 失眠　□ 多梦		

顺时饮食	今日待办	身体 / 健康
□ 银耳莲子羹 □ 茱萸梅子汤 □ 白果墨鱼汤	□ ________ □ ________ □ ________	

宜 居家

二〇一九年十一月
November

十一

星期一

〔农历〕十月十五

〔立冬〕第一候　第四天

下元节

防风

功效：祛风解表，胜湿止痛，用于调理外感表证、风疹瘙痒、风湿痹痛、脾虚湿盛。

健康提示

立冬节气的养生功课：补肾阳、滋肾阴。

今年立冬特殊的养生重点——

今年立冬节气，人体容易脾虚，产生寒湿。

防病重点：受寒、感冒、身体冷痛、小腿浮肿。

己亥岁 · 乙亥月

土运不及，风火同德

壬子日

终　运

主　少　水

客　少　火

盈凸月

宜　观月

立冬

〔明〕王稚登

秋风吹尽旧庭柯，黄叶丹枫客里过。

一点禅灯半轮月，今宵寒较昨宵多。

睡眠	运动	天气 / 物候
昨日________入睡 今日________起床 □ 失眠　□ 多梦		

顺时饮食	今日待办	身体 / 健康
□ 银耳莲子羹 □ 茱萸梅子汤 □ 白果墨鱼汤	□ ________ □ ________ □ ________	

二〇一九年十一月
November

十二

星期二

〔农历〕十月十六

〔立冬〕第一候 第五天

椿木

功效：椿树的根皮入药，清热燥湿，涩肠止血，止带。

一候反思

根据身体情况调整银耳莲子羹

大便不成形　☐ 是，多放莲子，要去心

白带多　☐ 是，多放莲子，要带心

己亥岁 · 乙亥月

土运不及，风火同德

癸丑日

五气

主 燥气

客 湿气

满月

21:34 望

宜 食莲

红莲白藕诗

〔元末明初〕丁鹤年

红莲白藕两相宜，欲采临流意转迟。

莲子纵甜心独苦，藕芽虽美腹多丝。

睡眠

昨日________入睡

今日________起床

□ 失眠 □ 多梦

运动

天气 / 物候

顺时饮食

□ 银耳莲子羹

□ 茱萸梅子汤

□ 白果墨鱼汤

今日待办

□ ________

□ ________

□ ________

身体 / 健康

二〇一九年十一月
November

十二

星期三

〔立冬〕第二候　地始冻

〔农历〕十月十七

世界慢阻肺日

青皮

功效：疏肝破气，散结消痰。

健康提示

从立冬开始，进入冬天的第一个月。

养生关键词：“补肾”。

上半月重点：阴阳双补。

下半月重点：封固、闭藏。

己亥岁 · 乙亥月

土运不及，风火同德

甲寅日

终		运
主	少	水
客	少	火

亏凸月

宜 问安

赠刘景文

〔宋〕苏轼

荷尽已无擎雨盖，菊残犹有傲霜枝。

一年好景君须记，正是橙黄橘绿时。

睡眠

昨日________入睡

今日________起床

□ 失眠 □ 多梦

运动

天气 / 物候

顺时饮食

□ 银耳莲子羹

□ 茱萸梅子汤

□ 白果墨鱼汤

今日待办

□ ________

□ ________

□ ________

身体 / 健康

二〇一九年十一月
November

十四

星期四

农历 十月十八

立冬 第二候 第二天

联合国糖尿病日
世界提高抗生素认识周

菟丝子
功效：补益肝肾，固精缩尿，安胎，明目，止泻。

健康提示

糖尿病人脾肾双虚，宜多吃健脾补肾的食物：枸杞子、莲子、百合、茯苓、麦麸，这些对糖尿病人有很好的调理作用。

己亥岁·乙亥月

土运不及，风火同德

乙卯日

五气

主 燥气

客 湿气

亏凸月

宜 进补

寄紫盖阳居士

〔唐〕黄陵美人

落叶栖鸦掩庙扉，菟丝金缕旧罗衣。
渡头明月好携手，独自待郎郎不归。

睡眠	运动	天气 / 物候
昨日________入睡 今日________起床 □ 失眠 □ 多梦		
顺时饮食	**今日待办**	**身体 / 健康**
□ 银耳莲子羹 □ 茱萸梅子汤 □ 白果墨鱼汤	□ ________ □ ________ □ ________	

二〇一九年十一月
November

十五

星期五

农历 十月十九

立冬 第二候 第三天

猕猴桃

功效：解热，止渴，健胃，通淋。用于调理烦热、消渴、肺热干咳、消化不良、湿热黄疸、石淋、痔疮

健康提示

莲子在中医经典《神农本草经》中被列为“上品”，“补中养神，益气力，除百疾，久服轻身、耐老，不饥延年”。今年特别需要吃。

己亥岁·乙亥月

土运不及，风火同德

丙辰日

终	运
主 少	水
客 少	火

亏凸月

宜 读书

立冬节斋宿竹宫悼姚高士

〔宋〕程公许

燕坐心源如止水，余工吟笔烂生花。

谁知此老真三昧，孔老瞿昙共一家

睡眠

昨日________入睡

今日________起床

□ 失眠　□ 多梦

运动

天气 / 物候

顺时饮食

□ 银耳莲子羹

□ 茱萸梅子汤

□ 白果墨鱼汤

今日待办

□ ________

□ ________

□ ________

身体 / 健康

二〇一九年十一月
November

十六

星期六

〔农历〕十月二十

〔立冬〕第二候　第四天

白药

功效：祛风湿，止痛。用于调理风湿痹痛、跌打伤痛。

健康提示

莲子的功效：补脾，益肾，安心，固精，安神。常用于调理脾虚、肾虚、失眠、大便不成形、尿频、遗尿。

己亥岁·乙亥月

土运不及，风火同德

丁巳日

五气

主 燥气

客 湿气

亏凸月

宜 居家

宫词·其二十四

〔唐〕花蕊夫人徐氏

内家追逐采莲时，惊起沙鸥两岸飞。
兰棹把来齐拍水，并船相斗湿罗衣。

睡眠

昨日________入睡

今日________起床

□ 失眠　□ 多梦

运动

天气 / 物候

顺时饮食

□ 银耳莲子羹

□ 茱萸梅子汤

□ 白果墨鱼汤

今日待办

□ ________

□ ________

□ ________

身体 / 健康

二〇一九年十一月
November

十七

星期日

【农历】十月廿一

【立冬】第二候　第五天

橙子

功效：疏肝行气，散结通乳，解酒。用于调理肝气郁滞所致胁肋疼痛、脘腹胀满、产妇乳汁不通、乳房结块肿痛、醉酒。

二候反思

身体是否有这些现象

眼睛干涩　□ 是　□ 否

指甲软、容易断　□ 是　□ 否

月经量少　□ 是　□ 否

任何一个答是，喝白果墨鱼汤时加入枸杞子，坚持到立春。

己亥岁 · 乙亥月

土运不及，风火同德

戊午日

终　运

主 少　水

客 少　火

亏凸月

宜 居家

邹松滋寄苦竹泉橙曲莲子汤三首·其二

〔宋〕黄庭坚

天将金阙真黄色，借与洞庭霜后橙。

松滋解作逡巡曲，压倒江南好事僧。

睡眠	运动	天气 / 物候
昨日______入睡 今日______起床 □ 失眠　□ 多梦		

顺时饮食	今日待办	身体 / 健康
□ 银耳莲子羹 □ 茱萸梅子汤 □ 白果墨鱼汤	□ ______ □ ______ □ ______	

二〇一九年十一月
November

十八

星期一

〔农历〕十月廿二

〔立冬〕第三候　雉入大水为蜃

鸡冠子

鸡冠花的种子。功效：凉血，止血。用于调理肠风便血、赤白痢疾、崩带、淋浊。

读书

“土为元气之母，母气既和，津液相成，神乃自生，久视耐老。”

——李时珍《本草纲目》

己亥岁 · 乙亥月

土运不及，风火同德

己未日

五气

主 燥气

客 湿气

亏凸月

宜 健脾

鸡冠花

〔唐〕罗邺

一枝秾艳对秋光，露滴风摇倚砌傍。
晓景乍看何处似，谢家新染紫罗裳。

睡眠

昨日________入睡

今日________起床

□ 失眠　□ 多梦

运动

天气 / 物候

顺时饮食

□ 银耳莲子羹

□ 茱萸梅子汤

□ 白果墨鱼汤

今日待办

□ ____________

□ ____________

□ ____________

身体 / 健康

二〇一九年十一月

November

十九

星期二

农历 十月廿三

立冬 第三候 第二天

蝉花

功效：祛风热。用于调理惊痫、心悸、小儿夜啼、久翳不退。

健康提示

脾属土，是人体元气的来源。补好脾，元气就足了，人就能特别有精神，不容易衰老。

己亥岁·乙亥月

土运不及，风火同德

庚申日

终		运
主	少	水
客	少	火

亏凸月

宜 食橘

侍郎宅泛池

〔唐〕徐凝

莲子花边回竹岸，鸡头叶上荡兰舟。
谁知洛北朱门里，便到江南绿水游。

【诗注】莲子、鸡头米（芡实）都补脾。

睡眠

昨日________入睡
今日________起床
□ 失眠 □ 多梦

运动

天气 / 物候

顺时饮食

□ 银耳莲子羹
□ 茱萸梅子汤
□ 白果墨鱼汤

今日待办

□ ________
□ ________
□ ________

身体 / 健康

二〇一九年十一月
November

二十

星期三

农历 十月廿四

立冬 第三候 第三天

中国1120心梗救治日

冬葵子

功效：利水通淋，滑肠通便，通乳汁。

食材准备

后天进入小雪节气。

白果墨鱼汤

补肾养藏粥

原料：生栗子 6 个（不要炒栗子）、生核桃 6 个、枸杞子一把，陈皮 1/4—1/2 个、赤小豆 5 克、茯苓 10 克、杂粮适量。

银耳桂圆羹

原料：银耳、桂圆。

山茱萸强筋壮骨汤（老年人喝）

果菊清饮（己亥六气保健茶，从小雪吃到明年大寒前日，做法见 2019 年 11 月 23 日）

原料：鱼腥草 15—30 克，菊花 3 克，罗汉果 1 个。

己亥岁 · 乙亥月

土运不及，风火同德

辛酉日

五气

主 燥气

客 湿气

下弦月

宜 养心

仙人田

〔宋〕戴炳

晚菘早韭各随时，霜薤青青间露葵。

甘脆自堪供小摘，不须他觅养神芝。

【诗注】菘：白菜。这首诗讲的是吃应时的家常蔬菜就能养生。

睡眠	运动	天气 / 物候
昨日________入睡 今日________起床 □ 失眠　□ 多梦		
顺时饮食	**今日待办**	**身体 / 健康**
□ 银耳莲子羹 □ 茱萸梅子汤 □ 白果墨鱼汤	□ ________ □ ________ □ ________	

二〇一九年十一月
November

廿一

星期四

〔农历〕十月廿五

〔立冬〕第三候　第四天

栗子
功效：益气健脾，补肾强筋。

节气总结

根据自己身体情况选择的立冬食方是

银耳莲子羹 ______ 次

白果墨鱼汤 ______ 次

山茱萸强筋壮骨汤 ______ 次

鱼腥草茶 ______ 次

身体哪些方面有改善 ______________________________

己亥岁 · 乙亥月
土运不及，风火同德

壬戌日

终	运
主 少	水
客 少	火

残月

宜 静养

送曾宏甫知黄州四绝·其一

〔宋〕吕本中

雨余天气欲尝橙，栗可煨炮芋可羹。
正是一年秋好处，忍令无酒送君行。

睡眠

昨日________入睡
今日________起床
□ 失眠 □ 多梦

运动

天气 / 物候

顺时饮食

□ 银耳莲子羹
□ 茱萸梅子汤
□ 白果墨鱼汤

今日待办

□ ________
□ ________
□ ________

身体 / 健康

推荐食方

补肾养藏粥

原料：生栗子、生核桃、枸杞子、陈皮、赤小豆、茯苓、杂粮。

小雪

今年小雪需特别注意的健康问题：

消化道出血、肾结石

二〇一九年十一月
November

廿二

星期五

农历
十月廿六

小雪
第一候 虹藏不见

22:58 交小雪节气

香圆
功效：疏肝理气，宽中，化痰。

节气食方

补肾养藏粥

原料：生栗子 6 个（不要炒栗子）、生核桃 6 个、枸杞子 1 把，陈皮 1/4—1/2 个（根据大小）、赤小豆 5 克、茯苓 10 克、杂粮适量。

己亥岁·乙亥月

土运不及，风火同德

癸亥日

终气

主 寒气

客 暑气

06:00 交终气

残月

宜 进补

别董大

〔唐〕高适

千里黄云白日曛，北风吹雁雪纷纷。

莫愁前路无知己，天下谁人不识君。

睡眠	运动	天气 / 物候
昨日________入睡 今日________起床 ☐ 失眠 ☐ 多梦		

顺时饮食	今日待办	身体 / 健康
☐ 银耳桂圆羹 ☐ 果菊清饮 ☐ 补肾养藏粥	☐ ________ ☐ ________ ☐ ________	

二〇一九年十一月
November

廿三

星期六

〔农历〕十月廿七

〔小雪〕第一候　第二天

柿子

功效：清热，润肺，生津，解毒。

健康提示

果菊清饮（己亥六气保健饮，小雪、大雪、冬至、小寒）

原料：鱼腥草 15—30 克、菊花 3 克、罗汉果 1 个。

做法一：将罗汉果煮 40 分钟，取汁冲泡鱼腥草和菊花。

做法二：将罗汉果压破，和鱼腥草、菊花一起分成三份，每次取一份放保温杯焖泡 30 分钟后饮用，一日三次。

（功效见下页。）

己亥岁 · 乙亥月

土运不及，风火同德

甲子日

终		运
主	少	水
客	少	火

残月

宜 清肺

衢州近城果园

〔宋〕杨万里

未到衢州五里时，果林一望蔽江湄。

黄柑绿橘深红柿，树树无风缒脱枝。

睡眠

昨日________入睡

今日________起床

□ 失眠　□ 多梦

运动

天气 / 物候

顺时饮食

□ 银耳桂圆羹

□ 果菊清饮

□ 白果墨鱼汤

今日待办

□ ____________

□ ____________

□ ____________

身体 / 健康

二〇一九年十一月
November

廿四

星期日

〔农历〕十月廿八

〔小雪〕第一候 第三天

柴胡

功效：和解表里，疏肝解郁，升阳举陷，退热截疟。用于调理感冒发热、寒热往来、胸胁胀痛、月经不调、子宫脱垂、脱肛。

健康提示

果菊清饮的功效：祛湿热、消炎、清肺、排毒、降脂。适合人群：经常长痘、咳嗽痰黄、小便黄、白带黄、咽炎、慢性炎症、吸烟、三高、空气污染及雾霾地区的人日常饮用。

己亥岁·乙亥月

土运不及，风火同德

乙丑日

终气

主 寒气

客 暑气

残月

宜 闲居

霁雪

〔唐〕戎昱

风卷寒云暮雪晴，江烟洗尽柳条轻。
檐前数片无人扫，又得书窗一夜明。

【诗注】又得书窗一夜明：这一句用的是孙康映雪读书的典故。

【诗评】《升庵诗话》：暗用孙康事，妙。

睡眠	运动	天气 / 物候
昨日________入睡 今日________起床 □ 失眠 □ 多梦		

顺时饮食	今日待办	身体 / 健康
□ 银耳桂圆羹 □ 果菊清饮 □ 补肾养藏粥	□ ________ □ ________ □ ________	

二〇一九年十一月
November

廿五

星期一

农历
十月廿九

小雪
第一候　第四天

嘉鱼
功效：滋养脾胃，令人肥健。

健康提示

小雪节气的养生功课：固肾、闭藏。

今年小雪特殊的养生重点——

今年小雪节气，人体消化吸收功能比较差，容易生病。

防病重点：消化道出血、肾结石。

己亥岁 · 乙亥月

土运不及，风火同德

丙寅日

终		运
主	少	水
客	少	火

残月

宜 读诗

忆嘉鱼

〔明〕林光

江深鱼板响连连，秃尾槎头不足怜。

惟问嘉鱼今出未，先生留得杖头钱。

睡眠	运动	天气 / 物候
昨日________入睡 今日________起床 □ 失眠 □ 多梦		

顺时饮食	今日待办	身体 / 健康
□ 银耳桂圆羹 □ 果菊清饮 □ 白果墨鱼汤	□ ________ □ ________ □ ________	

二〇一九年十一月
November

廿六

星期二

〔农历〕冬月初一

〔小雪〕第一候　第五天

白蒺藜
功效：平肝解郁，祛风明目。

一候反思

这个月是否出现过

晚上从躺下到睡着比平时用的时间多，3 次以上　□ 是　□ 否

睡觉时前胸出汗　□ 是　□ 否

夜里手脚心发热　□ 是　□ 否

任何一个答是，白果墨鱼汤里加莲子（带心）。每天喝。

己亥岁 · 乙亥月

土运不及，风火同德

丁卯日

终 气

主 寒 气

客 暑 气

朔 月

23:05 朔

宜 早睡

离思

〔唐〕元稹

曾经沧海难为水，除却巫山不是云。

取次花丛懒回顾，半缘修道半缘君。

睡眠	运动	天气 / 物候
昨日________入睡 今日________起床 ☐ 失眠 ☐ 多梦		
顺时饮食	**今日待办**	**身体 / 健康**
☐ 银耳桂圆羹 ☐ 果菊清饮 ☐ 补肾养藏粥	☐ ________ ☐ ________ ☐ ________	

二〇一九年十一月
November

廿七

星期三

〔农历〕冬月初二

〔小雪〕第二候　天气上腾，地气下降

山药

功效：健脾，补肺，固肾，益精。用于调理脾虚泄泻、久痢、虚劳咳嗽、消渴、遗精、带下、小便频数。补脾养胃，生津益肺，补肾涩精。用于调理脾虚食少、久泻不止、肺虚喘咳、肾虚遗精、带下、尿频、虚热消渴。

健康提示

己亥年的六之气（终气）从小雪开始到大寒结束

历时59天（2019年11月22日06:00—2020年1月20日02:00）

主气——寒气，客气——暑气。

防病重点：见下页。

保健食方：果菊清饮（见2019年11月23日）。

己亥岁·乙亥月

土运不及，风火同德

戊辰日

终	运
主 少	水
客 少	火

娥眉月

宜 剥橘

却望无锡芙蓉湖

〔唐〕李绅

丹橘村边独火微，碧流明处雁初飞。
萧条落叶垂杨岸，隔水寥寥闻捣衣。

睡眠

昨日________入睡
今日________起床
□ 失眠　□ 多梦

运动

天气／物候

顺时饮食

□ 银耳桂圆羹
□ 果菊清饮
□ 白果墨鱼汤

今日待办

□ ________
□ ________
□ ________

身体／健康

二〇一九年十一月
November

廿八

星期四

〔农历〕冬月初三

〔小雪〕第二候　第二天

感恩节

黄雌鸡
功效：温补脾胃助阳气。

健康提示

己亥年的六之气包含四个节气：小雪、大雪、冬至、小寒。

这段时间容易生病，而且不易好转。

保养重点：消化系统、淋巴系统。

防病重点：消化道出血、肾结石、流感、传染病。

己亥岁·乙亥月

土运不及，风火同德

己巳日

终气

主 寒气

客 暑气

娥眉月

宜 感恩

鸡鸣曲

〔唐〕汪遵

金距花冠傍舍栖，清晨相叫一声齐。

开关自有冯生计，不必天明待汝啼。

睡眠	运动	天气 / 物候
昨日________入睡 今日________起床 □ 失眠 □ 多梦		
顺时饮食	**今日待办**	**身体 / 健康**
□ 银耳桂圆羹 □ 果菊清饮 □ 补肾养藏粥	□ ________ □ ________ □ ________	

二〇一九年十一月
November

廿九

星期五

〔小雪〕第二候　第三天

〔农历〕冬月初四

决明子

功效：明目，降压。用于调理头晕。

健康提示

即将进入几种危险大病的高发季：心肌梗死、肺心病、脑梗、上消化道出血。

己亥岁 · 乙亥月

土运不及，风火同德

庚午日

终		运
主	少	水
客	少	火

娥眉月

宜 防病

东阿王

〔唐〕李商隐

国事分明属灌均，西陵魂断夜来人。

君王不得为天子，半为当时赋洛神。

睡眠

昨日________入睡

今日________起床

□ 失眠 □ 多梦

运动

天气 / 物候

顺时饮食

□ 银耳桂圆羹

□ 果菊清饮

□ 白果墨鱼汤

今日待办

□ ________

□ ________

□ ________

身体 / 健康

二〇一九年十一月
November

三十

星期六

农历 冬月初五

小雪 第二候 第四天

橘子
功效：润肺生津，理气和胃。

健康提示

上消化道出血的症状：吐血、大便黑而发亮或无缘无故的头晕，出现这些现象不要耽误，立刻去医院。

己亥岁 · 乙亥月

土运不及，风火同德

辛未日

终　气

主　寒　气

客　暑　气

娥　眉　月

宜　问安

答郑骑曹青橘绝句

〔唐〕韦应物

怜君卧病思新橘，试摘犹酸亦未黄。

书后欲题三百颗，洞庭须待满林霜。

【诗评】读《雪山房唐诗序例》：韦苏州《和人求橘》一章，潇洒独绝，匪特世所称“门对寒流”“春潮带雨”而已。

睡眠	运动	天气 / 物候
昨日________入睡 今日________起床 □ 失眠　□ 多梦		
顺时饮食	**今日待办**	**身体 / 健康**
□ 银耳桂圆羹 □ 果菊清饮 □ 补肾养藏粥	□ ________ □ ________ □ ________	

二〇一九年十二月
December

一日

星期日

农历 冬月初六

小雪 第二候 第五天

世界艾滋病日

白鹅

功效：白鹅以油入药，可以润皮肤，解毒肿。

二候反思

自己或家人是否有这些慢性病

肠胃病	□ 是	□ 否
肝胆病	□ 是	□ 否
胰腺疾病	□ 是	□ 否
动脉硬化	□ 是	□ 否
做过大手术	□ 是	□ 否

任何一个答是，从现在起到明年初都要防范上消化道出血。

己亥岁·乙亥月

土运不及，风火同德

壬申日

终		运
主	少	水
客	少	火

娥眉月

宜 反思

送贺宾客归越

〔唐〕李白

镜湖流水漾清波，狂客归舟逸兴多。

山阴道士如相见，应写黄庭换白鹅。

【诗注】这首诗用了王羲之写经换白鹅的典故。

【诗评】《晋中兴书》：山阴有道士养群鹅，羲之甚悦。道士云，为写《黄庭经》，当举群鹅相赠。乃为写讫，笼鹅而去。

睡眠

昨日________入睡

今日________起床

☐ 失眠 ☐ 多梦

运动

天气 / 物候

顺时饮食

☐ 银耳桂圆羹

☐ 果菊清饮

☐ 白果墨鱼汤

今日待办

☐ ____________

☐ ____________

☐ ____________

身体 / 健康

二〇一九年十二月

December

二日

星期一

〔农历〕冬月初七

〔小雪〕第三候　闭塞而成冬

白芝

白灵芝。功效：益肺气，通利口鼻，强身健体。

健康提示

上消化道出血预防要点：少喝酒、不生气、避风、养藏粥多放栗子（带内皮）和红莲子（带心）。

己亥岁 · 乙亥月

土运不及，风火同德

癸酉日

终气

主 寒气

客 暑气

娥眉月

宜 静心

观弈图

〔元〕吴当

仙人棋局静忘机，松下灵芝似玉肥。

樵客归时柯已烂，云间谁制芰荷衣。

【诗注】白灵芝颜色似玉，又名玉芝。

睡眠	运动	天气 / 物候
昨日________入睡 今日________起床 □ 失眠 □ 多梦		
顺时饮食	**今日待办**	**身体 / 健康**
□ 银耳桂圆羹 □ 果菊清饮 □ 补肾养藏粥	□ ________ □ ________ □ ________	

二〇一九年十二月
December

三日

星期二

〔农历〕冬月初八

〔小雪〕第三候　第二天

世界残疾人日

柚子

功效：消食，化痰，醒酒。用于调理饮食积滞、食欲不振，醉酒。

读书

“小雪而物咸成，大寒而物毕藏，天地之功终矣。”

——董仲舒《春秋繁露》

己亥岁・乙亥月

土运不及，风火同德

甲戌日

终		运
主	少	水
客	少	火

娥眉月

宜 读书

送魏二

〔唐〕王昌龄

醉别江楼橘柚香，江风引雨入舟凉。
忆君遥在潇湘月，愁听清猿梦里长。

【诗评】唐诗镜：代为之思，其情更远。

睡眠

昨日________入睡
今日________起床
□ 失眠　□ 多梦

运动

天气 / 物候

顺时饮食

□ 银耳桂圆羹
□ 果菊清饮
□ 白果墨鱼汤

今日待办

□ ____________
□ ____________
□ ____________

身体 / 健康

二〇一九年十二月
December

四日

星期三

〔农历〕冬月初九

〔小雪〕第三候　第三天

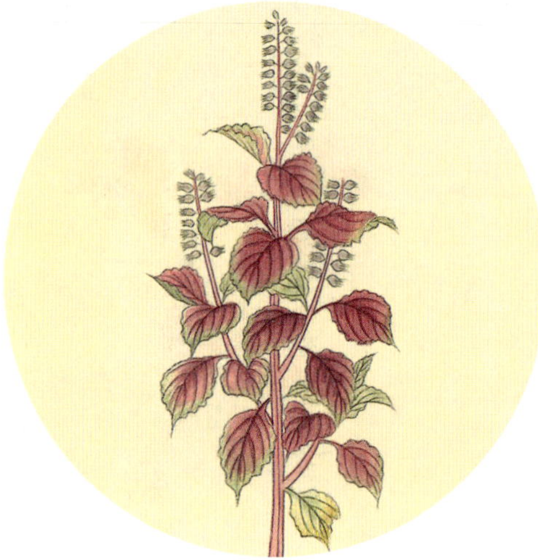

紫苏

功效：宣肺化痰，止咳平喘。

健康提示

“南方桂圆北方参”，民间认为桂圆的功效可以媲美人参。要想达到这种功效，需要挑选自然种植的老树结果、存放不超过一年的桂圆干品。

己亥岁·乙亥月

土运不及，风火同德

乙亥日

终气

主 寒气

客 暑气

上弦月

宜 食桂圆

龙眼

〔宋〕王十朋

绝品轻红扫地无，纷纷万木以龙呼。

实如益智本非药，味比荔枝真是奴。

睡眠	运动	天气/物候
昨日________入睡 今日________起床 ☐ 失眠 ☐ 多梦		
顺时饮食	**今日待办**	**身体/健康**
☐ 银耳桂圆羹 ☐ 果菊清饮 ☐ 补肾养藏粥	☐ ________ ☐ ________ ☐ ________	

二〇一九年十二月
December

五日

星期四

小雪 第三候 第四天

农历 冬月初十

荔枝

功效：养血健脾，行气消肿。

食材准备

后天进入大雪节气。

大补养藏粥

原料：栗子、核桃肉、莲子、桂圆肉各 6 个、枸杞子 1 把、陈皮 1/4—1/2 个（根据大小）、赤小豆 5 克、茯苓 10 克、杂粮适量。

银耳百合羹

原料：银耳、百合。

山茱萸强筋壮骨汤（老年人喝）

果菊清饮（己亥六气保健茶，从小雪吃到明年大寒前日，做法见 2019 年 11 月 23 日）

原料：鱼腥草 15—30 克、菊花 3 克、罗汉果 1 个。

己亥岁 · 乙亥月

土运不及，风火同德

丙子日

终 运

主 少 水

客 少 火

盈凸月

宜 食栗

龟堂杂兴

〔宋〕陆游

方石斛栽香百合，小盆山养水黄杨。

老翁不是童儿态，无奈庵中白日长。

睡眠

昨日________入睡

今日________起床

□ 失眠 □ 多梦

运动

天气 / 物候

顺时饮食

□ 银耳桂圆羹

□ 果菊清饮

□ 白果墨鱼汤

今日待办

□ ________

□ ________

□ ________

身体 / 健康

二〇一九年十二月
December

六日

星期五

〔农历〕冬月十一

〔小雪〕第三候 第五天

王不留行

功效：行血通经，催生下乳，除风痹内寒，久服轻身耐老增寿。

节气总结

银耳桂圆羹 ______ 次

补肾养藏粥 ______ 次

果菊清饮 ______ 次

身体哪些方面有改善 ______________________

己亥岁 · 乙亥月

土运不及，风火同德

丁丑日

终气

主 寒气

客 暑气

盈凸月

宜 静养

送医者黄生谒东诸侯

〔明〕袁宏道

橘老柑黄不奈何，飘然艇子出烟波。

而今海上单方几，王不留行一味多。

睡眠	运动	天气 / 物候
昨日________入睡 今日________起床 □ 失眠 □ 多梦		

顺时饮食	今日待办	身体 / 健康
□ 银耳桂圆羹 □ 果菊清饮 □ 补肾养藏粥	□ ________ □ ________ □ ________	

推荐食方

大补养藏粥

原料：生栗子、生核桃、莲子、桂圆、枸杞子、陈皮、赤小豆、茯苓、杂粮。

大雪

仲冬

节气——大雪、冬至

时间——十二月七日至来年一月五日

大雪

今年大雪需特别注意的健康问题：

流感、关节痛

二〇一九年十二月
December

七日

星期六

农历 冬月十二

大雪 第一候 鹖鴠不鸣

18:18 交大雪节气

八角
功效：温阳，散寒，理气。用于调理中寒呕逆、寒疝腹痛、肾虚腰痛、干湿脚气。

节气食方

大补养藏粥

原料：生栗子 6 个、生核桃肉 (带内皮）6 个、莲子 6 个、桂圆肉 6 个、枸杞子 1 把、陈皮 1/4—1/2 个（根据大小）、赤小豆 5 克、茯苓 10 克、杂粮适量。

做法：

1. 将莲子用水泡一两个小时。
2. 将栗子剥去外壳，但不要去掉内皮，切成两半。
3. 将核桃剥去外壳，核桃仁的外皮则留下，掰开。
4. 将所有原料一起下锅加水煮开后再煮 20—40 分钟起锅。
5. 此时栗子的内皮已经被煮到和栗子仁分离了，将它们用筷子捞出来扔掉。
6. 可以在汤中加少量糖调味，喝汤，将栗子、核桃和枸杞子吃掉。

功效：固肾、补五脏。

己亥岁 · 丙子月

土运不及，风火同德

戊寅日

终		运
主	少	水
客	少	火

盈凸月

宜 进补

稚子弄冰

〔宋〕杨万里

稚子金盆脱晓冰，彩丝穿取当银铮。
敲成玉磬穿林响，忽作玻璃碎地声。

睡眠

昨日________入睡
今日________起床
□ 失眠 □ 多梦

运动

天气 / 物候

顺时饮食

□ 银耳百合羹
□ 果菊清饮
□ 大补养藏粥

今日待办

□ ________
□ ________
□ ________

身体 / 健康

二〇一九年十二月
December

八日

星期日

〔农历〕冬月十三

〔大雪〕第一候 第二天

枳

功效：理气宽中，行滞消胀。

健康提示

大雪节气的养生功课：补肾精。

今年大雪特殊的养生重点——

今年大雪节气，人体容易上热下寒，不要盲目清热，导致阳气受损。

防病重点：流感、关节痛。

己亥岁 · 丙子月

土运不及，风火同德

己卯日

终气

主 寒气

客 暑气

盈凸月

宜 闲养

商州王中丞留吃枳壳

〔唐〕朱庆馀

方物就中名最远，只应愈疾味偏佳。

若交尽乞人人与，采尽商山枳壳花。

睡眠	运动	天气 / 物候
昨日________入睡 今日________起床 □ 失眠 □ 多梦		
顺时饮食	**今日待办**	**身体 / 健康**
□ 银耳百合羹 □ 果菊清饮 □ 白果墨鱼汤	□ ________ □ ________ □ ________	

二〇一九年十二月
December

九日

星期一

〔农历〕冬月十四

〔大雪〕第一候　第三天

白雄鸡
功效：养脾胃，补五脏。

健康提示

从大雪开始进入冬天的第二个月，养生关键词是“补肾养心”。上半月的重点是全面补肾，下半月的重点是养护心阳。

己亥岁 · 丙子月

土运不及，风火同德

庚辰日

终		运
主	少	水
客	少	火

盈凸月

宜 护心

赋得鸡

〔唐〕李商隐

稻粱犹足活诸雏，妒敌专场好自娱。
可要五更惊晓梦，不辞风雪为阳乌。

【诗评】《李义山诗集笺注》：此叹禀性之不可移也。『可要』，犹言岂要如此。

睡眠	运动	天气 / 物候
昨日________入睡 今日________起床 □ 失眠 □ 多梦		

顺时饮食	今日待办	身体 / 健康
□ 银耳百合羹 □ 果菊清饮 □ 大补养藏粥	□ ________ □ ________ □ ________	

二〇一九年十二月
December

十日

星期二

〔农历〕冬月十五

〔大雪〕第一候 第四天

柿子
功效：清热，润肺，生津，解毒。

养生材料准备

1. 三九灸。

材料：艾炷，艾条，或艾灸贴。

2. 颈肩腰腿冷痛——茴香盐袋热敷。

材料：小茴香，粗盐。

己亥岁 · 丙子月

土运不及，风火同德

辛巳日

终　气

主　寒　气

客　暑　气

盈凸月

宜　问安

张明府见惠榴柿

〔明〕李攀龙

床头春酒百花香，醉里谁知柿子黄。

想道故人消渴久，秋来为摘满林霜。

【诗注】这首诗讲到了柿子的两种功效：解酒、止渴。

睡眠

昨日________入睡

今日________起床

☐ 失眠　☐ 多梦

运动

天气 / 物候

顺时饮食

☐ 银耳百合羹

☐ 果菊清饮

☐ 白果墨鱼汤

今日待办

☐ ________

☐ ________

☐ ________

身体 / 健康

二〇一九年十二月
December

十一

星期三

〔大雪〕第一候　第五天

〔农历〕冬月十六

蜜蜡

功效：解毒，生肌，定痛。

一候反思

入冬以来是否发生过

重感冒	□ 是	□ 否
咳嗽	□ 是	□ 否
哮喘	□ 是	□ 否
慢性支气管炎	□ 是	□ 否
湿疹	□ 是	□ 否
关节炎	□ 是	□ 否

1. 任何一个答是，在明年日历书的入伏页之前标注“三伏做加强贴”。
2. 翻到 2019 年 12 月 26 日，记录今天的自查一共有几个“是”。

己亥岁 · 丙子月

土运不及，风火同德

壬午日

终		运
主	少	水
客	少	火

盈凸月

宜 反思

钓雪亭

〔宋〕姜夔

阑干风冷雪漫漫，惆怅无人把钓竿。

时有官船桥畔过，白鸥飞去落前滩。

睡眠	运动	天气 / 物候
昨日________入睡 今日________起床 □ 失眠 □ 多梦		

顺时饮食	今日待办	身体 / 健康
□ 银耳百合羹 □ 果菊清饮 □ 大补养藏粥	□ ________ □ ________ □ ________	

二〇一九年十二月
December

十二

星期四

〔农历〕冬月十七

〔大雪〕第二候 虎始交

老虎

功效：虎骨入药，祛风通络，强筋健骨。

健康提示

《神农本草经》将桂圆称为“益智”，认为久服可以使人聪明、状态轻盈、保持年轻。

己亥岁 · 丙子月

土运不及，风火同德

癸未日

终气

主 寒气

客 暑气

满月

13:12 望

宜 望月

虎迹

〔唐〕韦庄

白额频频夜到门，水边踪迹渐成群。

我今避世栖岩穴，岩穴如何又见君。

【诗评】石园诗话：感时怀旧，颇似老杜笔力。

睡眠

昨日________入睡

今日________起床

□ 失眠　□ 多梦

运动

天气 / 物候

顺时饮食

□ 银耳百合羹

□ 果菊清饮

□ 白果墨鱼汤

今日待办

□ ____________

□ ____________

□ ____________

身体 / 健康

二〇一九年十二月
December

十二

星期五

〔农历〕冬月十八

〔大雪〕第二候　第二天

人参

功效：大补元气，用于调理体虚肢冷、脾热消渴、久病虚羸、惊悸失眠、阳痿宫冷、心力衰竭、心原性休克。

健康提示

桂圆补血的效果超过红枣，而且补的是心血。与蜂蜜拌匀，久蒸之后，大补心血的效果更好，特别适合用脑过度、体虚贫血的人和女性产前食用。

己亥岁·丙子月

土运不及，风火同德

甲申日

终	运
主 少	水
客 少	火

亏凸月

宜 食桂圆

夜上受降城闻笛

〔唐〕李益

回乐峰前沙似雪，受降城外月如霜。
不知何处吹芦管，一夜征人尽望乡。

【诗评】《网师园唐诗笺》：蕴藉宛转，乐府绝唱。

睡眠	运动	天气 / 物候
昨日________入睡 今日________起床 □ 失眠　□ 多梦		
顺时饮食	**今日待办**	**身体 / 健康**
□ 银耳百合羹 □ 果菊清饮 □ 大补养藏粥	□ ________ □ ________ □ ________	

二〇一九年十二月
December

十四

星期六

〔农历〕冬月十九

〔大雪〕第二候　第三天

蛤蜊
功效：滋阴，利水，化痰，软坚。

健康提示

桂圆的品质不是看大小、甜味，而是看药效成分的含量。不同产地、不同品种，药效有区别。

己亥岁 · 丙子月

土运不及，风火同德

乙酉日

终 气

主 寒 气

客 暑 气

亏 凸 月

宜 赏味

酒病偶作

〔唐〕皮日休

郁林步障昼遮明，一炷浓香养病酲。

何事晚来还欲饮，隔墙闻卖蛤蜊声。

睡眠	运动	天气 / 物候
昨日______入睡 今日______起床 □ 失眠 □ 多梦		

顺时饮食	今日待办	身体 / 健康
□ 银耳百合羹 □ 果菊清饮 □ 白果墨鱼汤	□ ______ □ ______ □ ______	

二〇一九年十二月
December

十五

星期日

〔农历〕冬月二十

〔大雪〕第二候　第四天

冬至前七日

茵陈蒿

功效：清热利湿，退黄。用于调理黄疸、湿疮瘙痒。

健康提示

烘干后的桂圆，比新鲜桂圆效果更好，因为烘干过程中产生了更好的药效成分，增强了安神、益智的功效。

己亥岁 · 丙子月

土运不及，风火同德

丙戌日

终		运
主	少	水
客	少	火

亏凸月

宜 居家

雪梅·其二

〔宋〕卢梅坡

有梅无雪不精神，有雪无诗俗了人。

日暮诗成天又雪，与梅并作十分春。

睡眠	运动	天气 / 物候
昨日________入睡 今日________起床 □ 失眠 □ 多梦		

顺时饮食	今日待办	身体 / 健康
□ 银耳百合羹 □ 果菊清饮 □ 大补养藏粥	□ ________ □ ________ □ ________	

二〇一九年十二月
December

十六

星期一

农历
冬月廿一

大雪
第二候 第五天

木耳

功效：补气养血，润肺止咳，降压抗癌。用于调理气虚血亏、肺虚久咳、高血压。

二候反思

喝冬至补心养阳汤前先自查

最近感冒过　□ 是　□ 否

最近咳嗽过　□ 是　□ 否

最近受过寒　□ 是　□ 否

平时虚不受补　□ 是　□ 否

任何一个答是，提前两三天喝“开路汤”（配方在下页）。

己亥岁 · 丙子月

土运不及，风火同德

丁亥日

终之气

主 寒气

客 暑气

亏凸月

宜 养心

题白菜

〔明〕谢士元

露茎风叶味偏清，咬尽能教百事成。

写出一根常寓目，知君忘却五侯鲭。

睡眠	运动	天气 / 物候
昨日________入睡 今日________起床 □ 失眠 □ 多梦		

顺时饮食	今日待办	身体 / 健康
□ 银耳百合羹 □ 果菊清饮 □ 白果墨鱼汤	□ ________ □ ________ □ ________	

二〇一九年十二月
December

十七

星期二

〔农历〕冬月廿二

〔大雪〕第三候　荔挺出

葱

功效：祛风发汗，解毒消肿。用于调理感冒风寒、头痛、鼻塞。

食材准备

冬至“开路汤”

原料：2 根葱白连须、3 片带皮生姜、1 个萝卜的皮。

己亥岁 · 丙子月

土运不及，风火同德

戊子日

终 运

主 少 水

客 少 火

亏凸月

宜 静心

德兴县叶元恺家题

〔宋〕朱熹

葱汤麦饭两相宜，葱暖丹田麦疗饥。

莫道儒家风味薄，隔邻犹有未炊时。

睡眠	运动	天气 / 物候
昨日______入睡 今日______起床 □ 失眠 □ 多梦		

顺时饮食	今日待办	身体 / 健康
□ 银耳百合羹 □ 果菊清饮 □ 大补养藏粥	□ ______ □ ______ □ ______	

二〇一九年十二月
December

十八

星期三

〔农历〕冬月廿三

〔大雪〕第三候　第二天

葫葱
功效：温中下气，消除积食。

健康提示

冬至汤中有黄芪，感冒时不能喝。如果已经痊愈，担心受的寒没有清除干净，先喝“开路汤”散散表邪。

己亥岁 · 丙子月

土运不及，风火同德

己丑日

终之气

主 寒气

客 暑气

亏凸月

宜 食葱

访瑫上人值吃葱茶

〔宋〕李之仪

软火明窗纸帐低，一声初报午来鸡。

葱茶未必能留坐，为爱高人手自提。

睡眠	运动	天气 / 物候
昨日________入睡 今日________起床 ☐ 失眠 ☐ 多梦		
顺时饮食	**今日待办**	**身体 / 健康**
☐ 银耳百合羹 ☐ 果菊清饮 ☐ 白果墨鱼汤	☐ ________ ☐ ________ ☐ ________	

二〇一九年十二月
December

十九

星期四

〔大雪〕第三候 第三天

〔农历〕冬月廿四

仙人杖

功效：和胃，利湿，截疟。

食材准备

周日进入冬至节气。

冬至补心养阳汤（己亥岁配方，4—6 人量）

原料：羊肉 1 000 克、黄芪 100 克、当归（全归）20 克、甘蔗 3 节、带皮生姜 1 块、大枣 3 个、陈皮 1 个、赤小豆 30 克。

调料（后放）：黄酒、香菜、胡椒粉、盐。

银耳枸杞羹

原料：银耳、枸杞子。

果菊清饮（己亥六气保健茶，从小雪吃到明年大寒前日，做法见 2019 年 11 月 23 日）

原料：鱼腥草 15—30 克，菊花 3 克，罗汉果 1 个。

己亥岁·丙子月

土运不及，风火同德

庚寅日

终	运
主 少	水
客 少	火

下弦月

宜 食葱

冬至前三日

〔宋〕杨万里

故山千里几时回，又见初阳动琯灰。
酒不逢人还易醉，诗如得句偶然来。

睡眠	运动	天气 / 物候
昨日________入睡 今日________起床 ☐ 失眠 ☐ 多梦		

顺时饮食	今日待办	身体 / 健康
☐ 银耳百合羹 ☐ 果菊清饮 ☐ 大补养藏粥	☐ ____________ ☐ ____________ ☐ ____________	

二〇一九年十二月

December

二十

星期五

〔农历〕冬月廿五

〔大雪〕第三候　第四天

黄芪

功效：补气固表，托毒排脓，利尿，生肌。用于调理气虚乏力、久泻脱肛、自汗、水肿、子宫脱垂、慢性肾炎蛋白尿、糖尿病、疮口久不愈合。

节气总结

银耳百合羹 ______ 次

大补养藏粥 ______ 次

山茱萸强筋壮骨汤 ______ 次

果菊清饮 ______ 次

身体哪些方面有改善 ______________________________

己亥岁·丙子月

土运不及，风火同德

辛卯日

终 气

主 寒 气

客 暑 气

残 月

宜 静养

己亥岁二首（僖宗广明元年）·其一

〔唐〕曹松

泽国江山入战图，生民何计乐樵苏。

凭君莫话封侯事，一将功成万骨枯。

【诗评】《唐诗品汇》：仁人君子闻此诗者，必不以干戈立功名矣。

睡眠

昨日________入睡

今日________起床

☐ 失眠 ☐ 多梦

运动

天气 / 物候

顺时饮食

☐ 银耳百合羹

☐ 果菊清饮

☐ 开路汤

今日待办

☐ ________

☐ ________

☐ ________

身体 / 健康

二〇一九年十二月
December

廿一

星期六

〔农历〕冬月廿六

〔大雪〕第三候　第五天

离日

当归

功效：补血和血，调经止痛，润燥滑肠。用于调理月经不调、经闭腹痛、血虚头痛、眩晕、痿痹、肠燥便难、痈疽疮疡、跌扑损伤、肌瘤囊肿。

健康提示

从戊戌冬至到己亥大雪，我们的养生日历到今天完成了一个“养生年”。

回顾每个季末的打分，同时记录每一季的身体状况（1—5 分，1 分为最差，5 分为最好）

	养生功课	身体状况
戊戌冬（冬至后）	2 月 3 日打分 ______ 分	______ 分
己亥春	5 月 5 日打分 ______ 分	______ 分
己亥夏	8 月 6 日打分 ______ 分	______ 分
己亥秋	11 月 7 日打分 ______ 分	______ 分
己亥冬（冬至前）	今日打分 ______ 分	______ 分

哪个季节的身体状况得分最低？明年在这个季节加强调理，重点保养对应这个季节的脏腑。

己亥岁·丙子月

土运不及，风火同德

壬辰日

终	运
主 少	水
客 少	火

残月

宜 反思

滦京杂咏

〔元〕杨允孚

内人调膳侍君王，玉仗平明出建章。
宰辅乍临阊阖表，小臣传旨赐汤羊。

【诗注】御前厨常膳有曰小厨房、大厨房。小厨房则内人八珍之奉是也。大厨房则宣徽所掌汤羊是也。

睡眠

昨日________入睡

今日________起床

□ 失眠 □ 多梦

运动

天气 / 物候

顺时饮食

□ 银耳百合羹

□ 果菊清饮

□ 开路汤

今日待办

□ 静养

□ ________

□ ________

身体 / 健康

推荐食方

补心养阳汤

（己亥岁配方）

原料：羊肉、黄芪、当归（全归）、甘蔗、带皮生姜、大枣、陈皮、赤小豆。

调料（后放）：黄酒、香菜、胡椒粉、盐。

冬至

今年冬至需特别注意的健康问题：

腰腹痛、蛋白尿

二〇一九年十二月
December

廿二

星期日

〔农历〕冬月廿七

〔冬至〕第一候 蚯蚓结

12:19 交冬至节气

蚕退

功效：祛风止血，退翳明目。

健康提示

又到一年察病的日子了。今年冬至察病的重点：

失眠、半夜醒来 □ 是 □ 否

右腹部有隐痛 □ 是 □ 否

小腹有隐痛 □ 是 □ 否

出现耳鸣 □ 是 □ 否

身体哪里有薄弱环节，冬至前后会表现得更明显。

己亥岁·丙子月

土运不及，风火同德

癸巳日

一九第一天

终气

主 寒气

客 暑气

残月

宜 察病

冬至

〔宋〕袁燮

朝来云物效嘉祥，和气初萌日渐长。

相庆纷纷缘底事，由来人道贵阳刚。

睡眠	运动	天气 / 物候
昨日________入睡 今日________起床 □ 失眠 □ 多梦		
顺时饮食	**今日待办**	**身体 / 健康**
□ 冬至汤 □ 果菊清饮	□ 写九 □ 睡前体检 □ ________	

二〇一九年十二月
December

廿二

星期一

【农历】冬月廿八

【冬至】第一候 第二天

井华水

早晨第一次汲取的井泉水，古人认为是好水。

节气食方

冬至补心养阳汤的做法：

1. 将黄芪、当归用清水浸泡 30 分钟。
2. 将甘蔗去皮后，纵向剖开，生姜拍扁。
3. 在锅内烧开水，将羊肉下锅煮出血沫，将水倒掉，羊肉冲洗干净。
4. 在锅内重新加水，将全部原料一起下锅，大火煮开后，放黄酒，转中火炖 1 小时。
5. 放入胡椒粉，关火起锅。
6. 在汤碗里放入香菜末儿和少许盐，将羊肉汤盛入汤碗。
7. 将锅里的羊肉捞出，切成块，配用盐和辣椒粉混合做成的蘸料碟食用。

己亥岁·丙子月

土运不及，风火同德

甲午日

一九第二天

	终	运
主	少	水
客	少	火

残月

宜 灸艾

早起

〔宋〕游次公

银床露湿井华寒，自挈铜瓶汲水还。
宿雨未乾池馆静，凉蝉犹在栋梁间。

【诗注】这首诗描写了早起汲取井华水所见的风景。

睡眠

昨日________入睡

今日________起床

□ 失眠　□ 多梦

运动

天气 / 物候

顺时饮食

□ 冬至汤

□ 果菊清饮

今日待办

□ 一九灸

□ ____________

□ ____________

身体 / 健康

二〇一九年十二月
December

廿四

星期二

〔农历〕冬月廿九

〔冬至〕第一候　第三天

平安夜

鹿角菜

功效：清热化痰，软坚散结。

健康提示

如果雾霾连续两天不散，冬至汤里暂时不要放黄芪。如果因为雾霾出现了皮肤过敏，减掉当归。

己亥岁 · 丙子月

土运不及，风火同德

乙未日

一九第三天

终气

主 寒气

客 暑气

残月

宜 听钟

烛花

〔元〕郝经

江城深夜作轻寒，金粟堆盘蜡炬残。
应是灯花怜久客，故随人意报平安。

睡眠

昨日________入睡

今日________起床

□ 失眠 □ 多梦

运动

天气 / 物候

顺时饮食

□ 冬至汤

□ 果菊清饮

今日待办

□ ________

□ ________

□ ________

身体 / 健康

二〇一九年十二月

December

廿五

星期三

〔冬至〕第一候　第四天

〔农历〕冬月三十

圣诞节

淡竹

功效：清心火，除烦热，利小便。

健康提示

冬至节气的养生功课：养心阳。

今年冬至特殊的养生重点——

今年冬至节气容易生病。进补前先调理脾胃，以免虚不受补。

防病重点：腰腹痛、蛋白尿。

己亥岁·丙子月

土运不及，风火同德

丙申日

一九第四天

终	运
主 少	水
客 少	火

残月

宜 灸艾

冬至日归自天庆观

〔宋〕杨万里

节里人家笑语饶，日高犹自烛光交。
霜林遮眼八九叶，露竹出墙三四梢。

睡眠	运动	天气 / 物候
昨日________入睡 今日________起床 □ 失眠　□ 多梦		

顺时饮食	今日待办	身体 / 健康
□ 冬至汤 □ 果菊清饮	□ 一九加强灸 □ ____________ □ ____________	

二〇一九年十二月
December

廿六

星期四

〔农历〕腊月初一

〔冬至〕第一候　第五天

詹糖香

一种香料。功效：祛风除湿，解毒杀虫。

一候反思

回顾过去三次自查的结果

2019 年 8 月 27 日页“腹泻”选项答“是”______ 项；

2019 年 9 月 12 日页有几项答“是”______ 项；

2019 年 12 月 11 日页有几项答“是”______ 项；

共计 ______ 项。

☐ 0—2 项三九期间灸 3 次

☐ 3—6 项三九期间灸 9 次

☐ 6 项以上三九期间隔天灸 1 次

己亥岁 · 丙子月

土运不及，风火同德

丁酉日

一九第五天

终气

主 寒气

客 暑气

朔月

13:13 朔

宜 早睡

山中冬至

〔宋〕陈必复

读易烧香自闭门，懒于世故苦纷纷。

晓来静处参生意，春到梅花有几分。

睡眠	运动	天气 / 物候
昨日________入睡 今日________起床 ☐ 失眠 ☐ 多梦		
顺时饮食	**今日待办**	**身体 / 健康**
☐ 冬至汤 ☐ 果菊清饮	☐ ____________ ☐ ____________ ☐ ____________	

二〇一九年十二月
December

廿七

星期五

〔农历〕腊月初二

〔冬至〕第二候 麋角解

麋

麋角入药，功效类似鹿茸。功效：温肾壮阳，填精补髓。

健康提示

三九灸

从冬至开始，一九到三九做3—12次艾灸（气虚、怕烟者贴艾灸贴），是祛病强身的好方法。

重点部位：

小腿——足三里、三阴交

腹部——神阙（肚脐）、中脘、关元

后腰——腰椎及两侧

后背——脊柱及脊柱两侧

己亥岁·丙子月

土运不及，风火同德

戊戌日

一九第六天

终		运
主	少	水
客	少	火

娥眉月

宜 进补

盐池院观鹿

〔唐〕贾岛

条峰五老势相连，此鹿来从若个边。
别有野麋人不见，一生长饮白云泉。

睡眠

昨日________入睡
今日________起床
□ 失眠　□ 多梦

运动

天气 / 物候

顺时饮食

□ 冬至汤
□ 果菊清饮

今日待办

□ ________
□ ________
□ ________

身体 / 健康

二〇一九年十二月
December

廿八

星期六

〔农历〕腊月初三

〔冬至〕第二候　第二天

马槟榔

功效：以种子入药，清热，生津，止渴。

健康提示

根据 2019 年 8 月 27 日和 9 月 12 日的自查结果选择

我需要再喝一周补心养阳汤　□ 是　□ 否

从明天起喝银耳枸杞羹　□ 是　□ 否

己亥岁·丙子月

土运不及，风火同德

己亥日

一九第七天

终 气

主 寒 气

客 暑 气

娥 眉 月

宜 灸艾

冬至

〔宋〕姜特立

老来心绪怯年光，又见春来报一阳。

未必暗添宫线永，只应先引鬓丝长。

睡眠	运动	天气 / 物候
昨日________入睡 今日________起床 ☐ 失眠 ☐ 多梦		
顺时饮食	**今日待办**	**身体 / 健康**
☐ 补心养阳汤 ☐ 果菊清饮	☐ 一九加强灸 ☐ ____________ ☐ ____________	

二〇一九年十二月
December

廿九

星期日

〔农历〕腊月初四

〔冬至〕第二候　第三天

柏树

柏树的叶、子、树脂都可以入药。

健康提示

如果买来的桂圆又大又特别甜，要注意是否使用了膨大剂和甜蜜素。鉴别点：甜味是否纯正。

己亥岁 · 丙子月

土运不及，风火同德

庚子日

一九第八天

终　运

主　少　水

客　少　火

娥眉月

宜　赏味

元日

〔元〕周权

东风收雪曙光开，春意浓浮柏叶杯。

晴日满帘宾客散，寒暄先问隔年梅。

睡眠

昨日________入睡

今日________起床

□ 失眠　□ 多梦

运动

天气 / 物候

顺时饮食

□ 补心养阳汤

□ 银耳枸杞羹

□ 果菊清饮

今日待办

□ ____________

□ ____________

□ ____________

身体 / 健康

二〇一九年十二月
December

三十

星期一

〔农历〕腊月初五

〔冬至〕第二候 第四天

蜀州蜜

功效：补中润燥、止咳解毒。

二候反思

前十天身体是否出现不适现象？在哪些部位？对比上一次冬至有什么不同？

冬至出现的亚健康现象：

今年新发生 ________________

今年再次出现 ________________

今年有好转的 ________________

己亥岁·丙子月

土运不及，风火同德

辛丑日

一九第九天

终气

主 寒气

客 暑气

娥眉月

宜 反思

除夜次大光韵大光是夕婚

〔宋〕陈与义

一杯节酒莫留残，坐看新年上鬓端。
只恐梅花明日老，夜瓶相对不知寒。

睡眠	运动	天气 / 物候
昨日________入睡 今日________起床 □ 失眠 □ 多梦		

顺时饮食	今日待办	身体 / 健康
□ 补心养阳汤 □ 银耳枸杞羹 □ 果菊清饮	□ 写九图一九写成 □ ________ □ ________	

二〇一九年十二月
December

卅一

星期二

〔农历〕腊月初六

〔冬至〕第二候　第五天

当归

功效：补血和血，调经止痛，润燥滑肠。用于调理月经不调、经闭腹痛、血虚头痛、眩晕、痿痹、肠燥便难、痈疽疮窃、跌扑损伤、肌瘤囊肿。

回顾年初制定的 2019 年养生计划：

2018 年的健康问题有哪些得到了改善

2019 年养生的首要目标是否达成

2020 年更健康！

己亥岁 · 丙子月

土运不及，风火同德

壬寅日

二九第一天

	终	运
主	少	水
客	少	火

娥眉月

宜 总结

元日（宣德丙午）

〔明〕吴与弼

去年程课略加勤，今岁深期日日新。
万事何如吾道重，丁宁莫枉此生身。

睡眠	运动	天气 / 物候
昨日________入睡 今日________起床 □ 失眠 □ 多梦		

顺时饮食	今日待办	身体 / 健康
□ 补心养阳汤 □ 银耳枸杞羹 □ 果菊清饮	□ 二九灸 □ 年终总结 □ ________________	

图书在版编目（CIP）数据

顺时生活 / 陈允斌著 . -- 长春 : 吉林科学技术出版社 , 2018.9

ISBN 978-7-5578-5122-4

Ⅰ . ①顺… Ⅱ . ①陈… Ⅲ . ①二十四节气 – 关系 – 养生 (中医) Ⅳ . ① R212

中国版本图书馆 CIP 数据核字 (2018) 第 207959 号

顺时生活

著　　者　陈允斌

策　　划　紫图图书 ZITO®
监　　制　黄　利　万　夏
出 版 人　李　梁
责任编辑　赵　阳　解春谊
特约插画　潘　川
特约编辑　马　松　宣佳丽　刘长娥　朱彦沛
开　　本　787 毫米 × 1092 毫米　1/24
字　　数　220 千字
印　　张　34
印　　数　1—17000 册
版　　次　2018 年 9 月第 1 次印刷
印　　次　2018 年 9 月第 1 次印刷

出　　版　吉林科学技术出版社
地　　址　长春市人民大街 4646 号
邮　　编　130021
网　　址　www.jlstp.net
印　　刷　北京瑞禾彩色印刷有限公司

书　　号　ISBN 978-7-5578-5122-4
定　　价　159.00 元

顺时生活

natural living

健康食方速查速用

陈允斌 著

1 冬至补心养阳汤（戊戌发配方，4—6 人量）

原料：羊肉 500—1000 克、黄芪 100 克、当归（全归）20 克、甘蔗 3 节、带皮生姜 2 块、大枣 7 个、陈皮 1—2 个。

调料（后放）：黄酒、香菜、胡椒粉、盐。

做法：

1. 黄芪、当归用清水浸泡 30 分钟。
2. 甘蔗去皮，纵向剖开，生姜拍扁。
3. 锅内烧开水，将羊肉下锅煮出血沫，将水倒掉，羊肉冲洗干净。
4. 锅内重新加水，将全部原料一起下锅，大火煮开，放黄酒，转中火炖 1 个小时。
5. 放入胡椒粉，关火起锅。
6. 在汤碗里放入香菜末和少许盐，将羊肉汤盛出。
7. 将羊肉捞出切块，配用盐和辣椒粉做成的蘸料食用。

允斌叮嘱：

1. 盐不可下锅。
2. 湿气重的人可以放十几粒花椒一起炖。
3. 患感冒时，汤里不能放黄芪。
4. 没有甘蔗可以放牛蒡。
5. 生姜和大枣不可或缺。

2 散石助育膏

原料：茯苓粉 300 克、鸡内金粉 100 克、山楂 1 千克、鲜柠檬 5 千克（榨汁）、红糖适量。

做法：先将山楂加水煮两次，去掉渣，留下药汁，加其他材料一起熬成膏。

吃法：放冰箱保存，每天取出适量，直接食用或加水冲调饮用。

允斌叮嘱：孕妇忌服、经期慎服。

3 养血补肾茶

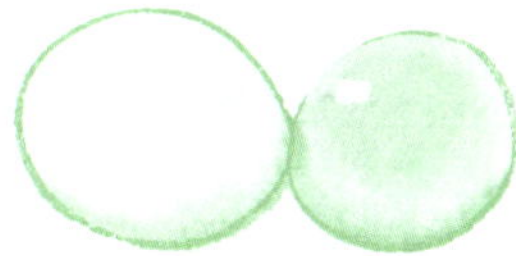

原料：黑桑葚干 15 克、红枣 6 个。

做法：沸水冲泡，或当零食食用。

功效：补肾、养血、安胎、抗衰老。

4 小寒红豆糯米饭（戊戌发配方，2—3 人量）

原料：赤小豆 100 克、糯米 50 克、黍米 50 克、油、盐、紫苏子各少许。

做法：

1. 赤小豆加清水入锅，煮开后 10 分钟关火。
2. 炒锅内多放油，烧热后放少许盐，放生糯米、黍米用小火不停翻炒。
3. 炒到糯米微微发黄，把赤小豆连汤一起倒入，小火焖熟后起锅。
4. 紫苏子放炒锅内，不要加油，开小火炒香，撒在焖好的红豆糯米饭上。

5 甘麦大枣汤

原料：甘草 9 克、小麦 15 克、大枣 9 个。

做法：大枣掰开（不可去皮），和小麦、甘草一起煮成粥。

用法：晚餐食用。

允斌叮嘱：用带麸皮的小麦，效果更好。

6 腊八蒜

材料：大蒜、米醋、红糖、广口玻璃瓶。

做法：

1. 大蒜去皮，放进广口瓶中，装到 2/3 的高度，倒入米醋、红糖，盖好盖子。
2. 泡上 20 天，蒜瓣变绿后食用。

允斌叮嘱：红糖的量不用多。

7 大寒消寒糯米饭（己亥发配方，2—3 人量）

原料：糯米 50 克、黍米 50 克、红枣 12 个、油（不用猪油）、陈皮少许。

做法：

1. 糯米、黍米泡 2 个小时，沥干水分。腊肉切片，红枣去核备用。
2. 油烧热，加少许陈皮，捞出油陈皮渣。
3. 放入糯米、黍米用小火不停翻炒，炒到九成熟，放红枣，等红枣局部变黑出锅，沥干油。

允斌叮嘱：

1. 这道饭老年人不宜多吃。

2. 痰多的时候不要吃。

8 补血四宝汤（己亥初气保健饮，从 1 月 20 日吃到 3 月 20 日）

原料：党参 30 克、当归 10 克、枸杞 20 克、玫瑰 12 朵、红糖。

做法：当归切片，和党参一起加水煮 20 分钟，加入枸杞、玫瑰和红糖煮 1 分钟关火，晾温饮用。

9 自制绿豆芽

原料：绿豆。

做法：

1. 在矿泉水瓶的瓶盖和瓶底各扎一两个孔。

2. 绿豆用清水泡一晚，矿泉水瓶中。

3. 每天早晚用清水冲淋一遍。5—7 天后可吃。

10 春盘、春饼

原料：芹菜、韭菜、香菜、萝卜缨、荠菜、蒜苗、油菜苔等各种辛味蔬菜。

做法： 清炒、焯水后（香菜不用焯水）凉拌，或用春饼卷着来吃。

11 人日七菜羹（整个春天都适合经常吃）

原料： 芹菜、荠菜、芥菜、韭菜、香菜、大蒜、蒜苗、葱叶、蔓菁、油菜苔、萝卜缨、繁缕等任选七种。

做法： 锅内水烧开，放少许油和盐，加入切碎的七种蔬菜，大火煮熟，勾少许薄芡，起锅。

12 防感护生汤

原料： 鲜荠菜 1 把、萝卜缨 1 把、牛蒡半根、干香菇 3 个、油、盐、醋。

做法：

1. 将香菇洗净、泡发，切成小块。

2. 在清水中放入少许醋，调成醋水。

3. 牛蒡不去皮，用面粉水刷洗干净，切成滚刀块，泡在醋水中。

3. 将新鲜荠菜切成 2 厘米小段。

4. 锅内放入水，加植物油、盐、香菇、牛蒡煮开，放入萝卜缨煮 20 分钟。

5. 放入荠菜煮 1 分钟，关火起锅。

13 汤圆馅料（紫苏子馅）

馅料：紫苏子 250 克、橘皮糖或白糖 250 克、猪油 100 克、开水 100 毫升。

做法：

1. 把紫苏子炒 1 分钟，碾碎。
2. 橘皮糖切小丁，和紫苏子拌匀。
3. 用开水把猪油化开，跟紫苏子和橘皮糖搅拌均匀。
4. 倒入方形容器，压实、压平。
5. 冷藏 30 分钟后取出，切成小方块儿。

14 雨水凉拌青韭芽（己亥发配方）

原料：嫩韭菜、绿豆芽、白芝麻。

调料：生姜、芝麻油、盐、糖、米醋。

做法：

1. 芝麻小火稍炒一下，用擀面杖擀碎。
2. 生姜连皮切碎。
3. 盐、糖、米醋、芝麻油拌成调味汁。
4. 加水烧开，倒 1/3 调味汁，焯烫韭菜，捞出，用凉水冲淋，切成一寸段。
5. 把豆芽焯熟，捞出过凉水。
6. 把韭菜和豆芽放在碗里，倒入姜末和调味汁，拌匀，压实，倒扣在盘中，撒上芝麻。

15 黄豆萝卜汤（己亥发配方）

原料：生黄豆 50 克（正在感冒不放）、白萝卜（带皮）150 克、牛蒡 150 克、葱白连须 1 根 (大葱) 或 3 根（小葱）。

配料：盐、胡椒粉。

做法：

1. 黄豆用清水泡 2 个小时，白萝卜和葱白用面粉水泡洗干净。
2. 黄豆加水下锅，大火煮开，小火煮 30 分钟。
3. 放入葱白和白萝卜片，煮熟，加盐、胡椒粉起锅。

16 玫瑰红颜茶

原料：玫瑰 12 朵、红枣 6 个、枸杞 20 克。

做法：开水冲泡饮用。

17 寒食平安粥

原料：大麦仁、甜杏仁、麦芽糖或蜂蜜。

做法一（用豆浆机）：

1. 将大麦仁和杏仁泡一晚。
2. 将杏仁和大麦仁放入豆浆机，加入清水，开机煮熟。
3. 加麦芽糖或蜂蜜调味。

做法二（用料理机）：

1. 将大麦仁和杏仁泡一晚。
2. 杏仁加清水，用料理机打成浆。
3. 将杏仁浆和大麦仁一起煮熟。
4. 加麦芽糖或蜂蜜调味。

18 养血安神膏（己亥二气保健膏，从 3 月 21 日吃到 5 月 20 日）

原料：百合 1 千克、莲子 500 克、酸枣仁 1.5 千克、红糖适量。

做法：将三味材料三煎三煮，去渣取汁，加红糖收膏。

吃法：放冰箱保存，直接食用，或加水冲饮。

19 艾粑

原料：野艾或田艾（清明菜）、黍米粉、红糖。

做法：

1. 把田艾洗干净，切碎，剁成茸。
2. 锅里加水烧开，放入田艾，不盖锅盖，大火煮 30 分钟，加入红糖，融化后关火。
3. 将田艾水和黍米粉拌匀，用手揉成团。
4. 把田艾放笼屉里，大火蒸 20 分钟。

20 荠菜鸡蛋汤（3—4人量）

原料： 荠菜1大把、鸡蛋6个、红枣12个、带皮生姜6片。

做法：

1. 将荠菜连根洗干净，把鸡蛋擦洗干净。

3. 荠菜、鸡蛋、红枣、生姜片，加水煮开。

4. 轻轻地把鸡蛋壳敲出裂纹。

5. 继续煮10分钟，关火。

6. 晾温后起锅，吃蛋喝汤。

21 清明粥（己亥发配方）

原料： 田艾100克、杂粮100克。

做法：

1. 杂粮用清水泡一夜。

2. 新鲜田艾嫩尖，洗干净，切碎。

3. 将杂粮和田艾加水煮成粥。

4. 加少许糖调味。

22 百日咳茶

原料： 罗汉果1个、柿子蒂3个。

做法：罗汉果压破，和柿子蒂一起加水煮 1 个小时，代茶饮。

23 清肝养脾茶

原料：陈皮、绿茶、柑橘花蜜。

做法：沸水冲泡，待温后加入蜂蜜。

24 养咽清嗓茶

原料：绿茶、牛蒡茶、槐花蜜。

做法：冲泡绿茶，加槐花蜜。

25 萱草忘忧茶

原料：干黄花菜 25 克、冰糖 2 粒。

做法：沸水冲泡，焖制 20 分钟，趁热饮用。

允斌叮嘱：哮喘病人忌服；新鲜的黄花菜不可食用！

26 核桃壳煮鸡蛋（从 5 月 6 日吃到 6 月 5 日）

原料：核桃壳 6 个（分心木和核桃壳一起入锅）、鸡蛋 6 个、酱油适量、盐少许。

做法：

1. 核桃壳洗净，加清水泡 30 分钟。
2. 大火煮开，小火煮 1 个小时，晾凉。
3. 把鸡蛋放到核桃皮水中，加入适量酱油和盐，大火煮开，转小火煮 6—7 分钟。
4. 把鸡蛋壳敲出裂缝，10 分钟后关火起锅。

允斌叮嘱：

1. 酱油可以不放，但盐一定要放。
2. 这是一家人的用量，可以根据需要调整加减。
3. 可以一次多煮点，可以每天吃。
4. 女性注意避开经期。

27 青梅酒

原料：青梅 1 千克、白酒或黄酒 1.5 升、黄冰糖 250—500 克。

做法：

1. 青梅用盐水泡一会儿，冲洗干净，沥干水分，放入广口玻璃瓶。
2. 放一半的冰糖，倒入白酒，不要太满。
3. 盖好盖子，放在避光的地方。
4. 等冰糖完全溶解，再放入另一半冰糖。
5. 三个月以后就可以喝了，泡一年以上味道更好。

28 神仙姜枣茶（从立夏喝到三伏，体寒者可加倍）

原料：带皮生姜 2—3 片、红枣 6 个。

做法一：煮姜枣茶

冷水下锅，煮 1 个小时。

做法二：泡姜枣茶

保温杯加沸水焖泡 1 个小时。

做法三：煮姜枣粥

与大米或杂粮一起煮粥。

喝法：从立夏喝到三伏，即 5 月 6 日至 7 月 11 日。

29 冰梅酱

原料：黄梅 500 克、黄冰糖 250 克、盐少许。

做法：

1. 梅子洗净，在盐水里泡 24 个小时。
2. 梅子加水，中火煮开，捞出放炒锅中。
3. 把梅子压碎，加少量水、冰糖、盐，小火熬制，注意不要粘锅。一直熬到锅里冒大泡泡后关火。
4. 把梅子核单独装瓶，把果酱装瓶，晾凉，放冰箱保存。

允斌叮嘱：玻璃瓶用开水消毒，取用的勺子不能沾过油，否则容易变质。

30 益肾安心粥（己亥三气保健粥，从5月21日吃到7月22日，1人量）

原料： 黑桑葚干、枸杞、百合、茯苓各10克，杂粮适量。

做法： 熬粥食用，不限量。

31 马齿苋（手足口病和疱疹性咽峡炎的家庭饮食调理方）

做法一： 新鲜马齿苋榨汁，加蜂蜜饮用。

做法二： 马齿苋干品60克，煮水饮用。

32 胡萝卜番茄汁

原料： 西红柿、胡萝卜。

做法： 西红柿和胡萝卜切块，一起放在榨汁机里，榨成汁。

33 二子延寿茶（父亲节茶礼）

原料： 枸杞子、五味子各6克。

做法： 将五味子捣碎，和枸杞一起沸水冲泡。

允斌叮嘱：

1. 感冒、发烧、有痰时不要喝。

2. 吃中成药双黄连口服液时不要喝。

34 樱桃鸡蛋汤

原料：樱桃、鸡蛋、醪糟（米酒）。

做法：

1. 樱桃用盐水泡 10 分钟，冲洗干净，去掉果柄。
2. 锅里加清水烧开，放入醪糟、樱桃，大火煮几分钟，不要盖锅盖。
3. 把鸡蛋打散，倒进锅里，用筷子迅速搅散，关火起锅。

35 滋阴养血桑葚膏

原料：新鲜黑桑葚、红糖。

做法：桑葚打成汁，放锅内小火熬到浓稠，加红糖收膏。

吃法：放冰箱冷藏，每天吃两勺。

36 松花蛋红苋汤

原料：带根的嫩红苋菜 1 把、松花蛋 2 只、大蒜 2—3 瓣、油、盐少许。

做法：

1. 苋菜带根洗干净。
2. 蒜切成两半，爆香。
3. 松花蛋下锅炒一下，再放入苋菜快炒两下，加少许盐。
4. 放入高汤或开水，水开后两三分钟关火。

允斌叮嘱：

1. 四个月以内的孕妇不要吃。

2. 最好是放猪油，能加强排毒的功效。

37 黄芪祛湿粥（己亥发配方，从7月12日吃到8月8日）

原料： 黄芪60克、茯苓30克、白扁豆、赤小豆及杂粮。

做法： 黄芪加水煮三次，去掉药渣，用黄芪水加其他粥料一起煮粥。

简化做法： 黄芪切小片与粥料同煮，食用时挑出黄芪片。

允斌叮嘱： 今年湿气重，多放祛湿的食材。

38 银花甘草茶

原料： 金银花（干品20—30克，或鲜品1大把）、生甘草6克。

做法： 沸水冲泡代茶饮。

允斌叮嘱： 风寒感冒时暂停。

39 甘草陈皮梅子汤（己亥四气保健饮，从7月23日喝到9月22日）

原料： 乌梅6个、大枣6个、甘草3克、川陈皮1/4个（注：不用其他陈皮，否则汤味苦）、红糖，气虚者加黄芪15—30克。

做法： 加冷水下锅煮20—30分钟，放红糖。或保温杯沸水焖泡后饮用。

40 相思长生粥

原料：红小豆、绿豆、花生、大米各 50 克。

做法：将所有原料加冷水下锅煮成粥。

允斌叮嘱：今年湿气重，花生可以少放。

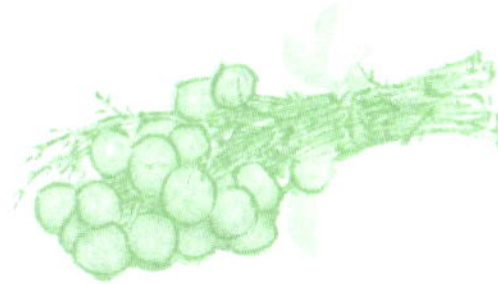

41 十全大补酒糟鸡

原料：柴鸡、酒酿、油、盐。

做法：

1. 整只柴鸡切块，加少许盐腌 30 分钟。
2. 鸡块放油锅炸熟。
3. 另用一锅放入醪糟，不要加水，把鸡块放进去，煮开后起锅。

允斌叮嘱：今年湿气重，酒糟鸡不要吃太多。

42 出伏送暑汤

原料：豆腐、豇豆角、空心菜、胡椒粉、油、盐。

做法：

1. 豆腐切成小方块，豇豆角切 6 厘米的段，空心菜取嫩茎叶。
2. 锅内放清水，水开后放少许盐和植物油，放入豆腐和豇豆角煮熟。
3. 加入空心菜，不要盖锅盖。

4. 再次开锅后放入胡椒粉起锅。

43 橘红开音饮（20日量）

原料：干山楂 600 克、陈皮 20 个、红糖 400 克。

做法：分为 20 份，装入茶包袋中，饮用前放入保温杯用沸水焖泡。

44 红酒炖梨

原料：梨、红酒、丁香粉。

做法：

1. 把梨用面粉水泡 15 分钟后洗净，连皮带核切成小块（核、皮不要扔）。
2. 锅内放入梨块，洒点丁香粉，倒入少量红酒。
3. 不要盖锅盖，小火炖煮收汁，起锅。

允斌叮嘱：

1. 痰多不要吃；风寒感冒不要吃；腹泻不要吃。
2. 不要用生铁锅。

45 送子蟹汤（仲秋时每周吃一次）

主料：小螃蟹 250 克、冬瓜 250 克、生地 30 克。

配料：生姜、黄酒、肥肉 1 小块。

做法：

1. 把螃蟹处理干净，用醋水泡 30 分钟。

2. 用加醋的热水把螃蟹洗干净，去掉腮和内脏。

3. 生地用清水泡 1 个小时，下锅和肥肉一起熬 30 分钟。

4. 放入螃蟹、冬瓜、生姜、黄酒煮 30 分钟。

允斌叮嘱：感冒、咳嗽痰多、便溏腹泻勿食。

46 茱萸梅子汤（己亥五气保健饮，从 9 月 23 日喝到 11 月 21 日）

原料：山茱萸 10 克、乌梅 6 个、大枣 6 个、甘草 3 克、川陈皮 1/4 个（注：不用其他陈皮，否则汤味苦）、红糖，气虚者加黄芪 15—30 克。

做法：加冷水下锅煮 20—30 分钟，放红糖。或保温杯沸水焖泡后饮用。

允斌叮嘱：儿童积食、痰多时去掉山茱萸。

47 桂子暖香茶

原料：干桂花 3 克、枸杞适量。

用法：沸水冲泡代茶饮。

允斌叮嘱：

1. 刚摘的桂花要放一两个小时，等腻虫爬出后，用淡盐水泡洗（花 : 盐 =5 : 1）。

2. 腹泻者勿饮。

48 山茱萸强筋壮骨汤

原料： 山茱萸（山萸肉）、茯苓、熟地、淮山药各 30 克、牛骨髓 250—500 克。

做法： 将四味药材用冷水泡 30 分钟，然后用纱布包包起，放入锅中，加水煮开，放入牛骨髓，一起煲 1 个小时。

49 双莲墨鱼汤

原料： 墨鱼 1—2 只、肥肉 50 克（最好用鸡肉）、莲藕 250 克、莲子 20 粒、枸杞 20 粒、陈皮半个、生姜（带皮）3 片。

做法：

1. 提前几小时用冷水泡发墨鱼干和莲子。墨鱼不要拆骨，要连骨一起炖。莲藕切段。
2. 全部原料一起放锅内加冷水，大火烧开后，转小火炖 40—60 分钟。
3. 加少许盐，关火。
4. 起锅后将墨鱼骨取出。

允斌叮嘱：

1. 肥肉一定要放，否则汤会苦。
2. 皮肤过敏、湿疹及痛风病人不要多吃。

50 凉拌茴香菜

原料： 新鲜茴香菜、豆瓣酱、油。

做法：

1. 新鲜茴香菜取嫩茎叶切碎，装盘。

2. 舀一小勺豆瓣酱放在盘里的茴香菜上。

3. 锅内放少许油加热，将热油倒在豆瓣酱上，迅速搅拌均匀即可。

51 白果墨鱼汤（1人量）

原料： 白果 7 粒（儿童 3 粒）、墨鱼干 1 只、肥肉或鸡肉（用鸡肉更好）、枸杞 30 粒、生姜 3 片、川陈皮 1 个。

做法： 提前一两小时用冷水泡发墨鱼干和白果，放入锅内，再加入其他配料，加冷水炖 1 个小时即可。

允斌叮嘱：

1. 带墨鱼骨一起炖不容易过敏。

2. 肥肉一定要放，否则汤会苦。

3. 感冒痰多咳嗽、急性病期间不适宜喝；女性在经期少喝。

52 补肾养藏粥（1人量）

原料：生栗子 6 个（不要炒栗子）、生核桃 6 个、枸杞一把，陈皮 1/4—1/2 个、赤小豆 5 克、茯苓 10 克、杂粮适量。

做法：

1. 栗子剥去外壳，带内皮切成两半。
2. 核桃剥去外壳，掰开。
3. 将栗子、核桃、枸杞和陈皮下锅加水煮开，20—40 分钟后起锅。
4. 把栗子内皮捞出扔掉。
5. 可以在汤中加少量糖调味，喝汤，将栗子、核桃和枸杞吃掉。

允斌叮嘱：

1. 枸杞可多放，核桃、栗子不要贪多，否则不好消化。
2. 体质偏热的人少用核桃，多用枸杞；女性生理期减去枸杞；孕妇去掉核桃皮再炖。

53 果菊清饮（己亥六气保健饮，从 11 月 22 日喝到 1 月 19 日）

原料：鱼腥草 15—30 克，菊花 3 克，罗汉果 1 个。

做法一：将罗汉果煮 40 分钟，取汁冲泡鱼腥草和菊花。

做法二：将罗汉果压破，和鱼腥草、菊花一起分成三份，每次取一份放保温杯焖泡 30 分钟后饮用，一日三次。

54 大补养藏粥

原料： 栗子、核桃肉、莲子、桂圆肉各6个、枸杞1把、陈皮1/4—1/2（根据大小）、赤小豆5克、茯苓10克、杂粮适量。

做法：

1. 莲子加水泡一两个小时；栗子剥去外壳，带内皮切成两半；核桃剥去外壳，掰开。
2. 将所有原料一起下锅加水煮开，20—40分钟后起锅。
3. 把栗子内皮捞出扔掉。

55 冬至“开路汤”

原料： 2根葱白连须、3片带皮生姜、1个萝卜的皮。

做法： 把这三样东西一起来煮水喝。

56 冬至补心养阳汤（己亥岁配方，4—6人量）

原料： 羊肉1千克、黄芪100克、当归（全归）20克、甘蔗3节、带皮生姜1块、大枣3个、陈皮1个、赤小豆30克。

调料（后放）： 黄酒、香菜、胡椒粉、盐。

做法及注意同（戊戌岁配方）